研究生心理健康教育导师用书

生命中的重要他人

——导师之于研究生

主　编　朱婉儿　吕淼华

副主编　梁社红

ZHEJIANG UNIVERSITY PRESS
浙江大学出版社

图书在版编目（CIP）数据

生命中的重要他人：导师之于研究生/朱婉儿，吕森华主编．—杭州：浙江大学出版社，2018.6(2022.10重印)
ISBN 978-7-308-17991-1

Ⅰ.①生… Ⅱ.①朱…②吕… Ⅲ.①研究生—心理健康—健康教育—研究 Ⅳ.①G444

中国版本图书馆CIP数据核字(2018)第030933号

生命中的重要他人——导师之于研究生
主　编　朱婉儿　吕森华
副主编　梁社红

责任编辑　杜希武
责任校对　陈静毅　边望之
封面设计　刘依群
出版发行　浙江大学出版社
(杭州市天目山路148号　邮政编码310007)
(网址：http://www.zjupress.com)
排　　版　浙江时代出版服务有限公司
印　　刷　广东虎彩云印刷有限公司绍兴分公司
开　　本　710mm×1000mm　1/16
印　　张　16.75
字　　数　291千
版 印 次　2018年6月第1版　2022年10月第4次印刷
书　　号　ISBN 978-7-308-17991-1
定　　价　49.00元

编写人员

主　编　朱婉儿　吕淼华

副主编　梁社红

编　者　刘　艳　俞林鑫　李　娟　祝一虹　单珏慧

* **本书为浙江大学德育与学生发展中心2016年重点立项项目成果**

序　言

重要他人(significant others),是指在个体社会化以及心理人格形成的过程中具有重要影响的具体人物,属于心理学和社会学都关注的概念。每个人在其生命的不同阶段,都有与之对应的"重要他人",对研究生而言,导师,就是其在研究生阶段,甚至影响终身的"重要他人"。

大学的根本任务是"立德树人"。关心、帮助、引领研究生成长成才,不仅是国家、社会对导师群体的要求,更是研究生个体对导师的期盼。我很赞同本书开篇即提出的"读研是一种托付"的观点,研究生师从导师,就是把自己的学业甚至一辈子从事的事业基础托付给了导师。而作为导师,自然也当竭尽所能承担起这一托付。作为指导研究生已逾22年的我,如何能让我的学生更好成长,也是我经常在思索的问题。翻看这本书稿,让我倍感欣喜的是,我们心理健康教育、研究生教育管理战线的同仁们,正在努力思考这个问题,并从他们的专业领域和丰富经验中归纳出了很好的建议提供给导师们。

我以为,"导师"二字,关键在"导":

一方面,要精于"导学"。研究生的主业是学术研究。一名好导师,首先必然是能在学术之路上指引、教导、助推学生成长的人。当今中国,随着研究生招生规模的不断扩大以及研究生个体差异的日益显现,其培养模式也在不断进行革新。对于导师而言,不仅要"学高""身正",还要持续更新自我,学习新的"指导技巧",方能更好地因材施教、更好地培养和指导学生。

另一方面,要善于"导心"。2016年,我们对浙江大学全日制研究生进行抽样调查的统计数据显示,学术以外的指导和支持,诸如对研究生职业发展提供建议和支持以及对研究生个人情感和心理状况予以关心等,对研究生满意度的影响甚为显著。近年来,我们在研究生教育管理的实际工作中,也听到了一些不那么和谐的声音。追根溯源,我们发现很多的不和谐,其实源自"心理"层面的困扰。若我们的导师能作为"重要他人",多运用一些本书中详细讲述的策略与技巧，情况或许会完全不同。

我坚持认为，只有认识有高度，工作才能有力度。导师对研究生的指导，要从全面育人、培育全人的高度来认识，才能真正培养出身心健康的合格拔尖人才。何况先贤早已告诫：师者，所以传道授业解惑也。衷心希望每一位导师，能更好地关注、关心、关怀有困扰、需要帮助的研究生，衷心希望每一位看了本书的同仁，能将书中的知识和对策运用到日常指导过程中去，真正担负起立德树人之责，真正成为研究生成长成材道路上不可或缺的"重要他人"。

最后，我要讲，本书的作者，如朱婉儿教授、吕淼华教授等均为在浙大研究生教育岗位任教的优秀心理和思政教育专家。他们没有把自己的心力放到获取若干光鲜奖励的名利场，而是默默无闻地把平日教书育人之点点滴滴总结出来，体现了他们敬业的精神和对职业的追求，值得夸赞，令人钦佩！

"2015 年全国学生喜爱的大学校长"称号获得者
"浙江大学学生心目中最喜爱的老师"称号获得者
教育部"长江学者奖励计划"特聘教授
浙江大学党委副书记

前　言

众所周知，一个生命的孕育、诞生和成长必须要依靠其他人。在生命的各个不同时期都需要有一些重要他人，需要有来自与重要他人关系的滋养，这个生命才得以延续。其中出现最早的重要他人当然是生育我们的母亲，然后是父亲，再然后就是别的长辈、老师、同伴，甚至艺术作品中的某一人物。在一个健康个体的内心世界里，“我”是处在中间位置的，周围围绕着“我”的重要他人。这些重要他人就像是一面镜子，“我”是通过他们对“我”的反馈和互动来感知“我”是怎样一个人。无论是生命初期安全感和信任的建立，还是在成长过程中自信和自主能力的获得，都得益于和重要他人的互动。也正因为如此，对个体来讲，很多烦恼都来自于和重要他人的关系，最严重的心理创伤往往也来自于生命中的重要他人。

在婴幼儿期和青春期以及成年后的重要他人对个体的影响和意义尤为巨大。因为个体最终能否离开父母和家庭走向独立自主取决于生命过程中的两次“分离和个体化”过程是否发展成功。“分离和个体化”是个体心理诞生过程中的重要环节，是指个体能清晰地区分自己和他人，感知自身的独立存在。第一次“分离和个体化”发生在婴幼儿时期，与和母亲之间的身体距离变化有关。婴儿随着与母亲身体的分离感受到自己是个独立的存在，慢慢地能在内心拥有一个恒定的有爱的母亲表象，能忍受和母亲的分离，能有信心和兴趣去探索世界。第二次“分离和个体化”发生在青春期，主要是发生在个体内在的心理层面，通过脱离对父母的依赖来增强独立自主的意识。婴幼儿期“分离和个体化”发展的好坏将直接影响到第二次青春期“分离和个体化”的发展。第一次“分离和个体化”的不良发展可能会导致自我发展的缺陷，但这种缺陷有的可以在第二次青春期“分离和个体化”过程中得到弥补。因为个体在第二次“分离和个体化”过程中摆脱了对家庭依赖的同时，也摆脱了其婴幼儿时期内化的父母形象，使其自我意识、独立自主性等有了进一步的发展。当然，如果在前面两个重要时期都没能很好地完成分离和个体化的任务，也就是个体没能形成一个稳定、自尊的自我概念，那么，和其成年后的重要他人的关系在其整个生命中就变得尤其重要。生命早年婴幼儿期的重要他人主要是指个体的养育者，对大部分人来讲就是自己的父母，而青春期以及成年后的重要他人之一，对大部分人来讲则是和父母拥有同样权威地位的老师。

在每个人的内心，几乎都会有一个重要他人是自己某个时期的老师。一个人因为老师说的某一句话、做的某一件事被拯救了的让人动容的媒体报道比比皆是。而在心理咨询室内听到的因为老师说的某一句话、做的某一件事伤害了一个人的让人唏嘘的悲惨故事也不乏其数。纵观我们接待的几千例研究生来访者，因为和导师的关系问题来求助心理咨询的占有很高的比例。因为处理不好和导师的关系，引发各种心理问题，有的甚至出现精神症状和自残自杀行为。在对这些同学进行深入访谈的过程中，我们越来越感觉到如果导师能了解、理解这些，那情况定会大有不同。由此触发了我们撰写这本书的意愿。

本书共有四章。前三章主要介绍了导师对于研究生的意义以及个体在研究生这个特殊时期的心理特点和常见的困惑及对策。第四章介绍了 11 个典型案例。而附录的小贴士主要是为了帮助阅读者快速了解相应的心理学知识。在第四章介绍的案例，是我们精选的在学生心理问题发生发展过程中和导师有较大关系的个案。同时，为了让读者能从更多视角了解这类问题，我们针对每一个案例，采访了不同的导师，倾听他们对这个案例的看法，这部分内容体现在【导师团看法】中。本书最重要的部分，是各个章节中的案例。这些案例都是来访学生的真实讲述，为了保密，所有当事人我们都冠以假名。叙述案例的短文都经过改编，每一篇内容都由许多不同个案的经历综合而成。

本书主要适合导师们阅读，当然也适合研究生们以及所有对生命中重要他人存在的意义感兴趣的朋友们阅读。

本书的完稿时值盛夏，每当我眺望着窗外在烈日下依然盛开的花朵、依然舒展的绿叶，会情不自禁地联想到清晨时分园丁们忙碌浇水的身影。是啊，生命中的重要他人，如果能在恰当的时机给予恰当的帮助，无论周遭环境是多么的残酷、无论“我”曾遭遇过多大的创伤，但此时此刻因为有“你”，“我”都定能绽放出原本就属于“我”的美丽！

目　录

第一章 概论

本章开篇介绍了研究生导师的角色任务，尤其是在研究生心理健康教育中应当承担的职责，概述了研究生心理健康的特点及现状，简述了研究生常见的心理问题及分类，分析了研究生常见的压力源，告知了导师应如何协助研究生调适压力，如何更好地成为研究生求学生涯中的重要他人。

第一节 研究生导师的角色任务

【案例导入】

研三男生王强在学术方面一直非常优秀，已经发了两篇SCI文章，深得导师的器重。但最近半年来，因为王强面临毕业就业的压力，需要外出面试找工作，就自然减少了待在实验室的时间，这让导师很不满意。导师一方面说理解研究生找工作的不易，允许请假外出；但另一方面当王强真的请假要外出面试，甚至有一次不能赶回来参加课题组会议时，导师显得异常生气，事后批评了王强很长时间，这让王强十分苦恼，内心特别痛苦，为此一周来都闷闷不乐，也不想见导师，觉得导师不可理喻。难道自己不应该出去找工作吗？为什么导师这么“紧抓”他不放呢？这样的没一点“人身自由”的研究生生活算什么呢？这样的导学关系正常吗？导师在指导研究生的过程中又应该承担着怎样的角色任务呢？

【本节关键词】导师、角色任务、心理健康教育

【要点详解】

一、导师的地位与职责

导师制、学分制和班建制被并称为教育三大模式。相比学分制和班建制，导师制不同于班建制那样千篇一律，忽视受教育者的差异性，也不同于学分制那样过于强调个人意愿，而是既能对受教育者因材施教，又不至于让其随心所欲、投机取巧。导师最早作为精神领袖扮演宗教领域的角色，主要是对人的言行起指导作用。14 世纪被牛津大学引入教育系统成为人才培养的一种模式，当时主要用于本科生教育，目前成为研究生教育的主要模式。

新中国成立后的 1953 年，我国高等教育部发布了《高等学校培养研究生暂行办法（草案）》，确立了我国研究生的培养模式是导师制[1]，一直沿用至今。研究生教育导师制决定了导师对研究生的培养具有重要的作用。

（一）导师职责的有关规定

导师应该对研究生的哪些事务负责？纵观我国研究生教育的发展历程，导师的职责有一个由单一到全面的变化过程。《高等学校培养研究生暂行办法（草案）》提出，“研究生的业务指导主要由导师负责。导师的主要职责是：制订每个研究生的培养计划，指导研究生拟定年度学习计划；定期指导并检查研究生的学习；指导并检查研究生的科学研究和毕业论文工作；向教学研究室提出研究生学习情况报告。”这是我国对导师的最早的要求，即导师只是对研究生的业务学习负责，基本局限在“教书”“传授专业知识和技能”的范畴。改革开放后的 1987 年颁布的《关于加强研究生思想政治教育工作的几点意见》指出，“研究生的导师不仅负责指导研究生的业务学习，也要关心研究生政治思想上的健康成长”[2]。第一次将思政教育与业务学习相提并论，成为导师对研究生培养的职责，显然，导师在作为业务指导者的基础上，同时被定位为研究生政治思想工作的参与者之一。21 世纪初公布的《教育部关于加强和改进研究生德育工作的若干意见》中提出，“研究生导师对研究生为学、为人都产生着重要影响，是研究生德育工作的重要力量”，“研究生导师应在政治思想上、道德品质上、学识学风上，以身作则，率先垂范，为人师表”，明确了导师在研究生思想教育中应在多个方面承担相应责任，进一步突出了导师在育人工作中的重要地位[3]。显然，导师不仅对研究生业务学习负责，而且要成为助推研究生成长的重要力量。

从 2006 年开始，为了提高研究生培养质量，国家启动了研究生培养机制改革,在导师负责制的框架内,对其承担的育人责任也予以了更加明确的要求,特别是将思想政治教育责任纳入"导师负责制"的具体内容之中。《教育部办公厅关于进一步做好研究生培养机制改革试点工作的通知》指出,"要进一步强化和完善导师负责制。指导教师要对研究生培养全过程负有指导责任,并在研究生的思想教育、科学道德等方面负有引导、示范和监督责任"[4]。《教育部、国家发展改革委、财政部关于深化研究生教育改革的意见》要求强化导师责任,指出"导师是研究生培养的第一责任人,负有对研究生进行学科前沿引导,科研方法指导和学术规范教导的责任",同时应发挥"对研究生思想品德,科学伦理的示范和教育作用"[5]。

2010年教育部《关于进一步加强和改进研究生思想政治教育的若干意见》明确提出,"导师负有对研究生进行思想政治教育的首要责任"[6]。所谓首要责任,其含义有四个方面:全面关心、言传身教、全程指导、加强协同。

从导师只对研究生业务负责,到要关心研究生的思想教育,再到成为研究生德育的重要力量,至今成为研究生思想政治教育的"首要责任人",研究生导师的育人作用逐渐从业务学习领域向全领域拓展,从对研究生专长发展负责到对他们全面发展负责拓展,从单一影响向综合影响拓展。

(二)导师职责的现实要求

全面关心研究生成长成才,不仅仅是国家或者学校对导师提出的要求,更是研究生个体对导师的期望。从客观现实看,随着国家经济社会以及研究生教育的不断发展,研究生群体随之出现了显著的变化。应届毕业生读研的数量大幅增加,缺少实践经历的现象比较明显;独生子女研究生比例较高,人际关系应对能力下降现象比较普遍;研究生来源多元化,创新素质和能力参差不齐;研究生毕业后的职业选择多样化,对待读研的态度不同导致其行为不同的现象明显存在,等等。所有这些现象构成了各种类型的研究生个体,而对某一位导师来说,可能要面对的不再是想象中的具有固定单一模式的学生,而是形形色色的求学者。他们会有不同的需求,会遇到不同的困难,会渴求得到不同的帮助,更希望从导师那里获得适合自己的指导,如果导师不能适应这种变化,仍然用一种方式指导每一位研究生,注定会不可避免地产生各种矛盾甚至冲突。

导师需要学会与不同的研究生打交道,指导好不同类型的研究生,需要把握学生的所思所想,了解学生的所长所短,感悟学生的喜怒哀乐。

二、导师在研究生心理健康教育中的角色任务

古语说得好,近朱者赤近墨者黑。这充分说明人与人之间存在相互影响。

研究生在学期间，会与各种不同的人产生各种关系，但是最密不可分的关系人是导师，可以说，导师是研究生在求学生涯中不可或缺的重要他人。导师常常把研究生称为“我的研究生”，同样，研究生也会常常把导师称为“我的导师”。相互关系的特殊性决定了导师对研究生具有不可推卸的影响责任。尽管不少导师会认为，导师的任务就是指导业务学习，其他的事不应该由导师负责。可以说，这仅仅是导师的一厢情愿罢了。研究生在业务学习过程中，不可避免地会遇到各种困难和问题。比如：业务基础不同，在学业上会遇到难以克服的困难；经济状况不同，在日常生活上会遇到一时紧迫的窘境；成长背景不同，在面对困境时会采取截然不同的举动；沟通能力不同，在人际交往上会出现不同程度的偏差；职业取向不同，在毕业就业上会产生各种各样的焦虑；情感需求不同，在婚恋问题上会出现形形色色的状况，等等。这些问题多数可以不被认为是业务问题，但恰恰对研究生的业务学习，特别是他们顺利完成学业甚至健康成长有着直接的影响。研究生遇到上述问题时，需要有排解的渠道，需要有人引导，帮着缓解焦虑和压力。除了少量的专门人员外，朝夕相处的导师显然是他们重要的选择。作为导师，也无法以只指导业务学习为由拒绝这一类求助，恰恰相反，从某个角度来说，导师为了研究生的健康成长，应该主动关心并帮助研究生解决这些问题。这也是导师的本来之义。

上述常见的问题构成了在校研究生心理压力的主要来源。面对研究生的心理压力，导师从中可能扮演三种角色：一是积极给予指导和帮助，以缓解研究生心理压力，成为问题的解决者；二是事不关己，听之任之，由学生自行设法解决，任其对学生进入正常的读研活动产生干扰，成为悠闲的旁观者；三是不分青红皂白、横加指责或者指导行为不当，造成学生心理压力，充当“压力源”，进而影响导学关系，成为问题的制造者。相信对于绝大多数导师来说，希望自己不要扮演后两种角色，那么就不如主动承担起指导和帮助的责任来。

读研是一种托付。对于研究生来讲，选择某一老师作为他（她）读学位的导师，其实是一种托付。研究生师从导师，就是把自己的学业甚至一辈子从事的事业基础托付给了导师，父母是研究生生命的起点，那么导师就成为研究生事业的起点。所以导师对于一位研究生来说，是另一个意义上的“父母”，“一日为师终身为父”是所谓也。对于导师来说，要能够充分认识到这种托付的意义，并不折不扣地担当起这种托付的责任，在日常指导中，认真地对待这种托付。

托付需要信任。托付是建立在一种信任基础上的。导师录取研究生，是对研究生的信任，研究生师从导师，是对导师的一种信任。这是导师与研究生进行交流的基础。被尊重和被认同是信任的前提。这个前提对于师生来说是相互的，学校要求研究生尊重导师，认同导师的指导，同样，作为导师也应给研究生以足够的尊重和认同。从客观实际看，研究生导学关系中，导师处于相对强势的一方，在维护好这个前提方面更应主动，承担起更多的责任。

信任需要维护。研究生读研期间与导师不仅关系密切，而且导师是在校期间相处时间最长的师长。研究生刚录取时，相互之间的信任是足以满足托付的要求的。随着时间的推移，这种信任可能会产生变化。相处时间的长短会直接影响彼此的情感，日久可以生情；但时间又是双刃剑，如果不用心呵护彼此的关系，不断给相互的关系增添新的生机与活力，时间就会侵蚀、消耗、改变彼此的关系，曾经的美好也会变得面目全非。导学关系不是一时的关系，良好的导学关系是一辈子的情分。

巴尔扎克曾经说过："单独一个人可能灭亡的地方，两个人在一起可能得救。"为了实现导师的学术思想，不断推进科技发展，为了帮助研究生赢得美好的未来，导师和研究生之间理应相互信任，相互支持，相互关爱，共同开创美好的导学前景。

（本节作者：吕森华　单珏慧）

第二节　研究生心理健康概述

【案例导入】

研一新生李艳由外校保送过来读研，本科期间的她不仅学业成绩优异，而且还担任校学生会的干部，工作能力很强，对自我也比较认可。入学半年来，因为不能快速适应研究生的科研生活，觉得自己落后了，尤其是与同校保送的研究生相比，更感觉自己一无是处，科研没想法、没进展，人际关系也处理不好，慢慢地开始回避正常的社会交往，一个人躲在寝室里，特别郁闷的时候靠食物来缓解。随着暴饮暴食次数的增多，李艳的体重也快速增长，这就更加剧了她对自己的不满，她也很困惑，自己怎么变成这个样子了？不仅身体不健康，而且心理也出了严重问题，她该如何帮助自己走出难关呢？

【本节关键词】研究生、心理健康、心理问题

【要点详解】

研究生是一个相对特殊的学生群体，个体化的培养模式、专业化的学习方式、差异化的个人经历，加上因年龄跨度、知识结构、生活环境等叠加而成的多重压力源，使得研究生群体的心理健康问题日益受到关注。作为这个特殊学生群体在学习、科研、生活中的重要他人，研究生导师掌握一定的心理健康知识，能在一定程度上帮助研究生减少困惑和不安，有利于对研究生进行有效指导。

一、心理健康的定义

世界卫生组织将“健康”界定为“一种在身体上、精神上的完满状态，以及良好的适应力，而不仅仅是没有疾病和衰弱的状态”。这就是人们所指的身心健康，换言之，一个人在躯体、心理、社会功能等方面都健全，才是真正意义上健康的人。

人的生理活动和心理活动是紧密依存的，健全的心理依托于健康的身体，而健康的心理反过来又能有效促进生理健康。在现代医学高度发展的今天，生理健康可以通过一系列的医学手段进行直观鉴定，而心理健康的判定则相对复杂。一般认为，人的心理及行为是一个由“正常”逐渐向“异常”、由量变到质变，并且相互依存和转化的连续状态（见图 1-1）。因此，人的心理问题是普遍存在的，只是程度不同而已。

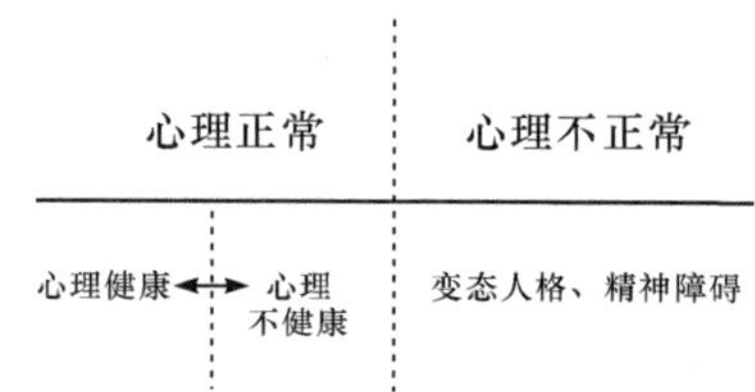

图1-1　心理正常到异常的发展过程

1946 年第三届国际心理卫生大会曾为心理健康下过这样的定义：“所谓心理健康是指在身体、智能以及情感上与他人的心理健康不相矛盾的范围内，将个人心境发展成最佳的状态。”[7]

具体来看，判断一个人是否心理健康，可以遵循以下三个原则：

（1）主观世界与客观世界的统一性原则

精神病性的幻觉是无对象的知觉，妄想是一种脱离现实的病理性思维。若一个人听到了别人在议论他，说他的坏话，并坚信有人在害他、攻击他、诽谤他，所以这个人感到非常愤怒，痛不欲生。在常人看来根本没有事实根据基础，这种人所想所反应的情感不被人理解，所以评价这个人心理不正常。他的主观世界与客观世界是不统一的。这种情况多见于精神分裂症。

(2)心理活动的内在协调性原则

知、情、意、行协调一致是人类精神活动的整体性表现，一个人的心理过程一致表现在内心体验与环境的一致，如该笑的场合就笑，该哭的场合就哭，儿子结婚办喜事喜气洋洋，已故亲人办丧事痛哭流涕。这就是情感与所处的环境协调一致。病态则相反，该哭的不哭，该笑的不笑，这就是反常、病态，常见于精神分裂症。

(3)人格的相对稳定性原则

江山易改，本性难移，说明了人格的相对稳定性。若一个人没有明显的外界因素而出现性格的反常，如平素开朗外向，突然沉默寡言，孤僻不接触人，这就被认为是破坏了他性格的稳定性，是反常，如抑郁症。

综上所述，区分心理正常与异常的三原则以自知力为判断和鉴别的指标。完整的自知力是指患者对其自身精神病态的认识和批判能力，是判断是否有精神障碍及严重程度、疗效的指征。它是“自我认知”与“自我现实”的统一，自知力是现实检验的一把尺子。自知力涵盖于三原则其中。(注：本部分内容摘自浙江大学心理健康教育与咨询中心内部汇编资料《浙江大学辅导员心理健康教育培训资料》)

二、研究生心理健康的标准

美国心理学家马斯洛和密特尔曼提出了心理健康领域的十条经典标准：

(1)有充分的自我安全感；

(2)能充分了解自己，并能恰当估价自己的能力；

(3)生活理想切合实际；

(4)不脱离周围现实环境；

(5)能保持人格的完整与和谐；

(6)善于从经验中学习；

(7)能保持良好的人际关系；

(8)能适度地宣泄情绪和控制情绪；

(9)在符合团体要求的前提下，能有限度地发挥个性；

(10)在不违反社会规范的前提下，能适当地满足个人的基本需求。

结合研究生群体总体上的生理特点、心理特质和社会角色，将判断当代中国研究生心理健康的基本标准归纳为以下七条：

(1)智力正常且能正常运用,能保持对学习较浓厚的兴趣和求知欲望;

(2)有客观的自我认知,悦纳自我;

(3)有良好的环境适应能力;

(4)能控制和调节情绪,保持良好的心境;

(5)能保持和谐的人际关系,乐于交往;

(6)能保持完整统一的人格;

(7)心理行为符合年龄、身份特征。

特别要说明的是,上述的心理健康标准都只是统计学上的相对多数概念,考虑到研究生个体的成长环境、文化背景、生理心理差异等因素,导师在指导研究生的过程中要注意不能随意给学生“贴标签”“戴帽子”,即使对照标准发现了确实有需要帮助的学生,也要格外注意方式、方法。

三、研究生心理健康现状

与本科生相比,研究生的来源较为多元,学业基础和个人能力、素质等相对参差不齐,读研的目的也呈多样化的趋势。研究生由于年龄相对较长,心智、思想和为人处事方式更为成熟,具有更强的自我教育、自我调节、自我管理的能力。与此同时,研究生的年龄和学习阶段的特点也决定了研究生的心理具有其独特之处,研究生的心理问题常常是学业、家庭、人格特征、人际关系等多种问题的交织,比本科生更具复杂性和隐蔽性。

一方面,研究生作为成年人群体,他们面临的毕业、就业、经济及情感等实际问题的情况更复杂、需求更急迫,这些直接性的压力源往往容易导致焦虑、抑郁、强迫等心理症状(问题)的产生,严重的还会引发精神疾病,甚至导致暴力犯罪、自杀等极端事件。

另一方面,研究生阶段的突出特点是要在导师的指导下完成学业,与导师的关系十分紧密,导学关系也日益成为影响研究生学业状况和心理状况的重要因素。朱美燕运用问卷调查法对浙江省 20 所研究生培养院校的心理健康教育工作者进行实证调查,结果发现,科研压力是影响研究生心理健康的最关键因素[8]。以浙江大学为例,该校近年来在校研究生规模总体稳定,但心理中心接待的研究生来访者人次呈逐年递增趋势,2015 年研究生来访人次几乎达到了 2012 年的 1.5 倍;2016 年共接待研究生来访者 1093 人次,其中一般心理问题(通常包括适应问题、学业问题、人际关系问题、恋爱与情感问题、职业规划问题、个性与自我成长等问题)占 65%,疑似心境障碍占 15%,疑似焦虑障碍占 7%,疑似人格障碍 2%,其他问题占 11%(见图 1-2)。在一般心理问题

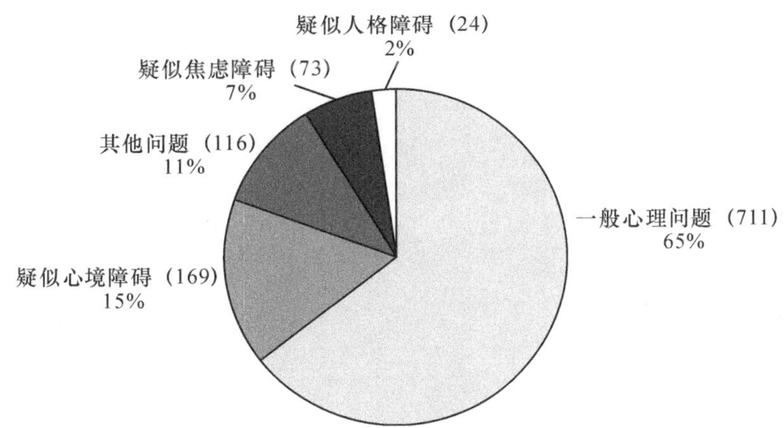

图 1-2 浙江大学心理中心 2016 年研究生来访问题类型

中，因学业问题或导学关系问题而寻求咨询的达到 11%；疑似心境障碍与焦虑障碍中，因学业问题而导致此类症状频发的占到大多数。

我国自 20 世纪 90 年代以来，研究生招生规模不断扩大，研究生教育管理要求不断提升，但与此同时，研究生群体的心理问题没有受到相应的足够的重视。以"心理健康"为关键词查阅中国知网全文数据库，共检索到论文 75,432 篇，其中涉及大学生的有 10,538 篇，占 14%，涉及研究生的有 453 篇，仅占 0.6%，研究成果显然和我国研究生规模不相称。所幸，近年来国内研究者和教育工作者对研究生的心理健康问题日益关注。

目前，我国在研究主心理健康领域的研究主要聚焦两大方面：一是对研究生群体心理健康水平、常见心理问题的分析及对策建议；二是对研究生心理健康教育模式的实践总结与思考探索。我们在一项针对北京部分大学研究生的调查中发现，近 10 年来，北京部分大学研究生因为心理问题而休学、退学的人数占休学、退学人数的 30%左右[9]；2010 年一项针对北航研究生的调查显示，研究生心理问题检出率为 44.16%，其中，中度以上心理问题者占总人数的 11.99%[10]。近年来的一些极端事件，比如 2015 年中南大学研究生因不能顺利毕业在图书馆跳楼自杀，2014 年中山大学历史系研究生因毕业延期、找工作受挫而选择自杀，2013 年复旦大学研究生投毒事件等，都是研究生为主体的极端事件，警示我们要更加关心和重视研究生的心理状况。

四、研究生常见心理问题及分类

根据程度轻重将心理问题划分为三类：第一类是一般心理问题，如因学习工作压力、人际关系、环境适应、职业规划、自我认同等原因造成的心理困扰和情绪问题等，一般通过自我调节、心理咨询、环境改变等可以缓解；第二类是神经症性心理问题，如焦虑、强迫、抑郁、疑病等，一般在心理咨询的基础上需要配合药物治疗；第三类是精神病性心理问题，较为典型的就是精神分裂症，一旦发现，必须及时转介到专业医疗机构进行药物治疗，必要时候需要住院治疗（见图 1-3）。

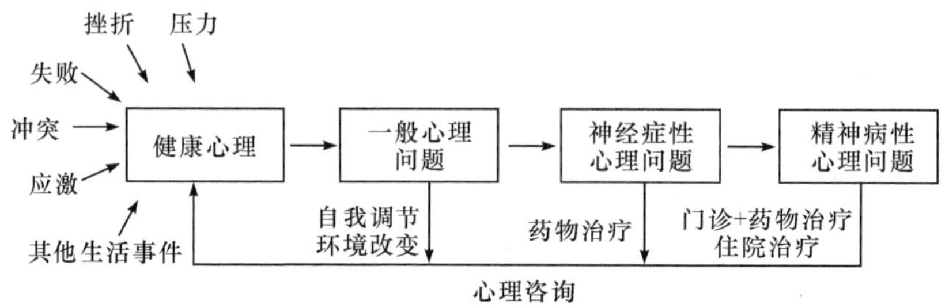

图 1-3　常见心理问题的分类及应对方式

（一）常见的一般心理问题

基于浙江大学研究生心理健康指导与服务中心编制的《研究生心理健康教育导师手册》，将常见一般心理问题总结如下：

1. 适应问题

在心理咨询过程中，研究生，特别是新生，对专业学习方式不适应、对新的人际圈尤其是与导师的相处模式不适应、对自我角色的变化不适应等问题均较为常见。研究生阶段，学习模式发生了很大改变，学习方式从接受式变为自主式，多数研究生能够适应这一阶段学习模式的变化，但也有部分研究生缺乏自我探索意识和自主学习能力，还有部分研究生过于依赖导师，学业进度要依靠导师的催促和手把手的教导才能完成，一旦导师无法提供帮助就会陷入学业危机。处于研究生阶段的青年人会产生强烈的充实自我、发展自我的需求，但有的人在追求自我的过程中，没能达到自己所期望的目标，由此产生适应不良。另外，有的研究生在面对多元化的价值体系中容易出现自我意识的混乱，进而出现失去自我、失去人生价值感和意义感的现象。

2. 学业问题

研究生是一个年龄跨度大、社会角色多重叠加的群体，这样的群体在面对高强度的学习科研压力和创新要求时，更易产生各种问题。近年来，为了保障研究生培养质量、提升学校总体科研竞争力，许多高校都对研究生在读期间需发表的论文数量和级别进行了规定，部分研究生无法应对研究生阶段学习方式的转变，个人学术能力与导师要求、自我期望难以匹配，于是便容易形成挫折感，引发焦虑情绪，甚至产生逃避行为。这种紧张、挫败和焦虑的情绪如果长时间得不到有效缓解，就容易转变为神经症性心理问题，甚至引发更深层次的精神疾病。

3. 人际关系问题

与本科生相比，研究生群体构成复杂，以科研为主的学习特点也导致研究生之间整体交流较少，集体概念松散；部分研究生个性较为独特，不善交往，更易产生社交问题。此外，研究生与导师之间的关系问题也是研究生来访者在心理咨询过程中经常会提及的问题。研究生的多数时间是在课题研究和科研工作中度过的，与导师的交往必不可少，然而部分研究生却无法与自己的导师建立起和谐的人际交往关系，其中有研究生个体方面的原因，部分也存在导师个体方面的原因，比如有的导师同时带几十个研究生，由于精力有限不能对每个学生都亲自指导，或是干脆将学生当作“员工”管理，从而导致一些学生产生失望和抵触情绪。

4. 恋爱与情感问题

经统计，浙江大学心理健康教育与咨询中心（以下简称浙大心理中心）在2012年至2016年接待的所有研究生咨询中，恋爱与情感问题的占比高居第一。我国高校研究生群体的主体在25－30岁，正是情感需求丰富、婚恋问题集中的阶段。研究生学习、生活相对封闭，社交领域相对狭窄，加上部分高校、学科男女比例失衡等客观因素，往往会造成研究生情感支持系统的缺失，这也给心理问题的产生埋下了隐患。研究生群体，特别是博士研究生群体中大龄、单身的问题相对突出，与此同时，一些已婚研究生要同时担负家庭责任和学业压力，也容易因为超负荷而影响心理状态。

5. 职业规划问题

研究生教育是整个学校教育体系的最高级别，绝大多数研究生在毕业之时就意味着要真正进入社会。在咨询中，通常会发现两种截然不同的来访者：一种对未来毫无计划，面对未知充满迷惘与无助。这些学生跟随潮流读研，对专业学习并不热爱，学习研究过程对他而言索然无味，临近毕业时倍感焦虑与恐惧。另一种对未来憧憬无限，却无法接受现实与理想之间的差异。不同于本科教育，研究生教育对很多研究生来说是为了“改变命运”的“第二次选择”，也正是因此，很多研究生在入校之前便对未来的职业发展寄予厚望，临近毕业意识到就业形势的严峻，容易出现强烈的落差感。

(二)常见的神经症性心理问题

1. 焦虑症

焦虑症,又称为焦虑性神经症,是神经症这一大类疾病中最常见的一种,以焦虑情绪体验为主要特征。这里要注意与正常的焦虑情绪区分,如焦虑严重程度与客观事实或处境明显不符,或持续时间过长,则有可能为病理性的焦虑。焦虑症是神经症中相对治疗效果较好、预后较好的疾病。焦虑症可分为慢性焦虑(广泛性焦虑)和急性焦虑发作(惊恐障碍)两种形式。主要表现为:无明确客观对象的紧张担心,坐立不安,还有自主神经症状,如心悸、手抖、出汗、尿频等。

2. 抑郁症

抑郁症是以心境低落为主的一种不健康状态,抑郁症与一般的"不高兴"有着本质区别,它有三大较为明显的主要症状,即"情绪低落""思维迟缓"和"运动抑制"。情绪低落就是高兴不起来,总是忧愁伤感,甚至悲观绝望,严重的有自杀想法;思维迟缓就是自觉脑子不好使,记不住事,思考问题困难,觉得脑子"空空的、变笨了";运动抑制就是不爱活动、浑身发懒、走路缓慢、言语减少等,严重的可能不吃不动,生活不能自理。

3. 强迫症

强迫症是一种以强迫思维和强迫行为为主要临床表现的神经症性精神疾病,其特点为有意识的强迫和反强迫并存,一些毫无意义、甚至违背自己意愿的想法或冲动反反复复侵入患者的日常生活。患者虽体验到这些想法或冲动是来源于自身,极力抵抗,但始终无法控制,二者强烈的冲突使其感到巨大的焦虑和痛苦,影响学习工作、人际交往甚至生活起居。

(三)常见的精神病性心理问题

精神分裂症在研究生群体中也有发生。精神分裂症是一组病因未明的重性精神病,临床上往往表现为症状各异的综合征,涉及感知觉、思维、情感和行为等多方面的障碍以及精神活动的不协调。病程一般迁延,呈反复发作、加重或恶化,部分患者最终出现衰退和精神残疾,但有的患者经过治疗后可保持痊愈或基本痊愈状态。

(本节作者:吕森华　单珏慧)

第三节　研究生的压力及调适

【案例导入】

读研后林丽交到了人生中第一个男朋友。两人是异地恋，在一起的时间有限，但林丽已经把男友看成是生活中最重要的人，做好了将来在一起生活的打算。恋爱一年后，她突然收到了男友分手的通知，原因只是因为男友父母不同意。这个意外的打击让林丽无法释怀，性情宽容的她还是尊重男友的决定，体谅了对方的难处。失恋后她的心情却一直好不起来，经常出现退学的想法。她感到不开心，经常莫名哭泣，每次哭时，她又会责备自己的软弱。她希望自己坚强起来，快点走出失恋的伤痛，为了不让父母难过，也害怕带给朋友额外的负担，她选择一个人默默应对失恋的痛苦。随着进入冬季，她发现情绪越来越糟，无奈之下，她走进了学校心理中心的大门，希望能在咨询师的帮助下找到有效的应对方式，以缓解失恋带来的压力与痛苦。

【本节关键词】压力、减压、调适

【要点详解】

一、压力的概念及研究生常见压力源

心理学家拉扎勒斯对压力的定义是：压力是人与环境相互作用的产物；如果一个人认为内外环境的刺激超过自身的应对能力及应对资源，就会产生压力。从这个定义中我们可以发现，压力与刺激强度以及个体的应对资源息息相关，同样一个生活事件(例如失恋)，应对能力或资源不同的人反应会有明显的差异。缺乏应对能力或资源的人容易在压力事件后出现抑郁、焦虑的反应，甚至出现心理障碍，而那些有充分应对能力及应对资源的人则能在压力下更好地成长。

压力可分为短期压力与长期压力。有些压力持续较短时间便可终止，比如完成一次演讲，参加某个会议，参加某次聚会。有些是长期的压力，比如考研、完成毕业论文、完成期末考试等，一般会持续数月或数年。长期压力会带给人更大的心理或生理影响，当然，有些短暂但强烈的压力也会给人带来明显的影响。压力还可以分为单一性压力与叠加性压力，当一个人同时遇到失恋、实验失败、室友关系冲突之类的生活事件时，往往容易出现心身失衡。

(一)压力导致的心身反应

压力反应是生理和心理相互作用的结果，是一系列生理和心理反应的综合表现。压力导致的心身反应可以在生理、认知、情绪、行为四个方面表现出来，具体如下：

1. 生理反应

主要包括：头痛的频率和程度不断增加；肌肉紧张，特别是颈部、肩部、背部、头部的肌肉紧张；皮肤干燥、有斑点，或是刺痛；消化系统出现问题(胃痛、腹泻)；心悸和胸部疼痛也经常是与压力有关的预警信号。

研究生小王与父亲关系不好，从小以来，父亲总给他很大的压力，他一直害怕父亲。每次他回家时，就会有偏头痛的发作，而一回到学校上学，偏头痛就没有了。头痛的心理意义是：我实在不想面对它。

研究生小张已进入实验室，一见到导师，就处于打鸡血状态，肩膀、后背、颈部的肌肉都处于紧绷状态。而一离开实验室，他才能真正放松。我们可以想象，这种状态一直持续下去的话，他难免会出现颈椎病、肩周炎，或者背部不适。

2. 认知反应

主要包括：注意力不集中，走神；优柔寡断，小事情也不敢做决定；记忆力衰退，经常忘记做事情；判断力变差，导致错误决定；对周围的环境持消极态度。

小丽在综合医院实习，在工作中经常会出错，她由此怀疑自己的能力，担心是不是自己太笨了。其实并不是她能力的问题，而是她处于一个高压的环境下(忙碌的三甲医院)，由于大家都很紧张，脾气也不好，她作为刚来实习的新人就经常会被批评，在高压下就容易出错了。

3. 情绪反应

主要包括：容易烦躁，或者是喜怒无常；消沉和经常发愁，生活无乐趣；丧失信心和自暴自弃；精力枯竭，缺乏积极性；疏远感、冷漠。

小蔡问他的女友要不要吃冰激凌，女友开始说不要吃，过一会儿又说想吃了，于是小蔡就嘟囔了一句“你刚才不是还说不想吃的吗?”女友听了之后就很不高兴，对男友大发脾气。这个女生的反应过激了，我们不免去推测，她最近也许有无法解决的心理压力。

4. 行为反应

主要包括：睡眠不好，失眠或者是睡眠时间过长；多梦或经常做噩梦；比平时经常性饮酒或者抽烟；性欲减少；经常加重烦恼和忧虑；不愿意和朋友或者家庭成员交流，觉得累；坐立不安、烦躁。

研究生小马在刚读研时经常会做这样一个梦：梦到自己在爬山，是那种很陡峭的山，每上一级台阶，都是又高又难爬，在梦中，他努力地往上爬，但爬得很吃力，似乎随时会掉下去，梦中那种惊心动魄的感觉非常明显。也许是因为刚读研，要适应新的学习与生活环境，以及对未来发展的压力的反应，让这个男生频繁做这样的"掉落"之梦。

"樊氏压力检测量表"从生理、认知、情绪、行为四个角度对人的压力状况进行评估，可以让测试者更好地了解被测试者的压力状况，并采取相应的应对措施。详见【小贴士 1】樊氏压力检测量表[11]。

【小贴士 1】樊氏压力检测量表

表 1-1 樊氏压力检测量表

请试着回想自己最近一个月所感受到的状况，依照此状况来填写下面的题目，将符合自己状态的数值填在答案纸上。		不符合（0）	有一点符合（1）	完全符合（2）
1	相较于过去，最近眼睛比以前更容易觉得酸、干涩、疲劳			
2	相较于过去，最近觉得自己皮肤肤质或发质变差，像是痘痘变多，皮肤干燥、白头发变多等			
3	相较于过去，最近胸口会闷闷，好像被勒紧般发痛			
4	相较于过去，最近有时会喘不过气，有缺氧的感觉。			
5	相较于过去，最近常觉得手脚冰冷，有麻麻的感觉			
6	相较于过去，最近站起来会头晕，或是眼花站不稳			
7	相较于过去，最近比以前更容易疲劳，而且疲倦好像不大能消除			

续表

请试着回想自己最近一个月所感受到的状况，依照此状况来填写下面的题目，将符合自己状态的数值填在答案纸上。		不符合（0）	有一点符合（1）	完全符合（2）
8	相较于过去，最近稍微做点事就立刻感到疲惫			
9	相较于过去，即便早上睡醒仍觉得前一天的疲劳没有完全消除			
10	相较于过去，最近对工作或课业提不起劲，也比较无法集中注意力			
11	相较于过去，最近觉得自己记忆力变差，容易忘记事情			
12	相较于过去，最近自己极容易做出错误的决定			
13	相较于过去，最近自己在判断事情上比较难定下心来思考			
14	相较于过去，最近对人有些不想靠近的感觉			
15	相较于过去，最近容易为小事情感到烦躁、生气			
16	相较于过去，最近觉得有太多事情加在自己身上，感到力不从心			
17	相较于过去，最近容易生气，对事情没有耐心、不耐烦、缺乏热情			
18	相较于过去，最近即便吃饱了，还是会不断想吃东西			
19	相较于过去，最近睡眠品质变差，半夜1、2点会醒来，然后再也睡不着			
20	相较于过去，最近经常做梦			
21	相较于过去，最近在人际关系上比较退缩，和人接触或见面，觉得麻烦			

结果对照：

1. 分量表A（生理反应）：1～6题

分数等于或高于5分，显示面对压力时，生理面向反应较常态偏高。分数越高，表示面对压力时“生理反应”越明显。通常显现在内分泌或是食欲等方面。

建议借由肢体活动，让压力有排解的去处，而不至于使压力影响体内健康。如按摩、吃东西、流汗、运动、做瑜伽等。

2. 分量表 B(认知反应):7～13 题

分数等于或高于 8 分,显示面对压力时,生理面向反应较常态偏高。分数越高,表示面对压力时“认知反应”越明显。通常显现在思考与对事物认知等方面。

建议借由改变思考方式来排解压力,使思绪清晰、明快。如读书、讨论、思考、交换思想、启发、小组讨论、参加学会和读书会等。

3. 分量表 C(情绪状态):14～17 题

分数等于或高于 5 分,显示面对压力时,生理面向反应较常态偏高。分数越高,表示面对压力时“情绪状态”越明显。通常显现在心情与感受等方面。

建议借由音乐、冥想来放松情绪抒发排解压力。如谈心、完全接纳、鼓励、说话交流、哭泣、情绪发泄、冥想、放松训练等。

4. 分量表 D(行为表现):18～21 题

分数等于或高于 4 分,显示面对压力时,生理面向反应较常态偏高。分数越高,表示面对压力时“行为表现”越明显。通常显现在人际与决策等外显行为方面。

建议借由觉察来了解并处理自己所承受压力。如拼图、做模型、做木工、逛街买东西、去植物园和动物园、完成工作和作业等。

(二)适度压力的好处

适度的心理压力可以帮助人们维持良好的功能状态,提升工作和学习的效率,那些能够将压力处于适度状态的人,往往能够得到最佳的效率。当人处于适度的紧张状态时,大脑的血液循环加快,兴奋程度提高,生理功能增强,思维积极,所有器官都在最佳状态下动作,效率最高。适度压力下,记忆力、反应速度、力量等均达到最佳状态。管理学提到的“鲶鱼效应”[12],能充分地说明适度压力对个体的有利影响——处于压力状态而不断活动的沙丁鱼比静止不动的沙丁鱼活得时间更长。

Yerkes－Dodson Law(耶克斯－多德森定律)是心理学家耶克斯(R. M Yerkes)与多德森(J. D Dodson)经实验研究归纳出的一种法则,用来解释心理压力、工作难度与作业成绩三者之间的关系[12]。动机水平与工作效率之间的关系不是一种线性关系,而是倒 U 形曲线。中等强度的动机水平最有利于任务的完成。动机水平的最佳水平不是固定的,依据任务的不同性质会有所改变。在完成简单的任务中,动机水平高,效率可以达到最佳水平;在完成难度适中的任务中,中等的动机水平效率最高;在完成复杂和困难的任务中,偏低动机水平下的工作效率最佳(见图 1-4)[12]。组织行为学的研究学者将耶克斯一多德森的实验结果应用在人的身上,发现人类也存在这种现象。随着压力的增加,工作绩效呈倒 U 型曲线,先上升,到达一定程度后下降。

这个定律提示:导师需要营造出适度压力的氛围,既不能过高,也不应过低。在适度压力状态下,研究生的科研效率更高,更容易出成果。过高的压力状态则既会破坏工作效率,也会导致诸多不良心身反应的产生。

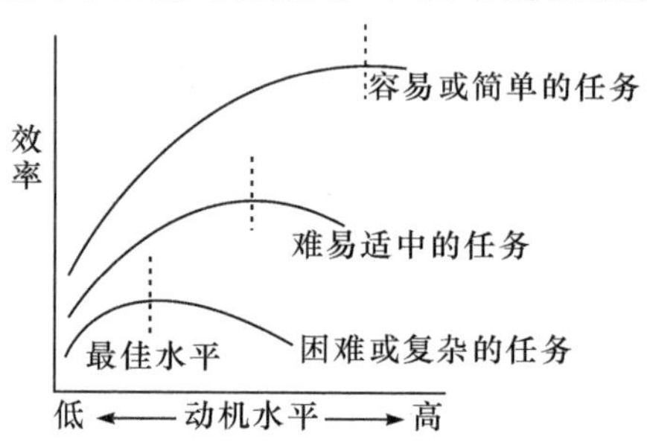

图 1-4:动机水平与工作效率关系

(三)研究生阶段的压力源

压力源(stressor)是指引起压力反应的因素,包括生物性压力源、精神性压力源、社会环境性压力源。生物性压力源指直接阻碍和破坏个体生存与种族延续的事件,包括躯体创伤和疾病、饥饿、性剥夺、睡眠剥夺、感染、噪声、气温变化等。精神性压力源指直接阻碍和破坏个体正常精神需求的内在和外在事件,包括错误的认知结构、个体不良经验、道德冲突以及长期生活经历造成的不良个性心理特点(易受暗示、多疑、嫉妒、自责、悔恨、怨恨等)。社会性压力源指直接阻碍和破坏个体社会需求的事件,包括纯社会性的(如重大社会变革、重要人际关系破裂等)和由自身状况造成的人际适应问题(如社会交往不良)。

从具体的压力源来说,研究生的心理压力的主要排序为:就业压力、经济压力、学业压力、婚恋压力、人际压力。对研究生身心健康影响最大的压力主要为人际关系的压力,其次是学业压力、婚恋压力、经济压力,就业压力对身心影响较轻[13]。

1. 就业压力

由于毕业研究生数量与社会有效需求的矛盾等原因,研究生就业的压力逐年增大[14]。特别是进入研二之后,即将到来的招聘季,让研究生们忙着准备求职。在这个时候,导师对于实验的要求与学生找工作之间往往会有冲突。

有些导师会严格控制学生去参加招聘会或者实习的时间，这更会让研究生的就业压力增强。

调查中还发现，26%的研究生认为就业压力对自己日常的学习和生活造成了一定的影响，28%的研究生认为就业压力影响了个人身体健康，42%的研究生认为就业压力已影响到个人心理健康，集中表现为紧张、烦躁、心神不宁、萎靡不振、意志消沉、自卑等状态[15]。这表明就业压力已经对全日制专业硕士研究生的身心健康产生了较大的影响，应当引起高度关注。

2.经济压力

2013 年 2 月 6 日，国务院常务会议做出决定，从 2014 年秋季学期起，向所有纳入国家招生计划的新入学研究生收取学费。现阶段全日制学术学位研究生收费标准，原则上每年硕士生不超过 8000 元、博士生不超过 10000 元。每年万元左右的学费和生活费给研究生带来了明显的压力感。赵媛媛指出研究生面临的经济压力主要是三方面的[16]：

(1)直接成本。直接成本主要包括学费、生活费等。按教育部的规定，硕士研究生每年学费 8000 到 10000 元不等。并且不同专业、不同地区之间存在着差异。艺术类专业研究生的学费每学年在 12000—18000 元之间，法律硕士每学年学费为 13000 元，公共管理硕士(MPA)为 15000 元。一般而言，东部地区如北京等地的学费高于中西部地区。据调查，2016 年北京地区平均月薪为 6909 元，学费成本对大多数研究生来说，应该是一笔不小的经济压力。

(2)间接成本。间接成本是指本科毕业后放弃工作而选择读研所失去的潜在收入。研究生不仅要自筹经费上学，还失去了潜在的经济收入，这种间接的成本也是研究生产生经济压力的一大因素。

(3)心理成本。研究生已经是成人，希望能结识更多的朋友，进行一定的社会交往，以及恋爱婚姻，这些也需要一定的经济基础为条件。这一层次的心理需求的存在对于毫无经济来源的研究生而言，也容易产生经济压力。

3.学业压力

浙大心理中心的咨询数据显示，近 3 年因学业压力前来心理咨询的学生占所有来访人群的 10%，部分同学因为长期的学业及毕业压力，导致了抑郁、焦虑、神经衰弱的症状。研究生的学业压力主要表现在：

(1)缺少指导。因为扩招政策的实施，每位导师所带的研究生人数在逐年增加，但是由于一些导师会身兼数职，社会活动频繁，从而不能对学生进行系统指导，出现了放任管理的现象。

(2)发表科研成果的压力。有些学生努力好久但难以出成果，从而产生了严重的压力。从研究生课题的申请来看，主要依赖于导师申请的课题，由研究生自行申请的课题较少。有些研究生面临着经费支持的压力，没有足够的科研经费用于完成课题，发表高水平的论文有难度。有一个针对博士研究生的调查发现，182 人(53.2 %)认为他们的压力来自研究成果的发表，97 人(28.4%)认为压力来自繁重的研究课题，79.7 %的博士生认为发表一篇高水平论文很有难度[17]。

(3)缺乏良好的科研环境。一些实验室科研基础差，缺少必要的科研场地和配套的科研设施，缺乏足够的科研经费和良好的科研环境，人际竞争激烈，导师又不擅长管理，导致整个实验室气氛很差，离心离德。

以下是一个因为学业压力而导致抑郁的研究生的例子：

邓杰外表俊朗、性格平和，一直以来都是一位优秀的学生，深得老师及同学的喜欢。本科时他是学生会主席，很有人缘，且成绩优异。他顺利地成为某名牌大学的直博研究生。但博士的两年生活却让他身心憔悴。他本打算通过五年的直博生涯，将来出国读博后，继续回校执教，成为一名科研工作者。但令他沮丧的是，读博三年以来，实验一直没有进展，文章一篇也发不出。多次的实验失败令他灰心丧气，不免对未来的发展方向产生了强烈的怀疑，他质疑自己的科研能力，以前自信的性格受到了空前的挑战。

4. 婚姻情感压力

根据埃里克森的心理发展阶段理论，亲密感和孤独感是 22—30 岁年龄段的人最重要的心理冲突。如何获得爱情，如何建立长久稳定的亲密关系，是很多研究生在学习期间经常思考的问题。2016 年前来浙大心理中心寻求心理咨询的研究生中，因恋爱情感问题前来咨询的占所有来访研究生的比例高达 21%。现实来看，女博士面临的婚恋压力更高。研究生谈恋爱的比例已经远远高于本科生了，在恋爱过程中也会因为各种原因导致关系的冲突，并带来持久的心理压力。具体来说，研究生面临的婚姻情感的压力主要有：

(1)谈恋爱机会少。因为科研任务重，以及接触环境狭窄，有些性格内向的研究生缺少恋爱机会。某调查发现，有 23.7% 的女研究生没有恋爱经历[18]。对于一些男女比例严重失调的学校(比如工科为主的学校，男生远多于女生)，更容易缺少恋爱的机会。

(2)磨合期的冲突。恋爱双方需要经历一个磨合的过程，有些人由于性格、生活方式、价值观等方面差异大，以及双方个性上的问题，导致出现强烈的磨合期冲突。有些人会由于恋爱对象不被父母所接受，而产生强大的心理压力。

(3)现实压力。特别是在面临工作选择时，如果是异地，那么会是对恋爱双方严峻的考验。无论是本科生，还是研究生，在毕业季期间分手的情况都是挺多见的，这也会构成强大的心理冲突。

以下是一个缺少婚恋机会的男博士生的例子：

小李从小到大一直是一个学习认真，行为规范的好学生。从本科到研究生，再到考上博士，十年来，小李主要专注于学习。现在他已经快28岁了，但却一直没有恋爱经历。曾经交往过一个女生，但他总是忙于实验，老师又管得紧，两人在一起的时间太少。因为在一起的时间太少，女生要求结束恋爱关系，小李虽然想挽回，但对方去意已决。小李的生活可谓是三点一线，大量的时间用于学习与研究，既缺少谈恋爱足够的热情，又缺乏必要的恋爱技巧，所以很难有机会再认识女生。父母催得急，他虽然也有些急，但一直没有进展。

5.人际关系的压力

人际相处过程中的冲突和矛盾，在一定的情况下会激化，导致不可控事件的发生。研究生期间可能会遇到的人际交往的问题，主要包括与同班同学之间的关系、室友之间的关系、与导师的关系，以及与同门之间的关系。

(1)与同班同学的关系

研究生同班同学之间的关系相较于本科生，明显疏远得多。同学之间联系较少，有些人忙于科研或求职，同班同学交情很浅是常态。在调查中，很多研究生不同程度地遭遇到了同班同学之间的人际交往挫折，包括主动和同班同学打招呼却遭遇了冷遇，积极筹备班级的集体活动却没有同学接受响应并参加，在需要帮助的时候却没能得到同学们的帮助等[19]。由于班级同学关系疏远，再加上有些导师疏于管理学生，导致一些研究生处于放养状态，严重缺乏归属感与社会支持。

(2)与室友之间的关系

研究生的室友关系并不乐观，据调查：超过36%的研究生与其室友发生过口角；26%的研究生经历过宿舍里的冷战；19%的研究生遭到过宿舍成员的无端猜忌和挖苦；17%的研究生认为自己所在的宿舍人际交往不够和谐，并要求调换宿舍；大约20%的研究生无法摆脱在宿舍里遭遇的人际交往挫折，进而影响了正常的学习和休息[19]。在最近十余年发生的高校恶性杀人事件中，主要以男生寝室关系冲突导致的杀人事件为主，比如马加爵杀人案、复旦投毒案、川师大杀人案、郭力维校内杀人案等。

新闻链接1:盘点大学生杀人事件[20]

2009年11月14日凌晨,吉林某地发生血案,该校信息技术学院大四学生郭力维将其室友赵研杀害在寝室内。郭力维觉得被害人赵研打呼噜影响其休息,曾将赵研晚上打呼噜视频传到校内网上,二人因此不和。郭力维认为赵研多次对其进行辱骂,伤害了其自尊心,遂于2009年11月14日凌晨3时30分左右,用事先准备好的尖刀扎熟睡的被害人赵研胸部、背部数下,致使赵研因左胸部刺创致心脏破裂造成失血性休克死亡。作案后郭力维拨打"110"电话报警,并在现场等待警察到来。

(3)导学关系

某研究显示,研究生对于其导师的总体满意度为69%,关于忠诚度的调查研究发现:如果让研究生重新选择导师,会再选择现在的导师的有71%,而且另有52%的研究生会向其他报考者推荐自己的导师[21]。这说明,导学关系不容乐观。在心理咨询实践中,由于导学关系出现问题前来咨询的研究生并不少见,一些导师对学生要求很高,对学生采取严厉的管控措施(监视、打卡),或者几乎不管(比如有些导师一学期就只开一次组会,一学期下来能与学生单独谈一次就不错了)。由于得不到指导和支持,研究生的科研进展很慢,心理压力很大,导学关系很糟糕。

个别男导师还利用导师的特殊身份,以课题经费、开会、出国交流、给予特殊的地位等为诱饵,对女学生进行性骚扰甚至发生性行为,严重伤害了学生。本书第四章第8个案例描述了男导师与女学生不正常的性关系,对双方都产生了巨大的心理压力。

新闻链接2:多半女大学生被性骚扰,拒绝导师怕不让毕业。[22]

很长一段时间,刘朵都害怕接到导师的电话。这名正在南方某高校读研的女生说,自己的导师是院领导,平时应酬多。有时,自己也会被叫出去喝酒应酬。尽管很反感,但刘朵始终不敢说出拒绝的话。

"你可以找理由拒绝一次两次,但没办法次次都拒绝吧。"刘朵害怕,如果跟导师撕破脸,自己毕不了业怎么办?无奈之下,刘朵选择了忍。但让她难以接受的是,一次应酬中,席上某领导竟然对她动手动脚,不但乱摸,还强吻了她。

"我不敢告诉爸妈,怕他们担心。我就觉得屈辱,无比屈辱。"刘朵带着哭腔说,自己明明是来做研究的,但感觉跟陪酒小姐一样。

新闻链接3:中国政法大学弑师学生一审被判死缓。[23]

2009年10月20日,中国政法大学学生付成励弑师案在北京市第一中级人民法院一审宣判。北京市第一中级人民法院最终以故意杀人罪判处23岁的付成励死刑,缓期两年执行。付成励在中国政法大学就读期间,因其女友与其分手而对该校教授程春明(殁年43岁)不满(怀疑两人有染),遂起意杀害程春明。付成励事先购买了作案凶器菜刀1把。2008年10月28日18时许,付成励来到昌平区中国政法大学端升楼201教室内,持菜刀猛砍程春明的颈部。程春明因被砍断右侧颈总动脉、右侧颈外、内静脉致急性失血性休克死亡。付成励作案后即用手机拨打110报警,向公安机关投案。

(4)与同门之间的关系

调查显示:17%的研究生认为自身遭遇到了同门之间的人际交往挫折,26%的研究生认为同门之间人际交往不和谐,14%的研究生认为自己遭到了同门的排挤,更有部分研究生认为自己遭到了同门的嫉妒和不公正对待,还有研究生反映他们所在的同门发生过因为利益而争吵的事件[19]。在本书第四章第1个案例中,描述了一个因为被实验室学姐打压而出现焦虑、抑郁状态的博士生的情况。下面的例子描述了一个难以融入实验室环境的研究生:

研究生余斌有一位严厉的导师,这位导师由于自身的原因,较为器重那些聪明的学生,而对像余斌这样天赋并不突出的学生,则不管不问。由于实验室位子不够,余斌入学后并没有像其他学生那样有单独的座位,这导致他只能在寝室或图书馆自修,偶尔需要做实验时才去实验室一下。由于长久没跟师兄弟(姐妹)们在一起,余斌总感觉到自己跟他们格格不入,而且由于被排斥在外,他也对同门们有一种微微的愤怒。总之,读研的两年多来,余斌过得相当孤独,缺少归属感,每次实验室例会时,他都觉得自己是一个局外人。

【他山之石】

二、研究生压力调适——导师可以做些什么

以下是一些常用的压力调适方法,导师作为研究生求学生涯中的重要他人,既可以用这些方法来帮助自己更好地调适压力,也可以在需要时指导研究生有效应对压力。导师特别需要成为研究生的重要支持对象,营造让研究生积极成长的空间。

(一)培养研究生的高坚韧性人格

心理学家Kobasa与其同事在美国伊利诺斯贝尔电话公司进行有关应激反应的研究中发现,有一些经理人员在高度应激的情景下,由于保持一定的态度而表现出较少的心理和身体的疾病症状。Kobasa提出了人格坚韧性的概念,用以描述那些体验高度的生活应激,但由于表现出一系列的态度、信念和行为倾向而使自己免于疾病的个体。坚韧性包括三个成分:承诺(Commitment)、控制(Control)和挑战(Challenge),研究者把承诺、控制和挑战称之为坚韧性的"3C"结构[24]。承诺是指个体对于目的和意义的感知,这种感知通过个体积极卷入生活事件而不是消极被动避免卷入的方式表现出来。控制是指在不利的条件下,个体拥有的通过自身行动来改变生活事件的信念,并在这种信念指导下采取行动,努力对生活事件施加影响而不是孤立无助。挑战是指个体希望从积极的和消极的经验中进行持续学习,认为变化才是生活的正常状态,变化是成长的促进力量而不是对于安全的威胁。

电视剧《毛泽东》中有一幕特别能反映出毛泽东敢于面对挑战的精神,这是作为一个高坚韧性人格者明显的特征。在剧中,第一次国共合作期间,一个国民党的高级干部给毛泽东设下一个圈套,等到当时身为国民党宣传部长的毛泽东察觉时只剩下不多的时间可以扭转局势。对方想当然地认为毛泽东应该是没办法了,开心地等着看第二天毛泽东出丑。毛泽东绝不是一个会轻易认输的人,他连夜开会,发动了全城大部分工人力量,最终扭转了局势,使对方的圈套落空。

高坚韧性人格的培养,可以从认知调整、自我训练、体验式学习的过程中得到提升。比如,以积极的心态面对压力,视压力为挑战而不是危险;在面对压力的过程中不断磨炼自身的自信、控制力以及责任感。作为导师,要塑造一种激发学生挑战精神的氛围,使学生在不断面对与解决压力的过程中得到知识的积累以及人格的训练。

(二)成为研究生的重要支持对象

良好的社会支持系统可以帮助研究生缓解不良情绪,提高身心健康指数。生病了、科研受挫了、考试失败了,如果能得到周围人的支持和理解,将会极大地缓解压力感,增强应对压力的信心。相反,如果在需要支持的时候,支持对象缺乏,或者不能给予适当的支持,那么将明显加重个体的压力。

一个女生要参加一次重要的考试，为此准备了好几个月，临考前一段时间，她压力非常大，于是她跟妈妈倾诉了自己的压力，痛苦地表示说自己快崩溃了。这个妈妈听了之后既着急又生气，大声地训斥女儿说："你要崩溃了，我也要崩溃了。"这个女生听了之后很伤心，半年多没怎么跟妈妈好好说过话。

如果导师能够成为研究生的重要社会支持对象，那么将极大地缓解研究生的压力感。现实的情况是，很多导师不但不支持学生，反而成为研究生压力的重要来源。为了改变这种现状，导师应充分转变角色，主动与学生做好沟通交流。以下是一些参考的建议：

1. 更多的积极互动，比如微笑、赞美、肯定；减少消极互动，如讥讽、反对、羞辱、冷漠等。在良好的关系中，积极互动与消极互动的比例至少为 5∶1。

2. 有机会一起活动。适当创造与研究生相处的机会，做一些彼此身心放松的活动，比如聚餐、旅游、外出学习等。

3. 腾出时间允许每个学生表达自己的观点。在开组会时，允许每个人充分表达自己的观点，减少评价、命令、指责、警告，增加认同、回应、鼓励等积极互动。不因学生的"愚蠢"而疏远，也不因学生的"聪明"而大加赞赏，努力创造平等交流的氛围。

4. 主动维系关系。不应仅仅被动等待研究生来找导师求助，导师应主动接近学生，维系与深化彼此的关系。导师主动的开放的态度，更容易让学生放松压力。

5. 学会积极倾听。导师要跳出老师的角色，增加平等的倾听者的角色，创造让研究生理解并乐于探索科学知识的氛围。

（三）学会心理应对技巧

基于认知疗法与正念减压的下述几种心理策略，可以有效减缓消极情绪，应对焦虑与压力。

1. 认知重建法

人们的很多想法只是一种假设而不是事实，但人的认知系统会把想法等同于事实，让人们深陷焦虑、抑郁等负面情绪中难以自拔。比如，一个女生相信出门旅行肯定会出意外或其他糟糕的事情，这个想法让她讨厌外出。她需要去寻找一些客观证据以验证这个想法。比如，她可以回顾一下，以前每次外出发生的意外情况，或者其他人外出发生的意外情况，这种更加客观的审视，也许会让她认识到，她焦虑的只是许多可能性中的一种，而不是事实。

2. 给想法打标签

人们容易被想法所左右，并沉浸于负面情绪中。人们可以培养一种跳出来观察自己想法的能力，在正念训练中，这叫作“觉察”的能力。你可以把你的想法打上标签，而不是去关注想法本身。比如，当你开始焦虑即将上台时自己能不能讲好时，你可以告诉自己“我正在焦虑”；当你因为爱人的生活习惯而感到愤怒，并想开口骂人时，你可以告诉自己“我正在愤怒”；当你因为失败而开始责备自己的无能时，你可以告诉自己“我正在责备自己”。这个操作能够让你从想法的沉溺中出来，增强你对自身状态的觉知能力，防止被想法的内容所左右，跳出消极想法的束缚。

3. 转移注意力

当你发现一篇论文看了好几遍仍然看不懂，并开始对自己充满愤怒时，你不妨先做些其他的事情，比如打扫一下卫生，洗衣服或者做饭。或者当你发现在寝室里待得很压抑，难以专注地做事，那么你不妨拿起书包去图书馆。仅仅是简单的转移注意力，干点其他的事情，就能够转换你的心情。到轻松之后再回去处理你的难题，你可能会有不一样的效率。

4. 辨识一个想法是不是对你有帮助

有些想法是真实的，但老是注意它们只会让你更有压力。比如你去参加一次面试，你知道你成功的机会很低，因为有 50 个面试者，而主办方只需要选择 5 人，意味着你成功的可能性只有 10%。那么，这个想法是真实的，却对你没有帮助，反而增加你的压力。这个时候，你不用去想它，只把注意力集中在对你有帮助的想法上。

5. 想得更长远些

刚刚失恋时，也许你会觉得是一件天大的事情，并被愤怒、委屈、害怕、自责等消极情绪所吞没。但也许在失恋的一年、五年之后，你再回头来看这件事情，会发现并没什么大不了的。焦虑会让人们只注意到眼前的威胁，而无法从更长远的角度去面对现实。那么，你要学会看得长远，不妨问问自己：“1 年或 5 年后我会怎样，还会那么痛苦吗?”

6. 关注现实的经验

“一朝被蛇咬，十年怕井绳”，人类的认知系统对于危险或伤害总是过度敏感。有些成长过程中曾经有过受伤经验的人，总是对危险采取过度警觉的态度，而无法现实地或者具体地看待问题。在创伤之后，人容易固化在创伤经验中，而忽略了你可能比之前有了更多的能力、资源、选择，即你已经不是那个弱小的、被动的、无助的人了，同样，对方也不再是过去那个专制的、施虐、控制的人了。那么，重要的问题是：要有一种客观评估现实的能力。你需要跳开那些糟糕的联想，而只是问自己：事实是什么？现状是什么？

7. 学会积极赋义

我们先来看两个例子：

王元在接下来的一周里，要面临三门功课的考试，两篇课程论文、一个口头报告。他认为这个时候成功地完成这些事情的唯一途径是投入进去，把它视为一种挑战，集中精力并且合理地安排好时间。在应对挑战的过程中，随着一个又一个困难的克服，王元的压力感越来越小了。李蜜面临了类似的一个情景，但她与王元的反应却截然不同，她感到非常无助和沮丧，并把这看作是导师对她不公平的又一个例子，但她却总是把时间耽搁在看电视上，并且纵容自己被室友分心。时间渐渐临近但毫无进展，李蜜不免萌生了退学的想法。

这两个案例说明了一个简单的道理：你对压力源的理解而不是压力源本身引起了压力反应，因此，控制对压力源的理解，能助于更好地应对压力。案例中拥有积极乐观心态的王元将压力视为挑战，这种心态让他更好地解决了压力；而心态消极的李蜜则对压力事件做了过度负面的解读，以至于没法去面对与解决压力。

培养积极心态可以从两方面着手。第一步是识别消极的想法。消极想法又称不合理信念，这是一些消极的、苛刻的、武断的想法，这些想法对一个人的情绪及与周围人的关系均会产生不利的影响。认知流派的治疗师总结出了人类常见的消极想法：

(1)灾难化的想法

主要有两种句式：如果……怎么办？万一……怎么办？

有些人面对不确定的情景，总会做出糟糕的联想。比如一个人坐飞机时会冒出“如果摔下去怎么办？”之类的念头，这种念头让他焦虑和害怕。一个男孩每当快要开始一段恋爱关系时，便自动地退出，因为他觉得自己太弱小了，无法给予女孩足够的保护。他有一个灾难化的信念：“如果有一天我跟女友在外面时碰到了歹徒抢劫那怎么办？因为我觉得我没有能力应对这种情况。”

(2)不公平比较

只看到别人比你做得好的地方，因此比较的结果总是对自己不利。

比如，一位丈夫经常被他强势的妻子所批评，咨询师觉得他受到了妻子不公平的对待，当咨询师反馈了这一点之后，他却总是为妻子辩护，并觉得是自己不好，不能责怪妻子。在这个来访者的内心世界里，他总看到别人好的一面以及自己坏的一面，而缺乏公平合理地看待自己及他人的习惯。

(3)负性过滤

只注意到阴暗面,忽视积极面。习惯性地以一种批评、指责、贬低的态度对自己,或他人(或社会)进行攻击。

一个来访者,当咨询师换了一件新衣服时,他觉得咨询师"很自以为是";当咨询师对他说一些鼓励性的话,他觉得咨询师在卖弄自己;当咨询师只是评论了一下他的某句话,他觉得咨询师在骂他……他习惯于"鸡蛋里面挑骨头",对咨询师(包括周围人)总是很挑剔,也正因为如此,周围人都不愿与他交往。

(4)单极化思维

事物不是黑就是白,不是好的就是坏的。

比如一个人说"如果我进不了硅谷,那么我就是失败的";"如果这个内容我不懂,那么我将来会找不到好工作"。他采取了一种特别极端的观点,无法允许中间状态的存在,要么是个完美的人,要么就是个失败者。

一个来访者讲述了她与男友之间的冲突,会逼问咨询师:"在这件事情中,到底是我对还是他对?"一个人格健全的人是不会这样说话的,因为我们都知道,没有绝对的对或错,或者我们更需要重视的是到底发生了什么,而不是简单的归结为谁对谁错。

(5)过度概括化

根据一次单一事件或几条证据得出一个概括的结论。

比如:一次恋爱失败了,就觉得"男人没一个好东西",或者是"老婆是万恶之源";别人似乎不太欢迎我,于是就得出"我不被人喜欢"的结论;一次考试考得不怎么样,于是觉得自己"不善于学习";在工作中经常出错,就觉得自己"太傻了";女友因为事情多而不能一起去看电影,得出结论是"她根本就不关心我";一次成绩不如室友,就认为"我将来肯定是个失败者"。

(6)忽视优点

对自己的成就或优秀处视而不见。

有些人总期待将来最完美的状态、最成功的状态,因此,对于现在取得的成就、成绩会觉得理所当然,也因为如此,他们难以去欣赏自己的成就,经常生活在一种对自己不满意的心理状态中。

一个女孩,从小成绩优秀,比赛获奖,又是班长,但父母从来不进行表扬,这也成了现在她对父母最大的怨恨。由于从小缺乏被肯定的关系,她也习惯于否定自己,每当别人指出她好的部分,除了略微的开心外,更多的是内疚,并觉得自己"没那么好"。

对于这些常见的消极想法，当你觉察到之后，便有机会重新思考和评估它们，具体可参考上面的"认知重建法"。培养积极心态的第二步是养成肯定性自我对话的习惯。比如面对困境时，如下的自我肯定性对话能够给自己带来力量[25]：

这是一个磨炼自己的机会！

每次我选择面对，我就朝摆脱恐惧又迈进了一步。

这个问题我以前处理过的，现在我也能应付。

没有什么很严重的事情发生在我身上。

(四)掌握身心放松的方法

压力会带来身心的紧张，因此可以用一些放松和滋养的方法来平缓身心的紧张并增加正性的情绪。具体包括：兴趣和爱好；瑜伽、太极、武术、运动、散步、冥想；想象性放松、腹式呼吸、自我催眠等。

1. 规律运动

体育锻炼具有调节人体紧张情绪的作用，能改善生理和心理状态，恢复体力和精力；体育锻炼能增进身体健康，使疲劳的身体得到积极的休息，使人精力充沛地投入学习、工作。

用于减压的运动，要求中等程度的运动：有点喘、心跳有点快、出汗。运动的频率及时间一般每周保持 3—5 次，每次 30 分钟左右，能保持每周运动时间达 100 分钟以上。日常生活中也要注重多锻炼，比如少开车、多骑车，多走路、少坐车。平常一些事情，尽量自己动手去做，比如：洗衣、擦地、洗车，或是带有点重的东西走路，或者提早一站下车、不要搭电梯等等。

规律运动的益处：放慢衰老的过程；发泄愤怒、紧张和焦虑(运动是天然的镇静剂)；提高幸福感、自尊感；缓解压力；预防高血压；提高睡眠质量。一般常用的有氧健身运动的方式有：步行、跑步、游泳、骑自行车、爬山。

2. 腹式呼吸

呼吸的方式直接反映了身体的紧张水平。焦虑时人的呼吸方式是浅而不规则的，胸式呼吸或浅度的呼吸会逐渐产生缺氧的状态。对于那些过度用脑，久坐而缺少运动的人来说，容易出现身体的缺氧。通过缓慢深长的腹式呼吸，可以充分提高机体的含氧量，改善缺氧状况，使心身之间产生联结，放松身体与心情。

在进行腹式呼吸时，吸气与呼气变得深长而缓慢(但不至于感到呼吸不畅)，用鼻子吸气，嘴巴吐气；将注意力放在呼吸上，吸气时小腹微微鼓起，呼气时小腹微微地内收。

长久腹式呼吸可以为大脑和肌肉系统提高氧气的供给，锻炼肺部及其他脏器的功能，可以使心理与身体的联结感更紧密，放松身体。焦虑和担忧使你只关注头脑，几分钟的深深的腹式呼吸有助你关注整个身体。腹式呼吸还能改善机体的缺氧状态，使注意力更加集中，安神益智。

3. 想象性放松

想象是人类先天的能力，原始人类和儿童有着丰富的想象力，而现代社会的成年人，偏重于理性及逻辑的思考，把想象的能力给搁置和荒废了。事实上想象所产生的视觉意象与生理反应会有更直接的联系，而语言，特别是抽象语言与生理反应的联结则松散得多。当我们通过言语的引导想象出一些美丽平和的景色或情景时，会带来生理上的变化并伴随内心的放松、喜悦和安详；当人们想象到肮脏或可怕的形象时，会产生厌恶或恐惧等情绪。

想象放松法通过唤起宁静、轻松、愉悦的情景，来体验放松，减少焦虑与紧张，控制唤醒水平。在安静的环境下，慢而深长地呼吸，然后逐渐想象某个令你放松的情景，如沙滩漫步，在树林中行走，在山坡中休息等等，充分调动视觉、听觉、嗅觉、触觉，努力营造身临其境的感觉，慢慢地就能达到深度的放松。

【小贴士 2】关于沙滩的想象性放松指导语[25]

你正走在一座很长的木楼梯上，楼梯通向一片美丽的、开阔的海滩。海滩上似乎一个人都没有，放眼望去，海滩一直向远处延伸着。沙子很细很轻……看上去几乎是白色的。你赤脚走在沙滩上，感觉沙子在脚趾间摩擦。沿着这片美丽的海滩慢慢散步的感觉太好了。海浪的声音是那么的心旷神怡以至于你把心里挂念的事情都放下了。你看着潮起潮落……潮水慢慢地来……相互碰撞……然后又慢慢地退去。大海是一片美丽的暗蓝色……这种蓝色看着就让人放松。你看着大海，一直往远处看，直到海平面，看着远处的海平面，发现它随着地球的弯曲而微微地向下弯曲。当你扫视你能看到的整个海面时，在离海岸边很远的地方，有一艘小船随着海浪上下起伏。所有这些景色都让你更加放松了。你继续沿着沙滩散步，你呼吸到了新鲜的、略带咸味的海边空气。你深深地吸一口气……呼出来……感觉很清晰、很放松。你注意到在头上有两只海鸥向大海飞去……他们随风高飞，姿势优美……你想象如果自己会飞的话那感觉会很棒。你继续在沙滩散步，你发现自己进入了深度的放松状态。你感觉海风轻轻地拂过你的脸颊，空中温暖的阳光透过你的脖子和肩膀。阳光温暖、明亮的感觉让你更放松了……在这个美丽的沙滩上你感到无比的满意。多么舒服的一天！这时，在前方，你看到一张舒服的沙滩椅……你走了过去，坐在上面，休息片刻。躺在这张舒适的沙滩椅上，你放开一切，继续放松，让自己进入更深的放松状态。不一会儿，你闭上眼睛，倾听海浪的声音，那么穷尽的潮起潮落的循环。海浪有节奏的声音让你进入更深更深的宁静……进入一个美妙的、安静平和的状态。

4.正念冥想

大多数人都很难做到从自己的思绪中解脱出来，单纯体验自己在现在这一时刻的感受。正念冥想可以让你暂时停下来，放开各种有关过去或将来的思绪，只关注此时此地。练习正念冥想，可以训练专注力与觉察力，逐渐地，内在的定力与智慧得到提升，内心的执着减低或消失，提升一种觉察的习惯，从根本上消除压力感。

怎样进行冥想？一般是将注意力放在你的呼吸上，专注于气息流经鼻孔时的感觉。当一些想法、回忆、情绪出现时，就让它们经过你的心灵，慢慢地略过，然后温和地把你的注意力拉回到你的注意焦点上。重复这个过程。练习，练习，再练习。

什么是行走冥想？行走冥想就是以步行的姿势来做冥想，可根据当时的环境而采用直线来回或环形来回的方式：直线来回是沿着一条长而直的道路，十米左右最好，从一端走到另一端。当走到路尽头时转身回来继续。双眼张开，目视前下方。双手自然放在胸前，调节好身体的平稳自然。内心安住在步行动作之中，对自己每个动作都尽量保持清楚觉知。

长久正念冥想的好处：降低身体和心理疲劳；提升宁静的心态；补充能量，提升精力；放下执着，改变生活方式；对压力相关疾病有很好的缓解作用。

**【案例深度链接】**

本书第四章的第1个案例，描述了勤奋努力、自尊心强的小王与实验室里的师姐因为潜在的竞争导致关系的对立，地位及影响力处于弱势的他既要承受师姐的打压，又无缘无故地被导师及周围同学们怀疑与排斥，逐渐地，他出现了各种心理压力反应。他是一个怎样的人？他又是如何走出困境的？详见案例详情。

（本节作者：俞林鑫　朱婉儿）

第二章　研究生常见心理困扰及辅导对策

本章内容将围绕研究生与自身关系的困扰及与他人关系的困扰两大部分展开，其中与自身的关系困扰主要分为个性探秘、学术困扰、职业发展困扰三节内容；与他人关系的困扰主要包括导学关系、亲密关系和同伴关系三节内容。

第一节　个性探秘

【案例导入】

一位导师在向咨询师讲述他指导的研究生。在工科这样一个强调研发和技术革新的领域里，男女生的比例一直是不均衡的。这位导师明显感觉到了性别带来的差异。他发现男生更可能有耐受挫折的能力，花了多半年的时间进行的实验无果而终，导师只需一句话“咱们再试试另外的”，他们就可以甩开膀子重新开工了，好像不用太顾忌学生的感受。而面对女生，导师明明发现她的思路有问题，但是如果女生自己不以为然，导师也不会很轻易地说试试另外的。原因是他感觉女生更加敏感，需要小心对待，话说不对眼泪珠子就要掉下来。进一步聊下去，导师话锋一转，不过还有另外一个女生，她是他们那届的代言人，他们有什么要求，都由她来跟我交涉，一听到她的笑声，我就知道有事情来了，带过的学生里这样的，也就是她了。没说话就先笑了，好像在跟这个学生沟通时，不用那么小心。“好像除了性别还有性格……”咨询师尝试着推进对话。“没错。学生的性格还真是有趣。性格不一样，交流的方式就很不同。”导师乐呵呵地回应道，他若有所思。这是一位在学生身上很愿意花时间的导师。他如数家珍般向我一一描述他手底下带过的学生，越讲越生动，每个学生独特的形象便慢慢浮现在谈话中。

【本节关键词】个性、自我成长

【要点详解】

一、为何探秘个性

每年九月份新生入学之后，来心理中心咨询的研一学生便络绎不绝。入学，从一个熟悉的城市到另一个陌生的城市，从有感情的母校来到一所新鲜的学校，从本科生身份转换为研究生身份，不论本科和研究生在同校还是异校，他们都在经历生命中的一场变迁。从群体的角度，他们是一群新生，他们登记报到成为本校的一名研究生，他们是一群比本科生成熟一些的群体，他们好管理多了，他们更擅长管理自己的学术和生活，他们有很多共性；但从个体的角度来看，咨询师有机会听到每个新生独特的入学故事。变迁和转换的阶段充分考验着当事人的人格基础。反过来讲，每个人都在以自己独特的个性承接着过渡期引发的冲击。都是入学适应阶段，每个人做出的反应不尽相同。有的人显得异常兴奋，他们想着要在这里崭露头角，积极报名参加学生团体组织，但有可能出现拖延和学术兴趣不高的问题；有的人选择闷头钻研论文，觉得参加社团都是本科生的事情，他们的问题可能在于与同辈交流太少。从外在看来读研是一件事，但具体到每个个体身上，读研是成千上万件事。有多少研究生，就有多少读研的样子。由于个性这一因素的影响，每个学生的入学经历都抹上了一缕独特的颜色。

学校的管理者常常希望心理中心能出示一些数据，比如心理问题的出现，在哪个月份更为集中，一般是什么类型的问题。这样，群体的事情就有规律可循，在有规律的时候管理起来会更有掌控感。不过，有时候会忽略一点，虽然都是在九月份因为入学适应的问题前来寻求帮助，但每个人的具体问题又会迥异。因此，理解个体困扰时要特别注意一个维度，那便是人格基础。大多数时候不只是外在的时间、事件影响着人的行为反应，内在的特质、性格也影响着人们的行为反应。除了掌握大数据规律，还需要走进人类心灵的内在特征，去探索个性的奥秘。正如本节案例中导师的感言，学生各有各的性格，去走近每个学生，会发现自己也会因每个人的不同个性而做出不同的反应。对个性的关注可以让导师们的工作由粗变细，正如本节案例中的导师开始只是谈及了性别差异、学科差异，谈话深入后，才发觉出个性的差异有时候会超越性别差异，对个性的了解可以帮助导师打破对学生的固定思维和偏见，令工作更加人性化。尊重个性有助于导师看到学生的独特性，允许学生探索适合他们自身的成长方式，学生才会有足够的动力去发展自身。人们往往临近中年才深刻体会到，生命的精彩不在于去了更好的地方，而在于闯出了自己独特的一片天地。考虑个性的教育者，更有可能造就人才。

个性，让生活变得灵动，令世界充满色彩。

二、何谓“个性”

英文中以“personality”一词来指代个性，又称人格或者性格。从定义上来讲，人格指的是个体身上稳定的行为方式和心理过程。这个概念中的第一个重点是稳定性。本节案例中跟导师讲话先笑笑的女生，在同学那里也是让人觉得愿意接近的，大多数时候都让人感觉轻松。所以她的导师会说：“也就是她了。”当人们说“这就是他干的事”时，往往暗含着人们对某人性格稳定性的体验，他总是留给人某种独特的整体印象。第二个重点是心理过程。“说话之前笑一笑”是外在行为，属于他人能够直接看到的，那么她的内在过程是怎样的呢？人们会用乐群的、开朗的、外向的等词汇来描述这一外在行为可能的内在属性。

总之，个性会成为人们认识和区分人的线索。闭上眼睛，让你熟悉的人在你内心里出现，从整体上感受一下他们，你可以从温度、亮度、重量感等方面去体会。谁显得温暖些？谁显得冷一些？谁阳光些？谁阴沉些？以这样的方式，你会开始发现你自己的人格心理学。一个人的感觉、判断甚至想象，会让他对每个走进自己的人有所体会，这也是人类天生自带的个性探秘工具。

三、个性从何而来

那么，为什么有的人是乐群的，有的人孤僻，有的人竞争性强，有的人合作性强，有的人外倾，有的人内倾呢？专门探讨个性的人格心理学家存在于心理学的各个流派，他们从不同的角度试图探索这个问题的答案。在这里将列举若干流派的人格理论。没错，每个流派都有自己的人格理论。虽然他们并不统一，但只要你选取自己喜欢的流派并且多了解一些，就可以帮助你在与学生相处时多一些从容。

（一）弗洛伊德的人格理论

首先要谈的是精神分析理论，也许很多人都有耳闻这个理论的创始人，那就是二十世纪初《梦的解析》一书的作者——弗洛伊德。与他的名字紧密相连的另一个名词为：潜意识，即人格中未知的部分影响着一个人的行为。这里试着从帮助弗洛伊德提出自己理论的病人开始谈起。这是一位患有歇斯底里症的女士，化名安娜。安娜最初是由弗洛伊德的“导师”接手的，他的老师这样描述安娜：

她有两种截然不同的意识状态，二者转换得十分频繁且突然，并且两种状态的区分在治疗中越发明显。在一种状态下，她很难过，忧心忡忡，但是相对正常。在另外一种状态，她有幻觉且行为异常，她会破口大骂，并且向人们扔枕头……[26]

通过治疗，弗洛伊德发现在安娜仿佛丧失意识的状态下，她开始讲起从未向人讲起的经历。随着她能把潜藏在内心的秘密讲出来，她那些奇怪的症状也消失了。安娜本人把讲出内心话的过程称之为"扫烟囱"。弗洛伊德是一位受过严格科学训练的神经科医生，当未用一针一药达到这么明显的疗效时，他不可能不去探究这背后的原因。由此，他提出，一个人能够谈及的"我的想法"仅仅是他内心冰山的一角，深藏于水面之下的无意识则影响着人的许多日常行为。比如，一位研究生总是无法按时完成导师交给他的任务，但是导师严厉督促过后他可能会完成得很好。导师很无奈，因为这样督促非常费时费精力，学生明明可以把工作做好为什么每次都要留个尾巴等我来催？这个研究生自己也不知道自己为什么会这样。仔细谈过之后发现，他脱口而出导师跟他的母亲很像，母亲总爱责备唠叨，学生自己总是很难确定自己的能力，做事情总有"会做不好"的感觉。在他的无意识中，和导师的关系是在重复母子关系体验。在咨询中，听到"我的导师跟我的父亲或者母亲很像"这样的话并不鲜见。你可能不知道你在指导学生的时候，也在触动他潜意识中的关系模式。

弗洛伊德把人格划分为本我、自我和超我三个层面。本我只为立即满足个人欲望，不受规则约束；超我代表社会化的价值准则，更强调什么能做、什么不能做；自我则在二者之间，依据现实情况予以协调。本我那些不被社会接受的无意识冲动想要突破超我的阻拦表现出来时，会给自我带来很大的焦虑。为了能够让自我不要那么焦虑，自我会形成各色防御机制。比如，上文提到的研究生，如果心态放松的话明明可以把任务做下去，但是截止日期之前就是停在那儿无法投入，内心充满不确定感和焦虑感。每当这种时候他十分难熬，会出现一些强迫性的行为，反复询问别人一些无关紧要的问题，比如向不同的同学反复询问"老师上课有没有讲那句话"。这些强迫性的行为就是防御机制的一种表现。

**【小贴士3】投射测验**

既然精神分析理论认为人格中最重要的部分在于潜意识，而潜意识又无法通过直接的意识报告(填写问卷或者自我报告)，那么他们如何帮助人们去发现自己的问题所在呢？投射测验成为他们的不二选择，投射测验促使受测

者做出看似意义模糊的反应，经过训练的治疗师对这些反应做出解释。投射测验的方式有很多，比如罗夏墨迹测验、房一树一人绘画测验(HTP)、主题统觉测验(TAT)等。在浙大，有的学院在研究生新生入学面试时让学生进行房一树一人测验。

(二)埃里克森的人格理论

弗洛伊德之后的精神分析学家们让精神分析的人格理论得到了更新。埃里克森是其中不得不提的一位。弗洛伊德认为自我是本我和超我的协调者，而埃里克森则认为自我的功能与意义要远胜于此。他认为，自我的作用是建立人的同一性，让一个人感觉到自我的完整和连续。同一性存在，一个人就会感觉到自己的独特存在；同一性缺失，一个人就会感觉到混乱和迷茫，会无法回答“我是谁?”“我的发展方向在哪里?”这样的问题。人在一生中总会经历一段同一性危机。在本科生和研究生群体中，常常会碰到的也是此类问题，一边按部就班地看文献做实验，一边困惑着这么做的意义何在，有时候找不到努力的方向和动力。这样的时候，一个人的自我一定在经历环境带来的冲击和挑战。

埃里克森认为，人格在人的一生中不断发展。自我面临挑战的地方，也是人格发生转折的关键点，埃里克森称其为“危机”。解决了危机之后，自我对环境便会更加具有适应性。人的一生共有8个危机阶段(见表2-1)[27]。它们分别是：

表2-1　埃里克森关于人的一生的8个危机阶段

年龄	埃里克森的心理社会性发展阶段	危机的结果
出生至12～18个月	信任对不信任	适应：从环境支持中感到信任； 不适应：对他人感到害怕和担忧。
12～18个月至3岁	自主对羞愧怀疑	适应：如果探索受到鼓励，产生自我满足感； 不适应：自我怀疑，缺乏独立性。
3岁至5～6岁	主动对内疚	适应：探索出发起行动的方式； 不适应：对行动和思想感到内疚。
5～6岁至青春期	勤奋对自卑	适应：发展出能力胜任意识； 不适应：感到自卑，没有控制感。
青春期	同一性对角色混乱	适应：意识到自我的独特性，对自己需要遵循的角色有明确认识； 不适应：不能识别生命中适当的角色。
成年早期	亲密对孤独	适应：建立性爱关系和亲密的友谊； 不适应：对和他人建立关系感到恐惧。

续表

年龄	埃里克森的心理社会性发展阶段	危机的结果
成年中期	再生力对停滞	适应:对生命延续的贡献感; 不适应:对自己的行为产生碌碌无为感。
成年晚期	自我整合对绝望	适应:感到生命中的成就和谐统一; 不适应:对生命中失去的机会感到悔恨。

从表 2-1 中,导师可以大概推测你所面对的学生可能会有的困惑。简单而言,有一小部分的困惑属于青春期延期带来的自我角色认同问题,大部分的困惑主要是与另外一个人建立亲密关系。前者可能是青春期危机未能顺利过渡带来的,虽然已经具备了研究生的社会身份,但是他们还有可能犹豫甚至退缩,徘徊不前,不断产生新想法又不断放弃,不断进入新团体又不断离开,无法稳定下来。后者则是他们正在面临的需要,获得亲密感和情感对象,避免孤独感。导师可能无意间卷入了学生的这个危机当中,成为学生寻求亲密感的对象,或者参与到学生亲密关系的纠结当中。在本书第四章的案例 8 中便讲述了这样一段“不该发生的关系”。

【小贴士4】埃里克森同一性对同一性混乱量表[27]

你可以用埃里克森同一性对同一性混乱量表来测验,看看这些问题是否适用于你,根据下列标准给自己打打分:

表 2-2　埃里克森同一性对同一性混乱量表

题号	题目	1 完全不适用	2 偶尔适用或基本不适用	3 常常适用	4 非常适用
1	我不知道自己是怎样的人				
2	别人总是改变对我的看法				
3	我知道自己应该怎样生活				
4	我不能肯定某些东西是否合乎道德或是否正确				
5	大多数人对我是哪一类人的看法一致				
6	我感到自己的生活方式很适合我				
7	我的价值为他人所承认				

续表

题号	题目	1 完全不适用	2 偶尔适用或基本不适用	3 常常适用	4 非常适用
8	当周围没有熟人时，我感到能更自由地成为真正的自己				
9	我感到自己生活中所做的事并不值得				
10	我感到我对周围社会很适应				
11	我对自己是这样的人感到骄傲				
12	人们对我的看法与我对自己的看法差别很大				
13	我感到被忽略				
14	人们好像不接纳我				
15	我改变了自己想要从生活中得到什么的想法				
16	我不太清楚别人怎么看我				
17	我对自己的感觉改变了				
18	我感到自己是为了功利的考虑而行动或做事				
19	我为自己是社会的一分子感到骄傲				

计分方法：先把1、2、4、8、9、12、13、14、15、16、17、18题的回答结果转换一下。如果选择是1，就打4分；选择2，打3分；选择3，打2分；选择4，打1分。其他问题则保持不变。然后把19个问题的得分相加。大部分人的得分在平均得分57，标准差为7的范围内，得分明显高于该数字的人，表明他的同一性发展良好；得分明显低于该数字者，表明他的同一性还处在发展和形成阶段。

（三）荣格的人格理论

心理学家荣格在与弗洛伊德分道扬镳之后，提出了自己的人格理论。首先，如果说弗洛伊德提出了无意识，那么荣格对人类心灵的探索则走到了比他更为深邃宏大的范围内。荣格提出了集体无意识的概念，指出人类内心深处具有如基因一般与生俱来的对外界进行反应的可能性。正如上文中谈到的人生危机，为什么全世界，不管是哪个时代哪个民族哪个国家的年轻人，在成年早期都会陷入寻求亲密感的危机当中呢？又是什么影响着一个人寻求亲密关系的对象呢？这些问题的答案在集体无意识中早就被篆刻好了，那些被篆刻好的情形，被称之为原型（以意象方式被人类感知，又称为原始意象）。荣格认为："有多少种生活情景，就有多少种原型。"进入青春期哪个少年不思春，成为母亲后哪个女人不爱自己的宝宝？出生后哪个宝宝不对自己的母亲"情有独钟"？荣格看到，在每个男性化的男人内心都潜藏着一个女人，反之亦然。男性具有的女性面被称为阿尼玛，女性具有的男性面被称为阿尼姆斯。在这两个原始意象的指引下，人们去寻找爱情，确定爱人。"一个男人，在对爱情的选择上，受到与他本身阿尼玛最吻合的女性，即一个能够立刻接受他的灵魂投射的女性的强烈诱惑。"荣格如是说。关于人格的发展，他认为个体最终是朝向自性化的，即一个人从一种普遍的集体的心理中分化出来成为独特的自己，同时又是集体中的普通一员。

特别值得一提的是，受荣格心理类型理论的影响，美国人 Katherine Cook Briggs（1875－1968）和她的心理学家女儿 Isabel Briggs Myers 根据她们对于人类性格差异的长期观察和研究，综合荣格的心理类型学说形成了目前应用非常广泛的性格测试量表：MBTI（Myers - Briggs Type Indicator）。荣格认为人们经验世界的方式可分为两种态度和四种功能，内倾和外倾以及感觉、直觉、感受和思维。人们在某段时间内总是某一种态度下的某种功能占优势。希望通过此测验来了解自己的人，可以登录目前国内比较专注这一块研究与推广的网站去了解：http://www.apesk.com/index.html。

（四）人本主义学家的人格理论

走出精神分析的疆土，还可以看看其他心理学流派对人的个性有怎样的认识。与精神分析对人性的悲观式态度不同，接下来要谈的人本主义流派对人性有着坚定的乐观。这个流派里最为人所共知的理论非需求层次理论莫属。心理学家马斯洛给人们描绘了一幅人类获得满足和自身成长的阶梯图。人要先满足低层次的需要——生理和安全需要，才能关注高层次的需要——爱、尊重和自我实现的需要。罗杰斯是人本主义的典型代表，他认为在一个人获得了无条件的爱的情况下，他可以逐渐成长为这个星球上最敏感和最具适应性的生物，成为充分发挥功能的人。他认为人有自我实现的倾向，就好像万事万物都有从简单走向复杂的倾向。自我实现的倾向指人类有实现自身潜能、创造自我、改变自我概念与增进自我导向的积极可能，个人成长与发展的动力在于是否能处于真诚、无条件接纳与具有同理心的环境中。

罗杰斯认为人要有所改变，成为适应良好或功能充分发挥的人，需要有下列条件[28]：

1. 一个人必须把自己视为与众不同的人
2. 他需要充分地接纳自己及自己的情感
3. 他能更自信与自我导向(self-directing)
4. 他更能成为他所希望变成的人
5. 他的知觉能更有弹性、较少顽固
6. 他能调整更适合自己的现实目标
7. 他的行为更有成熟度
8. 他能改变适应不良的行为
9. 他更能接纳他人
10. 他更能对与外在自我有关的资讯开放
11. 他能以建设性的方式改变他的基本人格特质

【他山之石】

四、导师如何了解学生的个性

由上面的内容可以总结出如下方式，以协助导师来了解身边的学生。

1. 了解成长环境和支持资源，而非仅仅考验单一的能力

如果你希望了解你的学生付出爱、建立关系的能力、面对挫折时候的耐受力和自信度，你需要做的不是给他一个高难度的任务来考验他，而是去了解他成长在怎样的环境中：他觉得他的父母、朋友理解他吗？理解的话是怎样的，不理解又是怎样的？他觉得从小长大的过程中，不论自己做得好与不好，是否都有人能够知道他并且理解他？有没有可以与之深入聊自己的朋友或者其他资源？

2. 导师重视自身的人格成长，有助于建立主动开放的师生关系

有一个有趣的例子出现在与导师进行访谈的过程中。一位导师认为跟学生谈学生的内心困扰，不谈比谈更好，谈不谈要看彼此的信任度。从一方面来讲，这么讲没错，敏感的话题需要特别小心。从另一方面来讲，导师也可以想想有心理困扰的人，敏感的同时是否完全封闭自己。为什么那么多人找咨询师？而且跟咨询师第一次见面就愿意说那么多内心的秘密？原因在于两个，一个是环境条件，咨询室环境单一且安全，咨询师工作遵守保密原则，咨询师有严格的职业伦理规范；另一个原因是咨询师的工作态度，咨询环境是否完全安全其实无法在很短的时间内去理性地验证，但人当下的直觉和感受能力会

第一时间收集哪些信息对自己有利，咨询师自然的反应会让人感受到开放、真诚、接纳而又关心的态度。在这样一种温暖而包容的氛围中，来咨询的人表露内心会比在咨询室外容易很多。在人际互动中，一方是开放而坦诚的，另一方也会受其感染，那么关系的总体走向也会明朗而透明。很多时候，一个人以为别人在避讳什么，其实是自己在避讳些什么。向学生发出真诚而温暖的邀请，他们又怎么舍得拒绝呢？如果一个人能向更多的人发出真诚而温暖的邀请，他身边就会有更多开放而温暖的关系。人本主义心理学家对咨询师自身的成长非常看重，认为咨询师自身的状态会影响到来访者。这一点似乎也在提醒，作为导师自己成长自己，有勇气去面对自己很有必要。回到那个访谈，也就是那位导师，认为当学生遇到烦恼的时候，他的建议是"以毒攻毒"，给学生更多任务去完成，做完事情心结也走了。这样的做法是否真的被实施过无从知道，但人们常常会通过"对自己狠一点"，让自己扛过去。这就好比"给孩子挫折"的训练，认为孩子经受挫折可以强大成熟。推测起来，这样的做法可能可以让一个人强大，不过这种强大对自身的情感充满了隔离，充满对内心脆弱的防御，人格会变得僵化，缺少柔软度、灵活度、容忍度和温度，像是戴了一个沉重的壳在血肉之躯的外面。

人本主义的理论和实践带给人们的启发是，在包容、开放和温暖的环境下，人可以充分发挥自我调适的功能，成为最具适应力的个体，这一点也就意味着导师自身态度的转变可能会带给学生适应性的提升，甚至人格的转变。在访谈中，笔者曾经听到这样一个例子，一位导师的学生在春节时住院，身边没有一个亲人，导师当时赴院探望鼓励，学生与导师建立了深厚的感情，学生封闭的内心状态变得开放且更愿意信任他人。

3. 了解学生的成熟度和适应力

如果导师想了解你的学生是否足够成熟，是否能够适应良好。你需要依据罗杰斯提到的那 11 条中去了解如下的内容：他是否足够看重自己的独特性，看重自己的成长背景、想法和做法，同时又能尊重别人的想法和做法；他是否能够较为自然地表露自己的情感，同时能够倾听并理解他人的情感；当遇到跟自己不一致的信息或者自己的判断明显出现纰漏的时候，他能否及时察觉，并且放下固执，充分开放自己的感知，去调整自己的行为；做过的事情当中，他是否一直在朝着建设性的方向思考问题。

【案例深度链接】

本书第四章的第 2 个和第 3 个案例，分别描述了两个围绕个性展开的案例。文中的主人公个性与周遭的环境和事情发生着碰撞，最后他们是如何一一化解困境、缓解了内心冲突、增进了自我认识的？详见案例详情。

（本节作者：刘艳）

第二节　学术困扰

【案例导入】

工科研一新生小白，内向，不善言辞，从外校以很高的分数通过考试进入浙江大学。入学半年来，学业跟不上，觉得学习的科目较难，怎么学习都理解不了，觉得自己很笨，导师交代的科研项目也无从下手。经同学和老师劝说，终于鼓起勇气，向导师说明实情，取得了导师的理解，导师立刻给其更换科研项目，但该生仍不能深入，于是非常苦恼，已有半年逃避学业的想法和行为，诸如不去实验室，不想接听导师电话，不敢和导师正面沟通等，逃避越久越是难以适应学术生活，开始自我怀疑，自卑至极，觉得愧对导师，也无颜面对父母，甚至不敢与人交往，觉得大家都不喜欢他，看不起他，入学前的自信全部丧失，虽不甘堕落，但也无力改善，觉得自己没能力胜任学术生活，毕不了业，有可能要退学了……

【本节关键词】学术困扰、自我怀疑、退缩、胜任力

【要点详解】

学术困扰，顾名思义，就是研究生在从事学术研究活动的过程中，感到不能胜任学术研究任务而产生的自我怀疑、自我否定，甚至是身心困扰，严重的还会导致身心疾病。2014—2016 年浙大心理中心的咨询数据显示，因学术困扰前来咨询的人次占所有问题咨询总人次的 8%，因学术困扰严重而导致抑郁症、焦虑症等身心障碍的人次也占一定比例。就年级而言，研一的学术困扰明显高于研二、研三；博二、博三的学术困扰明显高于博一；在直博生中，博五、博一的学术困扰明显高于中间年级。这一点发现比较有趣，是什么导致这种差异呢？本节后面将会继续分析。下面将结合研究生常见的学术困扰案例来分析常见的学术困扰类型及原因，并尝试提出有针对性的建议供导师参考，以缓解研究生因学术压力而带来的身心困扰。

一、学术困扰的常见类型

(一)从困扰的动力与能力来划分

1. 有目标、无兴趣、无能力——部分调剂生

不少被调剂专业的研究生入学后,怀着要拿到硕士文凭的目的来读书,也曾信誓旦旦要好好努力,以弥补跨专业学习的不足。但他们接触到所调剂专业后,就发现自己不仅没有兴趣,而且专业基础薄弱,科研能力更无从谈起,于是会很快陷入痛苦的深渊,不知是该继续学习,还是另谋出路,三年的研究生生活到底该如何度过?——这成了不少被调剂研究生心里的痛!

研究生小强就是这样的,他从外地大学应试2年才得以实现浙大研究生之梦,读研之路一波三折,从落选、补选到最后调剂成功,内心经历了痛苦、徘徊、最后幸运入学的历程,谁知喜悦的日子竟是那么短暂,入学后面临被调剂的专业冷门、导师直接招生困难的现况,他只能硬着头皮应付。一年级的专业课程学习极其艰难,导致他很多课程不想去听,拖延、迟到、旷课时常发生,他明明知道此举不可行,会陷入恶性循环,最后导致毕业困难,但又无力自拔,于是前来咨询……

2. 有目标、有兴趣、无能力——部分应试生

不少应试研究生有明确的目标,对所报专业较为感兴趣,而且专业课程的学习能力也很强,尤其擅长考试,所以靠着高分考上研究生。但入学后,一部分应试研究生发现,以往的学习方法已完全不适应研究生的培养要求,以往的学习能力也似乎荡然无存,于是他们开始抱怨自己没学术头脑,没科研能力,尤其是和本校保送研究生相比,缺乏科研经历及训练,这导致部分应试生产生自卑、抑郁的情绪。

本章节案例导入的研究生小白就是这样的情况……

3. 无目标、无兴趣、有能力——部分保送生

大家一定会觉得保送生肯定是非常优秀的,因为经过学校及院系的层层推优和导师的认真选拔,这部分研究生的潜力应该是不错的。但谁料,在咨询室中发现不少保送研究生没有明确的学术目标,而且学术兴趣也匮乏,只不过是从小有着优秀的习惯,到大学继续保持了优异的学业成绩,以致最后顺利推优保送。其实他们并不清楚读研的意义,只是因为学业优异,所以有点被动地被推到研究生的位置,对于导师分配的课题也非常被动,他们并无科研想法,于是会倍感困扰,觉得很难继续学术之路。

研究生小燕就是这样的，得知被保送的消息后，她也曾喜悦一段时间，因为暂时不用找工作了。但谁知研究生入学后，看到导师分配给大家的学术任务，读着数量众多的研究文献，看着师兄师姐整天泡实验室，她觉得自己不能适应这样的生活。她不仅觉得研究文献读起来很困难，而且无法从中摸索出自己感兴趣的研究方向，导师分配的科研任务更是让她摸不着边际，于是对自己的科研能力产生极大怀疑，陷入自艾自怨的境地……

（二）从困扰的内容来划分

1. 课程困扰——学业跟不上，从学霸到学渣

这类困扰主要表现为部分必修课程较难，因为是该专业的核心课程，如果不能很好地理解掌握，就会影响研究生在该学科领域的发展。尤其是跨专业的应试生、调剂生，考上名校的优越感和喜悦感还没消退，就经历了从“鸡头”到“凤尾”、从“学霸”到“学渣”的转变，短时间很难适应现况。有些人开始翘专业课，开始沉迷网络、无力自拔，甚至逃避、转移、放弃自我，降低自我标准，自甘堕落。还有些研究生有着“一贯优越”的个性特征，如果不能顺利通过考试或者拿到很低的分数，其自信心就会受到很大冲击，继而会开始怀疑自己的科研潜力，严重的还会陷入抑郁的境地。

直博生雨梦就是这样的情况，入学来她一直抱着在本学科领域潜心钻研的目标，谁知第二年的必修课程《微积分》竟然不及格，需要重修，这是学业成绩优秀的她多年来从未遇到过的事情。她觉得自己对该学科已投入了不少时间和精力，于是开始怀疑自己是否适合学习该专业、自己的发展潜力是否较弱？思考是否要放弃努力、放弃多年来已确定的科研目标，还是勉强接受现实，混混毕业，然后另择他业？于是对接下来几年的学习目标产生了质疑……

硕士生李华入学来对一门专业课耿耿于怀，因为听不懂，也学不会，他觉得自己在混日子，不适合搞学术研究，但也不知道自己适合做什么。他在一段时间内沉迷网络、无力自拔，认为自己就是个学渣，不配生活在这个世界上……久而久之，在试图戒网的过程中，竟然觉得干什么都没有意思，想过要自杀结束生命。

**【小贴士5】“成瘾”背后的“痛苦”**

现实生活中有各种各样的“成瘾”行为，其中“网络成瘾”就是非常普遍的一种。有时候人们无法理解“网络成瘾”的人，以为他们沉浸在网络中很快乐。其实，当一个人的某种行为“成瘾”之前，常常是出于极度痛苦的状态。成瘾看

似是一种乐趣，其实是对痛苦的一种回避，或者是对痛苦的管理不当。Mick Andrews认为："瘾疾是未加处理的内心痛苦所留下的后遗症。"成瘾的公式：痛苦十乐趣＝瘾疾。痛苦的本意是想把人们唤醒，让他们看到自己的需要和危险，然而当人们回避痛苦，转而沉溺成瘾行为，则是错误的应对办法。去看心理医生，或者恢复对好的东西的管理，都有助于中止成瘾行为[29]。

2.课题困扰——课题参与被动，无研究想法

这类困扰主要表现在：一是研究生自身对研究课题无想法，无明确的研究方向，总是在学习、寻觅之中，内心十分彷徨、焦虑。二是针对导师分配的研究课题，不是不感兴趣，就是能力不足、无从下手，还有些导师分配给研究生的课题过多，导致部分研究生无力拒绝、疲于应对；也有部分研究生对完成导师的课题期待过高，认为做不出应有的成果，与导师讨论无果后，进而退缩，不再投入。

博士生王丽就是这样的，入学第一年就被导师安排了三个课题，有纵向国家课题，也有横向企业课题，对此，王丽应接不暇，也不便拒绝导师，于是陷入了时间压力之中，焦虑情绪严重，觉得自己被"剥削"了，而且自己想做的课题也无暇顾及，于是十分苦恼……

博士生赵平做着导师分配的课题，按照导师要求做出的研究成果仅是理论成果，根本无法应用。原本赵平对自己的博士生涯有着很高的期待，也希望自己的博士论文能有较高的应用价值。但现在赵平既不能达成自我对毕业论文的高期待，也不能与导师进行有效沟通，于是陷入深深的科研困惑之中……

3.论文困扰——科研方向不确定，科研能力弱

这类困扰主要表现为：一是小论文的发表要求；二是毕业论文的答辩要求。不少研究生无科研想法，不能明确科研方向，文献阅读又没效果，于是小论文的发表就成了大问题；加上部分导师对小论文的投稿要求较高，让研究生反复修改，或者压稿不投，导致不少研究生很受困扰；还有些导师对研究生要投稿的论文根本不予修改，也让不少研究生觉得没有得到指导、倍感苦恼。毕业论文做不出来、延期答辩的研究生在浙大比比皆是。延期毕业成了很多研究生无法言说的"痛"，在一些院系或课题组，延期毕业已成惯例。完不成导师的科研任务要求，或者毕业论文无法达到要求标准，或者小论文没有顺利发表，都是导致研究生延期毕业的原因。因为延期毕业的压力，不少研究生身心受困，严重的会产生焦虑、抑郁等症状，更有甚者出现精神问题。

研究生李强因毕业论文写不出，且对论文有高期待，总觉得推算出来的实验结果无法满足毕业要求，于是他一旦进入实验室，一旦投入写论文，就会产

生头晕、心悸、出汗等生理症状,内心时而焦虑、时而抑郁,严重的时候每天能集中精力写论文的时间不超过2小时,因已延期毕业三个月,他担心再过三个月亦无法完成毕业论文,十分苦恼。后经医院诊断为焦虑症,需服药治疗……

4. 科研道德困扰——"遵从"还是"违背"

部分研究生在参与导师研究课题、协助导师进行科研项目管理的过程中,会遭遇程度不一的科研道德困扰,这类困扰主要表现在:一是导师学风不严谨、学术不精湛,对研究生的学术数据及结果要求不严格,导致部分研究生为了小论文顺利发表或毕业论文顺利通过而篡改数据等;二是在发表论文阶段或各类科研成果评奖中,部分导师或研究生托关系、走后门等现象屡有发生,导致研究生也见怪不怪,习以为常;三是不少研究生参与导师的科研经费管理,而科研经费报销不规范现象普遍,存在造假实验项目、拼凑报销发票、甚至杜撰实验参与者名单等现象,这让部分研究生无所适从。难道论文就是这样被"创造"出来的?难道论文就是这样"托关系"发表的?难道科研经费就是这样被"获取"的?研究生内心存在很大冲突矛盾,所谓的科研道德,该"遵从"还是"违背"?

研究生李龙参与导师经费管理,因其导师年纪偏大,即将退休,便授权他全权管理经费,谁知一年来导师没核查经费,竟然被李龙编制假报销单骗取十多万元科研经费,最后导师考虑到该生的前途,没有报警,而是选择让其退还科研经费,并对其进行严厉的思想教育,算是息事宁人。事后了解到,该生之所以能够报销成功,是因为潜移默化地受到了导师的影响……

研究生于强眼看着就要毕业,但实验数据一直不理想,于是他想起经常报道的一些科研不端行为,心理不平衡,想着篡改数据,尽快完结论文,但这样做的同时,他又良心受谴,自我贬低,对学术、对自己、对社会缺乏信心,备受科研道德的煎熬,不知该延期毕业还是寻求捷径……

二、学术困扰的原因分析

研究生之所以存在学术困扰,是因为对学术有着高期待,希望自己能够胜任科研角色,但当研究生一旦踏入学术生涯,发现自己的科研能力无法胜任时,其内心的困扰就与日俱增。探究研究生学术困扰的原因,无外乎两个方面,一是研究生自身问题,二是导师问题。下面简要分析之。

(一)研究生自身问题

1. 目标不清晰,科研动力弱,学术兴趣低,为毕业而毕业

不少研究生入学前科研目标不清晰,入学后科研动力弱,仅是为一纸文凭

而学习，科研本身不能带来乐趣，就会严重阻碍研究生科研时间的投入及科研能力的提升。

2. 专业基础弱，科研经历少，导致自我怀疑、自信心受挫

像本节前文所提到的不少应试研究生、调剂生，不仅专业基础课程薄弱，而且科研经历少，一旦进入研究生生涯，课程学习遇到困难、不能有效参与科研项目，就会导致其自信心急剧下滑，甚至开始质疑自己的科研之路，从而减少对科研的投入。

3. 角色适应难，遇到困扰或逃避，或沉迷网络，自控力弱

由于研究生的培养模式及要求完全不同于本科生，于是从本科生到研究生阶段是一个很大的转折，从“考试的学霸”到“科研角色”的转变，如果在此过程中受挫，对自我期待有落差，短时间就难以接纳和调整。结合本节第一段中提及的咨询数据，发现研一（包括直博生一年级）的学术困扰较多，究其原因，就是与这种角色的转变和研究环境的适应有关。适应快的要几个月，适应慢的可达1～2年，甚至有的研究生到毕业了，还不能适应，只能放弃科研另谋他职。在这个艰难的适应过程中，有些研究生选择逃避，不去实验室，甚至不敢与导师沟通，结果导致压力越来越大；还有些研究生自控力弱，对科研失去兴趣的同时，沉迷于网络以消磨时光，得过且过，但终究逃脱不了毕业的压力，陷入更糟糕的境地。

（二）导师问题

1. 指导少，甚至放任自流，导致研究生无所适从

有些导师研究课题少，还有些导师临近退休，导致对研究生的科研指导少，甚至放任自流，让研究生自选课题，这对于刚刚踏入学术研究之门的研究生而言，无异于雪上加霜，会让研究生陷入无所适从、有力无处使的困境。

2. 要求高，没有商量余地，导致研究生无法完成任务

有些导师对研究生的要求极高，于是乎整个课题组制定的发表论文的标准远超于学校制定的标准，导致部分研究生无法完成任务，甚至不能顺利毕业，只能延期，在“高压”中继续煎熬，有时会产生对导师的敌对情绪，但不敢声张，只能忍气吞声、委曲求全；有些研究生会消极怠工，甚至故意减少对科研的投入，处于矛盾冲突之中。有些导师可能也有苦衷，但如果不能有效激励研究生投入科研，靠着“高压”始终不是长久之策，因为“高压”有时难以“高产”，且会导致研究生以后科研动力不足，甚至对科研产生逆反情绪。

3. 沟通少，没有持续跟踪，久而久之形成恶性循环

部分研究生遇到学术困扰后，会尝试逃避导师，不与其沟通；还有部分研

究生会尝试与导师沟通，但如果沟通无效，就会逃避导师，或减少对科研的投入。如果导师不太关注一些“沉默的”或“回避的”研究生，或者即使关注了，沟通不到位，没有持续跟进研究生的心理状况及学术困境，就会导致科研任务拖延，研究生自尊心受损，久而久之形成恶性循环，亦无法完成科研任务。

以上从研究生自身与导师两个角度分析了导致研究生学术困扰的原因。巩亮等从学生个体、导师和培养环境等因素出发，以全国412名学术型研究生为样本进行调研，采用多元回归分析方法分析了研究生科研能力的影响因素。结果显示：学生的主动性人格、严谨性人格、延迟满足、导师的学术地位、师徒指导关系对研究生科研能力的影响达到显著水平，其中学生的人格因素等内因起决定性作用[30]。因此，培养研究生主动性、严谨性的人格特征十分重要。这一点也可作为导师选择研究生的重要标准之一。当然，学生的人格特征一旦形成就很难改变，那么导师在面对遇到学术困扰的研究生时就要发挥重要的作用了。

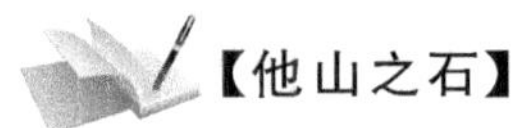
【他山之石】

三、学术困扰的辅导对策

（一）鼓励研究生适应“学术角色”，给研究生一个适应期

研究生的主要任务是学习和科研。科学研究的基本任务就是探索、认识未知[31]。作为研究生，首先，要明确自己的学术角色。其次，根据自身的学术角色定位要明确研究生阶段的主要任务。当然，在研究生学术角色认知及学业任务的指导中，导师起着至关重要的作用。研究生一入学导师就要给予其“学术角色”的熏陶，同时给予研究生一个“适应期”，让研究生慢慢体会从以学习为主的本科生角色转变为以从事科学研究为主的研究生角色，这个适应期可长可短，从几个月到几年不等。因此，在这个适应期中，导师应给予足够的引导，让研究生尽快适应学术角色，促使研究生在角色探索过程中，能不断发现自身优势，对科研角色充满期待。

（二）鼓励研究生多探索，培养研究生科研能力，尽早明确科研目标

研究生阶段是特殊的阶段，一是学习阶段，即学做科学研究的阶段；另一个是面临就业，毕业后继续在本专业发展或是转行。但不论将来就业做什么，科研思维能力的培养对研究生整个人生的发展来说，都是至关重要的。科研能力是研究生独立从事科学研究的能力，是研究生必须具备的最基本能力。科研能力的高低是衡量研究生综合素质的一个很重要的标准，因而科研能力

的培养也一直是研究生教育和培养中的重头戏。具体而言，研究生的科研能力主要包括以下几个方面：一是发现科学问题的能力；二是获取和利用各种科研文献的能力；三是科学实践能力；四是研究论文的写作能力[32]。

一般研究生的年龄都在二十二三岁至三十几岁之间，这一年龄段是创造与成就的最佳时期，也是人生观、价值观和世界观形成并逐步走向成熟的重要阶段。这个时期导师要创造更多的机会让研究生去体验，让研究生在多参与科研项目、多阅读文献、多研讨交流的过程中，逐步明确学术方向，制定研究目标。尤其是，研究生在一定阶段的探索后，如果发现确实不能适应课题研究的要求或对所接触课题不感兴趣，导师要鼓励研究生勇于沟通。有条件的情况下，可以尝试调整研究生参与的课题，或者鼓励研究生自我探索新研究课题，并给予指导，鼓励研究生接受科研挑战，注重研究生科研能力的培养。当然，能围绕导师课题及研究生自身兴趣找到双赢的平衡点，以使研究生在有限的时间内能兼顾自身兴趣及导师的需求进行科学研究乃为上策。

（三）树立学术榜样，坚守科研道德，严格禁止科研不端行为

导师要给研究生树立学术榜样，尤其是能够以身作则，严于律己，坚守科研道德，严格禁止各类科研不端行为。导师要高度认识到自己是研究生最为重要的学术榜样，研究生的学术道德及学术生涯将从效仿导师开始。如果导师不能树立很好的榜样，如果导师对研究生学术不端行为不加以严格制止，那科研道德的遵从也就无从谈起。此外，研究生也要自觉加强自我教育，树立科学的科研价值观，提高自身的精神追求，并在实践中体会科研活动带来的乐趣，从而不断进步和发展。

【小贴士6】科研不端行为

科研不端行为是指研究和学术领域内的各种编造、作假、剽窃和其他违背科学共同体公认道德的行为，以及滥用和骗取科研资源等科研活动过程中违背社会道德的行为[33]。赵君等将科研不端行为分为科学导向和关系导向两种类型，其中科学导向科研不端行为是指在科研成果撰写和投稿过程中发生的违背科学道德和规范的行为，而关系导向科研不端行为是指采取某种不恰当的方式获取科研荣誉的行为[34]。科研不端行为的影响因素主要包括个体和组织两个层面，其中个体层面的因素主要包括性别、婚姻、不公平感知、科研诚信、道德水平、经济压力以及个人声誉，组织层面的因素主要包括学术风气、考核制度、晋升制度、奖励制度、资助制度和监管惩罚制度。而导师的不端行

为将会对学生有直接且深远的影响[35]。科研压力会导致研究生对环境、自我等产生不确定的感觉、甚至失控的感觉，这种感觉一旦出现，就会产生消极情绪及不理智行为。为了减少环境的不确定性和自我无法控制带来的威胁，研究生可能会采取不道德的压力处理策略，即通过科研不端行为来应对科研压力[36]。因此，引导研究生采取正确的方式减压就显得至关重要。

（四）当研究生遇到科研困难，给予及时指导，鼓励攻克难关，培养科研精神

众所周知，爱迪生发明电灯，不仅做了上千次的实验，也经历了上千次的失败。每当实验失败，每当有人嘲笑他时，他却笑着说："我并没有失败，因为我已经知道了很多种材料不适合做灯丝。"于是他坚持尝试，没有放弃，终于在第1290次实验中发明了电灯，取得了具有划时代意义的科研成果。因此，"永不言败"的科研精神对研究者是如此重要，这也是每一个研究者应该培养的最重要的素养之一。当研究生在从事科学研究的过程中遇到困难时，导师作为研究生学术指导的第一人，不仅要能够及时察觉，而且要能够给予及时指导。尤其是要关注研一（含直博一年级）和研三、博三（含直博五年级）等年级段的学生，因为浙大心理中心的咨询数据显示，研究生刚入学时的学术困扰较多，还有就是临近毕业，学术压力较大。这就要导师重点关注，给予"一头一尾"两个年级段的研究生专门沟通的机会，及时了解其学术想法及进展、困难等；二是得知困难后，要给予学术精神指导及学术方法指导，鼓励研究生攻克难关，培养研究生坚持不懈、愈挫愈勇的科研精神；三是针对因学术困扰而陷入抑郁、焦虑等严重心理问题的学生，导师要能够识别，并及时寻求专业心理老师的帮助。具体应对策略可参考本书第三章第二节抑郁症的介绍。

【案例深度链接】

本书第四章的第4个案例描述了一个面临毕业论文的压力而陷入了抑郁状态的研究生，该生从外校保送过来，先前的学业优势、能力优势和性格优势一一被当下的论文压力击得粉碎，人生活着还有意义吗？"压力山大"的他最后恢复了吗？毕业了吗？详见案例详情。

（本节作者：梁社红）

第三节　职业发展困扰

【案例导入】

一位面容白皙、眼睛大大、长发飘飘的女生走进咨询室，咨询师得知她是研一新生，因成绩优异被保送本校化工专业，刚得知被保送的消息时满心欢喜，谁知入学未到两个月，就已经忧心忡忡，抑郁情绪滋生，并出现退学想法。原来，她不太喜欢这个专业，也不知道研究生阶段需要做什么。入学两个月来，去实验室经常感到不知所措，亦担心该专业的实验有毒，影响以后生育，所以内心特别苦恼，无人可以倾诉。尤其是冒出了退学想法，把自己也吓了一跳，一是父母会同意吗？二是真的退学了，该何去何从？一时难以面对现实，十分苦恼，是继续本专业的学习，忍受枯燥且可能"有毒"的实验环境，还是更换专业或是退学，另作安排？经过家人的劝导，想着应付毕业，然后选择感兴趣的方向就业，但又担心毕业时应聘其他专业无优势，于是陷入双重困扰，既想放弃本专业，甚至休学、退学，又想应付毕业，然后选择其他专业就业，但又觉得自己无优势，更担心导师知道情况后冷落自己，那更是难以毕业了……于是陷入专业选择和毕业择业的双重困扰之中，持续时间较长，经常会莫名地哭泣，觉得生活很没意思……

【本节关键词】专业选择、职业发展、双重困扰

【要点详解】

研究生，顾名思义，是专职从事研究工作的学生。2009 年，国家对研究生的培养模式进行了改革，根据就业去向划分为学术型硕士和专业型硕士两种类型。前者以培养教学和科研人才为主；后者是具有职业背景的硕士学位，为培养特定职业高层次专门人才而设置。基于培养目标的不同，在校期间的课程选择、导师培养的方式就有所不同。然而，即使国家已进行了划分，但在现实层面，不少研究生仍然会遇到专业选择及职业发展的困扰。浙大心理中心 2014—2016 年的咨询数据显示，因职业发展困扰前来咨询的总人次占所有问题咨询总人次的 3%，其中，关于职业发展的困扰主要包括两个方面：一是对所选专业的职业发展前景不看好，有关于是否选择其他专业、行业进行发展的困扰；二是不喜欢所学专业，至于选择什么作为未来职业发展的方向亦很困惑。下面将详细分析研究生职业困扰的类型及原因，并提出相应对策供导师

参考。

一、职业发展困扰的常见类型

结合近些年的工作经验，笔者主要根据研究生入学前是否了解所选专业、是否是自愿选择、入学后落差大如何处理等方面来进行职业发展困扰的类型分析。

（一）入学前不了解、自愿选择型

一些应试入选的研究生，在入学前虽然对所选专业的某些课程有所了解，但对研究生的培养模式及所学专业的就业前景并不清晰，入学后一旦不适应专业领域的研究生活，就会产生心理困扰。

研究生徐杰就是这样的：经过艰难的考试，终于来到了浙江大学，所学专业在本科阶段有所了解，但是入学后发现研究生生活主要是做实验，写论文，天天与一昆虫打交道，而且该昆虫又是徐杰特别厌恶的，于是陷入了深深的郁闷之中，难道这个专业的研究生涯就是这样子的？毕业之后该怎么办呢……

当然，这部分研究生也包括部分保送生，本科期间非常优秀，直接保送本专业，这是属于自愿选择型的。但是入学后，他们发现本科阶段的学习方式已不能适应研究生阶段的要求，且就业去向也并非理想，于是亦会产生专业及职业发展的困扰。本节一开始的导入案例也属于这种情形。

（二）入学前不了解、被动调剂型

有些应试考生并未如愿进入所报专业学习，而是通过调剂被动进入一个专业开始研究生生涯，这类学生虽然侥幸成为研究生，但是所选专业并不如意，一旦入学遭遇科研困难或就业方向不匹配，就很容易陷入痛苦和无法自拔的状态。

研究生王军就是这样，他从外校考入，而且是第二次考试，然而并未考入理想的专业，而是被动调剂到一个跨院系的专业，加上导师的专业能力较弱，对研究生指导不足，导致本就对调剂专业不感兴趣的他如陷泥潭，很多课程不想去听，做事拖延……他觉得这样子下去，肯定是无法毕业了，一切都完了。

（三）入学后落差大、无力改变型

有些研究生入学前已通过一些渠道对本专业有所了解，但入学接触该专业后，发现与自我期待有很大差距。这时候，有些同学开始抱怨现实，抱怨环境，甚至自暴自弃，觉得无法改变现实，陷于人生困境之中。具体表现为：一是对当下的专业学习没兴趣，亦无动力去探索新的专业方向，陷入徘徊迷茫的境地；二是开始产生自我怀疑，对本科已具备的优势能力视而不见，陷入自哀自怨的境地；三是专业学习较为困难，就业发展违背己愿，陷入进退两难的境地。

研究生李红就是这样的，保送入学后，发现所学专业自己并不喜欢，虽然非常努力地去适应科研生活，但发现收效甚微，觉得自己一无是处，根本就不适合读研究生，读研究生对她而言就是一个错误，久而久之，十分自卑，就连本科阶段曾引以为豪的学业优势也荡然无存了，于是陷入抑郁的状态……

（四）入学后落差大、有意改变型

也有些研究生入学后发现所选专业与自我期待落差较大，于是开始寻觅新的喜欢的专业，接受自我选择的结果，并愿意开始新的探索。就中国研究生的教育体制而言，完全放弃本专业选择退学，或者实现转专业或转导师的可行性都极小，于是不少研究生在考虑如何兼顾本专业的同时，开始寻觅并投入新的专业发展。但其中也有冲突矛盾，就是如何分配本专业与跨专业发展所需要的时间精力？如何协调与导师的关系——让导师了解自己的发展方向、争取支持呢？还是保持沉默、消极应对导师的安排？还有最重要的就是，名校研究生习惯于“样样优秀”“追求完美”的个性特质，导致有些研究生不能很好协调所学专业与所喜欢专业的发展。

研一女生于婕，工科，自认为不喜欢本专业，但还能继续完成学业，喜欢心理咨询专业，想着自我探索或以后作为专业发展，于是准备考试取得心理咨询师证书，并参加心理咨询类的相关实习，这就需要花费大量的时间和精力。担心导师知道后不支持，认为自己不务正业，影响导师对自己的培养，也担心自己减少对本专业的投入后，不能顺利毕业，于是较为苦恼，前来寻求咨询……

直博三年级男生韩宇，发现就业方向与目前所从事的研究方向不一致，因就业方向已明确，所以就要投入一定的时间去学习该方向的专业课程，参加该方向的一些社会实习，方能在毕业时与同方向的研究生进行竞争。但由于投入所喜欢专业的学习时间过多，也担心影响目前所从事的专业方向，虽然毕业底线能有保障，但是一贯自我要求严格的他很难放下对本专业进一步的追求，也觉得如果无法在本专业方向有更大的贡献，就对不起老师几年以来对自己的期待与栽培，于是两个目标产生激烈的冲突，无法调和，十分焦虑，已影响正常作息，所以前来求助……

【小贴士7】完美主义的缺陷

心理学中，完美主义是一种人格特质和思维方式，它要求做任何事情都达到尽善尽美的地步，缺乏弹性和灵活性。完美主义人格的突出特点表现为：(1)注重细节，做事要求尽善尽美；(2)觉得自我在智力和道德上优于他人；(3)注重规矩，缺乏弹性，容易陷入定势思维；(4)行事谨慎，不能容忍自己与他人的失误；(5)非常在意生活中重要他人的期待与评价[37]。因此，当研究生陷入完美主义情结时，要务必记得：(1)明确自己的学术及职业发展目标，正确评估自身能力，合理定位自身位置。既能够肯定自己的优点，也能够承认自己的缺点，摆正心态，既不自傲，也不自卑。(2)坦然面对自己的成败，坚定自我的人生信念。失败并不可怕，可怕的是没有经受住失败的考验而放弃对成功的追求。(3)制定合乎情理的短期目标和长期目标，不要眼高手低，好高骛远，要能够脚踏实地地工作，这样不仅能提升自信，更能缓解紧张的情绪。(4)培养积极的导师与同门关系，保持团队合作精神，必要时分摊压力，该拒绝时拒绝，该放手时放手。(5)培养自己的兴趣爱好，平衡生活与学习的关系，使紧张的心情得到放松，以提高自身的创造力和效率。

二、职业发展困扰的原因分析

(一)缺乏职业生涯规划意识，为学习而学习

众所周知，周恩来总理在其 12 岁时就提出“为中华之崛起而读书”的求学目标，这亦是其职业发展的导向。而今的中国，大多学子求学的目标已在不少家长、老师及社会主流价值观的推动下，异化为“学习仅为当下取得好成绩、以后找到好工作”，于是“为进入名校而学习”“为拿到高学历而学习”“为找到好工作而学习”已蔚然成风，学习目标的异化带来当下的学习动力与未来的职业发展脱钩，加上从小缺乏职业规划意识，这已严重影响研究生未来的发展。

(二)职业发展目标模糊，活在他人的影子里

竺可桢老校长曾在 1936 年提出：“诸位在校，有两个问题应该自己问问。第一，到浙大来做什么？第二，将来毕业后做什么样的人？”这两个问题无疑是短期学习目标与长期职业发展目标的有效结合。通过明确长远的职业发展目标，来导引当下的学习目标，进而指导学生的在校行为，不荒废人生或者少走人生弯路。然而当下的中国，如果你问研究生：“你为何来读书？”不少研究生或许会回答：“为高学历而读书”；“因为优秀自然被保送而读书”；“因为找不到工作而读书”；“因为父母的要求而读书”；“因为不清楚自己要做什么，所以来读书”……看似很多理由，其实大都没有明确的职业发展目标，他们是为了暂时逃避社会责任，随大流，或者为了完成父母的愿望而读书，这真是可悲可叹。于是，他们

大多职业发展目标模糊，不知道要成为什么样的人，处于成年期的“自我同一性”认知受到挑战，痛苦地活在他人或社会的影子里。然而，研究生还是要成为一个具有自主选择、自我实现的人，因此，有清晰的职业发展目标至关重要。

（三）虽有目标规划，遭遇困境时行动力不足

有些研究生抱着美好的愿景与期待，有明确的目标规划，但在现实中遇到困难时，很难协调当下矛盾，导致行动力减弱。其中的矛盾冲突主要表现为：一是时间精力不够用，样样都想做好，但往往事与愿违，尤其是有些研究生个性要求完美，什么都想要做得最好，不能“有所为而有所不为”，做到有取有舍，进退自如，于是很受困扰，严重的还会产生身心疾病；二是与导师的关系处理不好，当遇到科研困难、心灰意冷时，是敞开沟通还是消极回避，仍是不少研究生的职业发展困扰所在。

（四）功利化倾向严重，关注周围人的评价

目前研究生就业中的功利化倾向严重，不少研究生特别关注周围人（主要是父母、导师、同门师兄弟、本科同学等）的评价。功利化倾向主要表现在：薪资待遇是否高，工作环境是否好，职业是否有地位，行业发展是否有前景等等。因此，研究生就业时，会在自己所喜欢的专业前途与众人所崇尚的“钱途”上发生矛盾冲突，难以协调。有时候鱼与熊掌不能兼得，虽道理明确浅显，但接受起来实属不易。

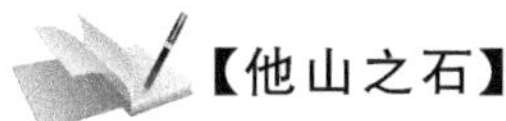【他山之石】

三、如何应对职业发展困扰

（一）激发研究生拥有职业生涯规划意识

研究生入学明确自身学术角色定位后，就需要在做好当下角色的同时，结合长远发展需求明确毕业后的职业发展方向，尤其是在研究生阶段就拥有职业生涯规划意识是非常可贵的，它能有效指导研究生在校的学术行为及综合表现，并对研究生以后职业生涯的发展起着重要影响。研究生职业生涯规划意识的觉醒，作为生涯规划的第一阶段，是非常重要的。

（二）鼓励研究生进行职业探索，寻找职业锚

鼓励研究生进行职业探索包括：一是研究生对自我进行探索，进行认知，明确自身的优劣势和个性特征、兴趣偏好、人生理想等；二是对职业进行探索，了解该专业发展的不同职业类型，以及不同的岗位环境及对应聘人员的要求；三是鼓励研究生结合学术研究的方向尝试相关岗位的实习或社会实践,让研究生深入了解社会,体验不同的职业类型,寻找职业锚,然后进行自我选择,决定毕业发展方向,并争取在校期间围绕就业方向多锻炼,以提升专业竞争力和综合实力。

(三)指导研究生确定职业生涯发展目标

研究生的培养目标是从事科学研究或专业应用。因此,研究生就读期间,导师作为研究生职业生涯发展的重要导向人,应该能够结合研究生的培养类型和研究生进行深入的沟通,了解研究生的就业意愿,评估现实可行性,并基于导师的专业经验和人生资历给予指导,让研究生尽快明确自身的职业生涯发展目标。古人云:"凡事预则立,不预则废。"有效的职业生涯规划目标有利于研究生明确人生未来的奋斗目标,指引人生奋斗的方向,发掘内在的潜力,实现最佳的精神风貌。因此,研究生职业生涯规划目标对明确研究生的职业目标、增强学习动力、发掘自我潜能、提升精神面貌具有重要的启示作用,对研究生未来的就业具有根本的导向作用。

(四)当研究生职业探索遇到困难时,给予及时帮助

当研究生进行职业探索遇到困难时,作为研究生的第一负责人导师要能够给予力所能及的帮助。首先,指导研究生了解自己目前处于职业探索期,遇到困难是非常正常的一件事,要接纳和理解研究生所处的探索困境;二是指导研究生在探索遇到困难时,是要调整目标还是调整方法;当坚持原定目标时,如何训练研究生的意志力、鼓励其坚持不懈的尝试至关重要。尤其是导师,还可以为研究生树立职业发展的成功榜样,让研究生明确自身所处的职业生涯发展阶段,并对未来职业发展充满信心。此外,可以鼓励研究生寻求学校就业指导中心的帮助,进行职业发展规划等测评,以更好帮助研究生进行自我认知和职业发展环境认知。

**【小贴士8】职业生涯发展相关理论**

1.职业生涯规划:职业生涯即以心理开发、生理开发、智力开发、技能开发、伦理开发等人的潜能开发为基础,以工作内容的确定和变化、工作业绩的评价、工资待遇、职称职务的变动为标志,以满足需求为目标的工作经历和内心体验的经历。职业生涯规划是个体结合自身实际和外部环境,以各种能力开发为基础,科学地确定行动和职业生涯目标,并制订详细的行动时间、可行的实施方案及付诸行动的发展变化过程[38]。

2. 职业锚:美国职业心理学家施恩教授于1978年提出“职业锚”概念,它是指一个人不得不做出职业选择的时候,也不会放弃职业中的那种至关重要的态度和价值观[39]。顾名思义,职业锚就如同航船下锚停泊于合适的港湾,而下锚的地方就是个体职业生涯长期发展的贡献区,对个体职业生涯起到根本性的导向作用。

3. 人职匹配理论:帕森斯和威廉姆逊最早提出职业选择理论——“特性—因素”理论,他们认为每种职业对人的能力、兴趣等心理特征都有着不同的要求,通过心理特性测试可判断人们的就职方向。职业选择就是以确定个人的个性类型为主要目标,选择与其个性类型一致的职业[38]。

4. 职业生涯发展理论:该理论从纵向发展的角度研究个体的职业行为和职业发展阶段。萨伯根据个体的年龄,将职业生涯阶段划分为成长阶段、探索阶段、确立阶段、维持阶段和衰退阶段五个阶段。金斯伯格将职业发展分为幻想期、尝试期和现实期三个阶段。格林豪斯根据不同年龄阶段职业生涯发展所面临的主要任务,将职业生涯划分为职业准备阶段、进入组织阶段、职业生涯初期、职业生涯中期和职业生涯后期五个阶段。不同职业生涯发展阶段的理论,虽侧重不同,但都认为人的职业选择和发展贯穿一生,应根据职业发展阶段实行不同内容和方式的指导[40]。研究生年龄更多的是分布在探索期或是职业准备阶段,因此,应该帮助研究生认识到在不同的阶段有不同的发展任务,从而建立符合不同发展阶段的职业规划就显得尤为重要。

(五)实现导师发展与研究生职业发展的双赢

导师在研究生的职业生涯发展中起着重要的导引作用。导师作为研究生培养的第一责任人,不仅负有对研究生进行学科引导、科研方法指导和学术规范教导的责任,而且还对研究生的人生观、价值观和为人处世方式有着潜移默化的影响[41],甚至会对研究生未来的职业生涯发展起着决定性的作用[42]。下面的两个案例就恰恰说明了这个问题。研究生小王入学来一直跟从某导师从事科研学习,在导师的指引下,学术成果突出,后来攻读博士学位,最后留校任教。可见,该导师对该研究生从事高校教师的职业生涯发展起着榜样的作用。而另一个案例中,直博生韩英本科学业成绩优秀,而且对研究工作很向往,本想着直博,在学术上取得一些成就,谁料想入学后遇到一个让她很不喜欢的导师,两人关系搞得很僵,最后韩英要转硕,甚至想要退学,声称这辈子再也不干科研工作了,虽然知道这个想法不理智,因为一个入门导师的负面影响而导致放弃科研工作,但韩英也直言不讳,说不后悔现在的决定,然后直接找单位实习去了。所以,导师在研究生未来的职业发展上的作用真是不可小觑。

当研究生进行职业探索及实践后，如果已确定职业发展目标，作为导师，应当支持研究生的自主选择。如果研究生的职业发展与导师的发展方向较为匹配，那导师理所当然地成为研究生职业发展的领路人，在实现研究生在校期间自我价值的同时，也可以为导师的职业发展贡献力量，以实现研究生自身发展和导师发展的双赢状态。当然，如果当研究生的职业发展与导师的发展方向不匹配时，导师也应能大度接受，允许研究生发展自己感兴趣的方向，满足毕业要求底线的同时，让研究生在校期间也能充分锻炼其他方面的才能。

【案例深度链接】

本书第四章第5个案例，描述了一个外校保送过来的研究生，本来对研究生生活抱着美好的憧憬与期待，但是一旦进入实验室环境，走近科研生活，发现自己一点都不喜欢这个专业，内心深处产生了巨大的落差与冲突，她该怎么办？未来的发展该何去何从？详见案例详请。

（本节作者：梁社红）

第四节　导学关系

【案例导入】

博士生李飞被导师逼迫发表高质量论文，导师为其制定的发文章的标准远远超过对其他同门的要求，李飞感觉自己被剥削了，不能和导师进行有效沟通，甚至导师还胁迫李飞若不能完成，就不让其按时毕业。面对此状况，李飞万分苦恼，难道自己科研能力强就应该被导师这样无止境地要求或剥削吗？于是开始逃避，尽量少去实验室。导师发现该情况后，竟然为其制定了一对一的“打卡”制度（即实验室出勤记录，让其自行登记出入实验室的时间），李飞被惹恼了，心想：难不成要两败俱伤？他想要彻底不理会导师了，反正自己已经达成本校博士生的毕业标准了，只是想着以后还是要在学术圈里混，总还是不要得罪导师的好，但事到如此，自己还能怎样呢？要么忍气吞声，任人宰割；要么逃避沉默，消极怠工；再要么就是揭竿而起，公然反抗，看看最后会怎样？无论是哪种选择，好像都会带来无尽的烦恼……

【本节关键词】导学关系、领导生命周期理论、命运共同体

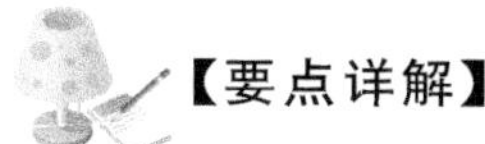

【要点详解】

在研究生培养的过程中，导师发挥着重要的作用。导师是研究生培养的首要责任人。导师不仅影响着研究生读研期间的学术生活，而且对研究生未来的职业发展及处事方式都有着深远的影响。因此，导学关系是否和谐将直接影响研究生的培养质量。近年来，研究生与导师发生矛盾的案例屡屡发生，严重的还有威胁导师、甚至跳楼自杀等极端事件。浙大心理中心 2016 年的咨询数据显示，因导学关系不佳而导致心理问题前来咨询的研究生的比例是 3%，人数是 30 例。在这些咨询个案中，有的研究生想要更换导师，有的明确表示要休学、退学，还有的表示特别仇恨导师，一想到导师就会有诸如焦虑、躁狂、抑郁等身心症状表现出来，严重的还会觉得生活没意义、有自杀想法等。因此，如何有效缓解研究生与导师之间的矛盾，提高导师对研究生的指导管理水平，构建和谐导学关系已成为研究生教育的重要研究课题。

一、何谓导学关系

导学关系即研究生在导师的指导下完成课程学习、参与课题研究、撰写学位论文，并在此过程中学会做学问、学会研究、学会做人所形成的一种教学关系[43]。导学关系首先是一种教学关系，其次是一种科研合作关系，是一种以导学关系为核心的团队协作伙伴关系[44]。因此，导学关系不仅包括“答疑解惑”的教学，“传道授业”的学术，“身正为范”的育人，还包括“平等协作”的双赢。具体而言，导师“导”的职责主要体现在研究引导、学术指导与发展导航三个方面。“研究引导”是指导师结合学生的个体特点及发展趋向，帮助学生确定研究方向和研究计划；“学术指导”是指导师传授专业知识，指导研究生开展学术研究活动，并确保研究生的最终研究成果符合学术性原则；“发展导航”是指在研究生的未来成长和学术发展方面，导师也要发挥导航作用，根据学生的具体情况，为其提供专业建议和咨询。研究生“学”的主要任务则是在学期间，致力于专业知识体系的建构、专业研究态度和专业研究能力的养成，按时保质完成与导师商定的阶段性研究目标和最终学术成果，并明确未来学术发展方向。

二、导学关系困扰的常见类型

基于研究文献的梳理，结合临床咨询个案的分析，根据造成导学关系困扰的原因，把导学关系困扰分为以下三大类、八种常见类型：

第一，导师主导类困扰，主要可以分为“剥削型”导学关系、“放任型”导学关系、“专制型”导学关系三种[45]。

第二，学生主导类困扰，主要可以分为“回避型”导学关系、“应付型”导学关系、“对抗型”导学关系三种。

第三，复合原因类困扰，主要可以分为“专业迷惘型”导学关系、“品行不端型”导学关系两种。

（一）导师主导类困扰

在这类困扰中，导师是造成导学关系异化的主导因素。导师的价值观、个性特质以及现实压力都是造成导师主导型导学关系困扰的主要原因。此类导学关系类型分为：“剥削型”导学关系、“专制型”导学关系、“放任型”导学关系。具体分析如下：

1.“剥削型”导学关系

“剥削型”导学关系是指导师从自我利益出发，利用做导师的权力，把所带研究生变成自己的私人财产和廉价劳动力，当作自己谋利的工具，这种异化导师权力的导学关系，被称为“剥削型”导学关系[46]。这种剥削主要体现在利用研究生的时间，有时也包括研究生的研究构思，来完成导师的课题、项目，研究生获取极少的经济报酬，论文或成果的署名权归导师所有或由导师来安排。这类导师类似“老板”“商人”，研究生就是其“私人雇工”[47]。

此类导学关系中，研究生多半不会选择敬业，而会选择有技巧地卸责。原因在于：一是不管研究生对科研成果的实际贡献如何，导师最后都会按“惯例”由“老板”署名第一作者，或者由“老板”来安排署名顺序，有时会把急需的高年级研究生署名为第一作者，以实现课题组的“互帮互助”[48]；二是参加科研活动所获得的经济报酬实在“少得可怜”，更有甚者，有的研究生直接就是“老板”公司的“雇工”，拿着“微薄的收入”，被美其名曰：锻炼能力；更为严重的是，如果在科研活动中表现出太强的科研能力，有的“老板”还很可能会以各种微妙的方式拖延其博士论文的答辩日期，以便继续剥削这种廉价劳动力[49]。2004年上海某高校计算机系9名博士研究生因不堪忍受指导老师的“剥削”而集体“炒导师”的事件，足以说明了“剥削型”导学关系的可怕之处[50]。

某导师是一位在业内非常有知名度的学者，课题很多，不仅有纵向国家级课题，也有很多企业合作的横向课题。每次分配课题任务后，导师都给予相对明确的进度分工及费用报酬，每次召开课题组例会，导师都要求汇报各课题进展、难度及需要导师提供的资源，导师就像课题大老板，研究生无疑像知识型员工，按劳取酬，至于研究生的研究兴趣、研究水平等很少被关注，导师只关注结果，不关注过程；只依据结果给予奖惩，不予直接指导。导师对待研究生就像严厉的工厂工头对待蓝领员工，缺少沟通指导，更缺少人文关怀、情感交流……

2.“专制型”导学关系

“专制型”导学关系是指导师忽略了研究生的成人主体性、独立性，不关注所带研究生的研究兴趣、研究水平，不和研究生做充分沟通，而专制地决定研究生的课题方向和研究进度；或对研究生的生活干涉过多、管得过细，影响研究生自立[51]。这类导师类似于管制严苛的“家长”，让不少研究生的科研及日常生活压抑、窒息。

研究生王琴担任导师课题组的秘书，课题组报销事宜及导师家庭的生活琐事、甚至有时包括接送孩子等，导师都要烦由王琴帮忙，王琴俨然成了导师的私人生活秘书……王琴有苦难言，曾多次想拒绝，但难以开口，担心惹导师不高兴，影响自己顺利毕业……只能熬着，一切逆来顺受，祈求服侍好导师，尽快毕业，脱离虎口……

某导师不仅关心着研究生李莹的学业、科研，还关心着李莹的生活状态，不仅包括衣食住行，也包括学业、交友、择业等，也就是说，不仅密切关注着李莹的学业进展、科研方向及研究进度，甚至连找什么样的男朋友、生活中的娱乐休闲爱好，以及以后找什么样的工作都给予明确指导，该导师俨然一副“家长”模样，让李莹无法喘息、无法独立成长……如被导师发现，没按导师的意图执行，那导师更是一片苦口婆心地劝说，让其坚决执行导师的意图，李莹被逼得哭笑不得，这样的“好”导师是如此难以消受，自己到底该怎么办？是逃避、对立，还是言听计从……

3.“放任型”导学关系

“放任型”导学关系是指导师因能力有限(包括没有课题)、责任心不足，或即将退休等个人原因，基本放弃自己身为导师的义务、责任，对所带研究生的专业学习、学术研究、论文撰写等不做要求也不管不问，使所带研究生处于放任自流、自生自灭状态。也有的导师因行政与管理事务繁忙、课题过多、无暇指导所带研究生，而将研究生委托给其他合作老师指导，俨然不顾研究生的科研过程，只顾结果，关键节点上签名即可。一旦研究生与委托的指导老师沟通不畅，则研究生也会处于放任自流、无人管辖的状态。这类导师与研究生形同“陌路人”，关键节点上理会一下，多数时间不管不问。

王颖研三，即将面临毕业，但毕业论文的题目仍无着落，导师让其自行选题，如果确定了题目，会给其一些建议。殊不知王颖已经读了两年了，跟着导师没有做任何课题，导师也没有给予过任何指导，感觉她的学术生涯简直就是一片空白，面对研三的毕业压力以及导师不闻不问的放任态度，王颖开始变得抑郁，焦虑，觉得不能顺利毕业，延期毕业也成为问题。因为无从下手，无人指导，剩余的时光是如此煎熬，只能叹命运不公，自己被分配到了一个如此"好"的导师。该导师也曾业绩斐然，但因即将退休，所以对王颖的指导就成了这个样子……

研究生王丽一入学，就被导师分配给了导师的合作者——一位外校的老师，两位导师正在合作一个项目，其导师可谓该项目的"大老板"，外校的老师听从"大老板"的安排，帮助其带研究生。在接受外校老师指导的过程中，王丽明显感觉其专业指导水平不足，不能胜任对自己的指导工作，加上沟通不畅，两人的关系很僵，于是，"大老板"又将王丽介绍给课题组的大师兄，让大师兄指导其完成毕业论文。为此，王丽内心十分不满，抑郁、焦虑，久而久之，竟然患上了"焦虑症"，一想到写毕业论文，就心跳加速，手心冒汗，无法集中注意力……本书第四章的案例 7——"如此指导"就是此案例的详细情况。

（二）学生主导类困扰

在这类困扰中，研究生是造成导学关系异化的主导因素。研究生的职业发展兴趣与所学专业不匹配、科研能力低下、与导师沟通不畅、个性特征等是造成研究生主导类导学关系困扰的主要原因。这类导学关系困扰主要分为："回避型"导学关系、"应付型"导学关系和"对抗型"导学关系。具体分析如下：

1."回避型"导学关系

"回避型"导学关系是指研究生由于自身专业基础薄弱、意志力薄弱、自控能力差、学术研究水平低下，以及沟通能力不足等原因，导致自己不能和导师进行充分、有效沟通，不能完成正常的学习与研究任务，并产生强烈的压力感、无力感和自卑感，以及对家人、对导师有负疚感，从而回避导师，不愿主动和导师见面，导致导学关系僵化。

柳子强从外校考入过来读研，性格内向，不善交流，一入学就被导师分配的实验任务难倒了，加上专业课程难度较大，实验没有任何进展，也没有任何想法，导致柳子强不敢去见导师，也不主动汇报研究进度，后来内心苦闷，也找不到人倾诉，最后连实验室都不去了，还找各种借口不参加课题组会，能躲则躲，能逃则逃，最后心情抑郁，前来寻求心理咨询。

2."应付型"导学关系

"应付型"导学关系是指研究生由于自身学术研究动力不强,或者对学术研究不感兴趣,对专业前景不看好、忙于学习其他相关专业或者忙于赚钱、找兼职工作等,而对专业学习课程不用心,对导师安排的科研任务存在"拖延"、"敷衍"等心态,对自身的专业学习、研究、论文撰写等亦采取应付的态度和行为,进而导致导学关系不畅。

研二学生翁文君,个性外向,喜欢交际,因不喜欢所学工科专业,对实验研究亦不感兴趣,所以,决定学习人力资源管理专业,自学相关专业课程,并积极寻求相关实习单位,以提升人力资源管理的相关实务操作能力,于是对导师安排的科研任务则能推就推,能少做就少做,偶尔接受导师分配的任务,但做出来的东西很差,导师拿他没有办法,他却想,只要能够蒙混过关,拿个毕业证就行了,反正毕业后也不从事这个专业了。导师知其心态后,也就睁一只眼闭一只眼,不再"管"他了……

3."对抗型"导学关系

"对抗型"导学关系是指研究生由于个性特征、研究兴趣与导师所安排的研究任务不匹配,或者对导师有意见或不满,采取"对抗"的方式对待导师,有的公然不理会导师,按自己的构思自行进行科学研究,有的故意不完成导师安排的科研任务,还有的公开声称要退学或更换导师,进而导致导学关系恶化。

博士研究生李伟华,因不能认同导师为其指定的科研课题,也不能和导师对自己的研究想法进行有效沟通,导致导学关系恶化,谁也不理会谁,最后李伟华不能如期毕业。在延期毕业两年的时间里,李伟华只能放弃导师的指导,自行进行实验研究,即自己寻找课题,自己花钱做实验,最后毕业论文也做出来了。当李伟华拿着毕业论文给导师签字的时候,导师为了保存"面子",也只能无奈"放行"。

(三)复合原因类困扰

在这类困扰中,导师和研究生都要为造成导学关系异化负责。

1."专业迷惘型"导学关系

"专业迷惘型"导学关系是指研究生因跨专业考研或本专业保送、研究能力较弱,或者对研究课题不感兴趣、对研究方向比较迷茫、对研究前景不看好等原因产生迷惘情绪,导师亦不能对研究生进行有效的专业指导、课题定位、发展引导,甚至有的导师也没有研究课题,对所从事的专业也处于迷惘状态,这都会让研究生对自己的专业选择产生怀疑，这些想法又不能跟导师进行有效的沟通，从而陷入学业迷惘状态。因此，“专业迷惘型”导学关系中，研究生和导师都是造成导学关系异化的重要原因。

硕士研究生徐孝义，一入学就被分配给一位导师，但是该导师暂时没有申请到研究课题，而且对研究前景也不看好，正在考虑着是否转换专业方向，或者进行跨学科研究。该研究生了解此情况后，暗暗叫苦，心想，本来自己就是被调剂过来读这个专业的研究生，导师的研究方向也变来变去，那自己的专业方向及未来发展不是更加迷茫了吗？遇上这样的导师，该怎么和导师沟通呢？因为他对所调剂的专业一无所知，所以对研究生生涯充满了忧愁，只能走一步看一步了……

2.“品行不端型”导学关系

“品行不端型”导学关系是指在导师的诱导或默许下，研究生和导师一起从事不道德行为，诸如学术抄袭、数据造假、代写论文、虚假报销、贿赂评委、搞不当男女关系等。

在职博士生张亦涵，眼看着毕业期在即，但是毕业论文却没有任何进展，于是心急之下，在导师的默许之下，开始动员课题组内部的师弟师妹们，一起为其“撰写”毕业论文，写综述的找文献资料写综述，做实验的借场地分工做实验，处理数据的处理数据，最后统稿的找个资深的师兄代为统稿，把毕业论文当作“科研项目”进行学术分工，安排实验进度及撰稿完成时间，并支付参与者相应的报酬，最终导师“放行”，通过了论文答辩。国内的学术环境，有时就是这样被污染的……

某导师利用和女研究生小丽单独出差机会，企图性侵小丽。半夜三更时，要求小丽前往其所住宿房间讨论问题，借讨论问题之际对小丽进行威逼利诱。小丽考虑到导师的身份，担心其毕业问题，于是委身相许，以后俨然就成了导师随叫随到的“小三”，最后多次忍无可忍之下，抑郁发作，差点结束“如花”的生命……

导学关系的异化背离了导学关系的本质，在短期内将导致研究生与导师的矛盾丛生，长期将严重影响研究生的培养质量。因此，预防导学关系异化、构建和谐导学关系就显得尤为重要。

【他山之石】

三、如何应对导学关系困扰

(一)学校层面如何应对导学关系困扰

预防导学关系异化是近年来学校层面,尤其是研究生院导师管理工作的重点。要优化导学关系,不妨从以下几方面入手:

1. 建立学生反馈渠道,完善导师评价机制

鉴于研究生既是已经具有较高素质的成年人,又是导师工作的主要服务对象,所以在对导师工作进行评价时,理应加入研究生的评价维度。

增加研究生对导师工作的评价维度,既可以为研究生提供对导师教学质量、教学满意度进行有效反馈的正规渠道,又可以强化导师对研究生、对研究生教育工作的重视,并为导师反思、改进自身教育工作提供正确思路,从而有效预防导学关系异化,提升研究生对导师教育工作的满意度。

2. 进行好导师培训,转变导师领导风格

不少导师科研能力强,但指导研究生的能力较弱,因此,应该进行"好导师"培训,教授导师如何指导不同类型的研究生,选拔"好导师"榜样进行主题座谈或交流。让导师选择适合的领导或管理风格,以逐步实现对课题组或实验室的高效管理。

3. 鼓励研究生维权,建立投诉导师机制

研究生作为弱势群体,受到不公平待遇没有投诉渠道,即使有投诉渠道,也迫于导师或毕业的压力,不敢投诉,导致个别导师为所欲为,侵犯研究生权益。因此,建立健全的投诉导师机制,让研究生敢于投诉、投诉无后顾之忧,以此规范导师的行为十分重要。

4. 举办研究生培训,营造尊师重教氛围

当前导学关系的异化有导师的原因,但也有研究生自身的原因,诸如有的研究生自命清高、目中无人,不尊重导师;还有的研究生依赖性强,一旦遭遇科研困难,就期待导师能给予解决,一旦导师也不知所措时,就牢骚满腹,觉得导师没水平,甚至贬低导师,殊不知科研过程就是一个充满无数次"失败"的探索过程。因此,举办研究生专题培训,逐步营造研究生尊师重教的教学氛围和独立探索的研究精神对于和谐导学关系的形成至关重要。

(二)导师如何应对导学关系困扰

导师是导学关系最为重要的主体,在导学关系的优化中起着至关重要的

作用。作为导师,不妨从以下几方面入手来改善导学关系:

1. 基于导学关系类型及其原因,对症下药

基于本节分析的导学关系类型,导师首先要确定困扰当下的导学关系是何种类型,分析其主导原因,然后对症下药。

如果是导师主导类关系困扰,则导师应该进行自我剖析,改善自我,做好角色定位,改变学术指导方式,健全研究生管理方式,学会尊重研究生的学术兴趣、关注研究生的学术感受、激发研究生的学术主动性与创造性。针对"剥削型"导学关系,导师要重学术指导过程,轻项目完成结果;要重研究生能力提升,轻劳动报酬提供;要将育人放第一位,轻导师个人利益。针对"专制型"导学关系,导师要给研究生独立空间,把握好交往界限,协商安排科研任务,关注研究生的科研感受。针对"放任型"导学关系,或者委托其他导师指导的情况,导师要投入足够时间指导研究生,不能让研究生无所依靠、虚度光阴。俗话说:身传胜过言教。导师的榜样示范作用对研究生的学术及其人生影响是非常巨大的。

如果是研究生主导类关系困扰,针对能力低下的研究生,导师应该循序渐进地对研究生进行学术训练,鼓励研究生面对科研挫折,树立研究生的科研信心,逐步提升其科研能力;针对兴趣不强的研究生,导师应该主动了解研究生的发展兴趣,并引导研究生学术入门,给予相关专业及未来职业发展指导,让研究生逐渐喜欢上该专业;针对个别引导不成功的研究生,导师要抱着开放的态度对待研究生的发展兴趣及专业爱好,鼓励研究生完成当下科研任务,训练科研实力,未来有机会可转换专业,这也未尝不可;针对沟通不畅的研究生,导师要了解沟通不畅的原因及研究生的个性特征,学会主动沟通,改变沟通方式,提升沟通效果,促进导学关系的改善。

2. 基于领导生命周期理论,实现对研究生的个性化指导

一位优秀的导师应当根据学生的特点,在不同阶段采用不同的指导风格[52]。基于领导生命周期理论[53],导师要想高效指导研究生,就要将课题组当作一个团队来管理,身为团队领导,要不断完善自身领导风格。

首先,基于研究生的专业能力、心理素质和职业规划进行三位一体的成熟度评估(见表 2-3),专业能力评估包括研究生的专业基础、学术能力及专业发展潜力的评估;心理素质评估包括对研究生的个性特征、学术信心及抗逆力的评估;职业规划评估是指研究生对其职业发展方向是否合理、是否清晰,未来就业取向是否明确、有效的评估。根据不同成熟度的研究生,导师施以"关系一专业"两维度四类型的弹性指导风格(见图 2-1)。导师的关系行为是指导师从情感上关心、尊重、信任和支持研究生,导师的专业行为是指导师对研究生

的专业指导，包括如何查阅文献、发现科学问题、提出研究构思、参与课题研究、撰写学术文章、申报科研课题、完成毕业论文等。

具体而言，当研究生不成熟（专业能力很低，心理素质很弱，职业规划很不清晰）时，导师要施以“命令型”领导方式（即高专业、低关系），给予研究生较多专业指导、较少关系支持，分配清晰的科研任务，引导研究生学术入门。此时，过多的关系支持会让能力不足的研究生有内疚感，反而不利于专业能力的提高，只有任务分配得当，让研究生在做事的过程中感受到自我价值，才能进一步激发其投入科研的动力。当研究生初步成熟（专业能力较低，心理素质较弱，职业规划较不清晰）时，导师要施以“说服型”领导方式（即高专业、高关系），不仅关注专业指导和任务分配，还关注研究生的科研心理体验，给予较多关系支持行为，说服研究生主动承担科研任务，协助其规划职业生涯目标。当研究生较为成熟（专业能力较高，心理素质较强，职业规划较清晰）时，导师要施以“参与型”领导方式（即低专业、高关系），给予较多关系支持，较少专业指导，充分发挥研究生主动精神，鼓励研究生自主探索与创新，参与研究课题，承担主要责任。当研究生高度成熟（专业能力很高，心理素质很强，职业规划很清晰）时，导师要施以“授权型”领导方式（即低专业、低关系），给予较少关系支持和较少专业指导，放权让研究生进行相对独立的研究，自行设计研究构思，并完成毕业论文，培养独立科研能力，为日后从事学术研究奠定基础。

总之，基于对研究生三位一体成熟度的评估，导师应正视研究生的个体特点，采取灵活弹性的指导风格，明确对研究生的科研指导，并引导其职业发展方向，最后达成研究生和导师双方的学术及职业发展目标。

表 2-3　研究生成熟度评估表

评估维度	成熟度级别			
	不成熟	初步成熟	比较成熟	高度成熟
专业能力	很低	较低	较高	很高
心理素质	很弱	较弱	较强	很强
职业规划	很不清晰	较不清晰	较清晰	很清晰

3. 基于导师-研究生命运共同体理念，实现未来发展的双赢状态

当前导学关系异化的主要原因在于功利化的短期取向，导师把研究生当作廉价的劳动工具，忽视了研究生的专业发展潜力和未来发展方向。基于李春根和陈文美提出的导师与研究生命运共同体理念[54]，如果导师能够从长远角度来指导研究生的专业学习及未来发展，让研究生在当下阶段完成必备的

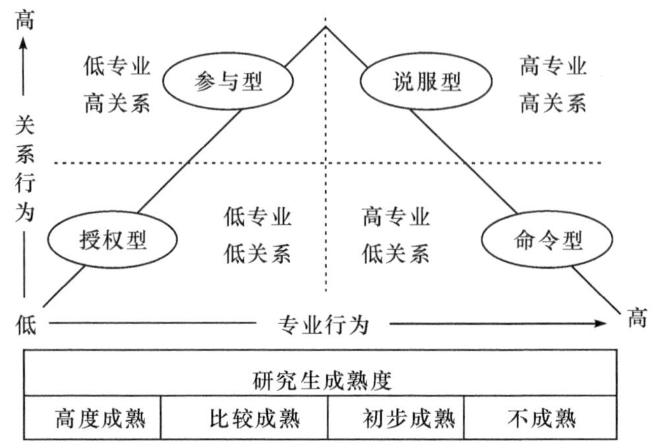

图 2-1　导师的领导生命周期理论

能力和素质积累，为未来职业发展奠定基础，那么研究生也会“感恩”于导师的指导，从导师的利益来考虑当下如何为导师效力。如果研究生将来有成就了，也自然会让导师为之荣幸，成为导师职业发展上的亮点，这样将会从双方关注当下的“你”的利益、“我”的利益，走向关注未来的“我们”的共同利益的融合，实现“你－我－我们”未来职业发展的双赢状态。

【小贴士9】理想导学关系的理论基础

1. 教育哲学观：人本主义。人本主义教育的代表人物罗杰斯认为，人性本善，只要给予适宜的条件，其蕴含的潜力就能实现[55]。就如同一粒种子，只要给予充足的阳光和水分，就能自然地发芽、开花、结果。教育亦是如此，只要导师能给予研究生充分的信任和指导，提供一种自由探索的学术氛围，研究生的研究潜力就能得到开发。

2. 教育关系主客体观：主体间性。主体间性是胡塞尔晚年提出来的，他认为“主体与主体之间的相互性和统一性，是两个或多个个人主体的内在相关性”。一方面，交往的双方或多方是平等的主体，都具有主体性，他们各自相互承认，相互尊重；另一方面，主体之间又相互作用，相互影响，具有交互性。真正的主体只有在主体间的交往关系中，即在主体和主体相互承认和尊重对方的主体身份时才能存在[55]。因此，基于主体间性理论，导师要尊重研究生独立的个性，鼓励其创造性想法，最后才能形成和谐、平等的导学关系。

3. 领导生命周期理论。领导生命周期理论是由科曼首先提出，后由保罗·赫西和肯尼斯·布兰查德予以发展的，也称情景领导理论，该理论认为：依据下属的成熟度，选择正确的领导风格，就会取得领导的成功[53]。成熟度是指个体对自己的直接行为负责任的能力和意愿，包括：工作成熟度与心理成熟度。该理论使用两个领导维度：工作行为和关系行为，组成以下四种具体的领导风格：(1)"命令型"领导方式(高工作—低关系)：领导者直接告诉下属应该做什么以及怎么做。(2)"说服型"领导方式(高工作—高关系)：领导者同时提供指导性的行为与支持性的行为。(3)"参与型"领导方式(低工作—高关系)：领导者与下属共同决策，领导者的主要角色是提供便利条件与沟通。(4)"授权型"领导方式(低工作—低关系)：领导者提供极少的指导或支持(见图2-2)。当下属成熟程度为第一阶段(无能力、无意愿)时，选择"命令型"领导方式。当下属成熟程度为第二阶段(无能力、有意愿)时，选择"说服型"领导方式。当下属成熟程度为第三阶段(有能力、无意愿)时，选择"参与型"领导方式。当下属成熟程度为第四阶段(有能力、有意愿)时，选择"授权型"领导方式。总之，基于下属成熟度的不同阶段，选择不同的领导风格，就能取得有效的领导。

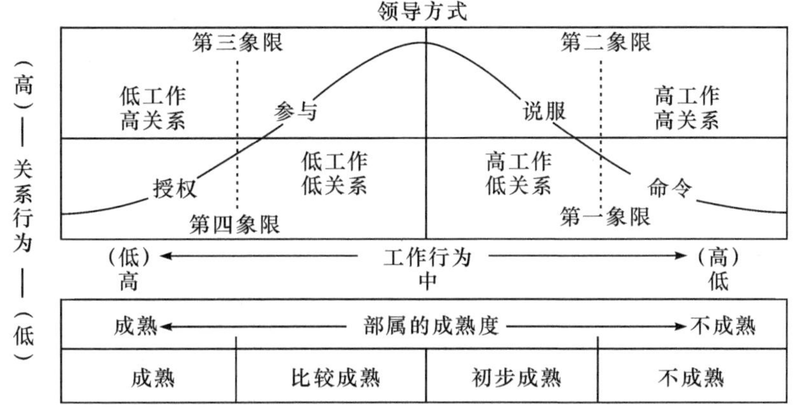

图 2-2　赫西和布兰查德的领导生命周期理论

【案例深度链接】

本书第四章的第6、7、8案例均与导学关系有关，其中第6个案例描述了个性自卑的王亮因无法按时完成毕业论文而与导师之间产生隔阂、回避导师的内在过程；第7个案例描述了一个被导师外派其他老师指导的研究生的受挫经历，导学关系的困扰成了该研究生挥之不去的痛；第8个案例描述了一个跟导师发生不伦关系的女研究生的痛苦经历，她该如何保持与导师的"界限"，顺利完成学业？这一系列与导学关系的纠纷，该如何处理？详见案例详情。

(本节作者：梁社红)

第五节　亲密关系

【案例导入】

研一女生林薇在寒假结束后做实验显得心不在焉，甚至有时连续几天都没去实验室，整个人的情绪状态也很差，忧郁消沉。这与她上个学期的表现相比判若两人，那时她工作日每天都会在实验室至少8个小时，也加入了院研究生会，是一个阳光且积极向上的女孩。导师主动约谈林薇，这才了解到原来林薇在寒假与男友主动分手了，林薇看着导师，想起上次的谈话，突然心生怨恨，如果不是上次导师说了那样的话，她也不会走到今天这一步。原来在上个学期，林薇曾主动将自己面临的学业和爱情的双重压力问题向导师倾诉。当时林薇正与男友闹矛盾，因为已经在同城工作的男友特别希望所有的周末林薇都能和他一起过，可是林薇的学业和研究生会的学生活动太忙，男友责怪林薇不重视他，林薇则觉得男友胸无大志。导师安慰和鼓励林薇后，不经意地说了一句："你们两个怎么反过来了呢？一般都是男生在事业上更上进，女生希望更多的陪伴。人总是上进的好。"之后林薇一直在思考导师的话，她琢磨着导师是不是建议她与男友分手，正好父母也一直对她的男友不满意，几个长辈都这么说自然是有道理的，于是做出了分手的决定。可没想到林薇却在失恋痛苦中怨上了导师。导师该如何对待此类学生的情感问题呢？

【本节关键词】爱情实质、关系经营、关系冲突、自我成长

【要点详解】

弗洛伊德曾说过，人生最重要的事情是爱与工作。所以研究生的主要心理发展任务除了顺利完成学业以开启职业生涯以外，最重要的就是建立和维持亲密关系，为婚姻和家庭做准备。浙江大学心理健康教育与咨询中心最近五年的咨询数据显示，超过24%的来访研究生咨询的问题为"恋爱与情感问题"。研究生在亲密关系中常常会面临一些问题：第一，实验忙，圈子小，找不到合适的人谈恋爱；第二，在恋爱关系中的研究生也会因为异地恋或者关系中的分歧矛盾等产生关系危机；第三，沉浸于失恋带来的痛苦，失去建立亲密关系的动力；第四，如果一切都还顺利，但因为恋爱需要花时间和精力，似乎影响

了学业和科研。导师在面对研究生的这些恋爱问题时，又是否需要去了解和关心？如果要关心，又该把握怎样的分寸和度呢？下面一一来解答这些问题。

一、爱情的实质

案例：箫筱今年研一，本科时限于父母的指令“大学期间不能谈恋爱”所以一直没去找男朋友，考上研究生后，父母马上变为“催恋”一族，萧筱环顾身边关系还不错的男生，觉得没有一个像电视剧里的“男主角”那样给人怦然心动的感觉。而且自读研以来，生活两点一线，认识的男生越来越少了，萧筱很困惑，应该找个什么样的人恋爱，怎样又才算爱上一个人呢？

爱情在很多人心里都是一种只可意会不可言传的情感，有着很多的表征，比如脸红、心跳加速、思念、主动付出等，但爱情到底是什么？与友情之间又该如何区分？从美国耶鲁大学著名心理学家罗伯特·斯滕伯格提出的爱情实质中可以获得答案，他认为爱情是由激情、亲密、承诺三者组成的。[56]

（一）激情与浪漫

“激情”可以激发爱一个人的动力，产生想与对方在一起的强烈渴望，案例中“箫筱”所期待的“怦然心动”的感觉就是指激情。“喜欢一个人”与“爱上一个人”之间最大的差别就在于“激情”元素，喜欢可以发生在朋友之间，相互欣赏与支持，但不会有性的吸引。这种性吸引力包含了很多的欲望和需要，比如照顾、归属、支配、服从、性满足等。“激情”常常短暂而强烈，它很多时候与性满足的需求有关，但却不等同性关系，在行为上的表现有：亲吻、拥抱、凝视、抚摸、发生性关系等。

“激情”为主的爱情一般发生在“热恋期”，充斥着很多浪漫元素。如同“晕轮效应”一样，由激情引发的“浪漫爱”将恋人的缺点完全遮蔽，所看到的全是彼此充满魅力的部分，且不论何时何地总希望能腻在一起，而且两个人会有关于未来的很多想象与憧憬。只不过此时的双方并不是真正了解彼此，他们将恋人理想化为一个可以全面照顾自己的焦虑和需求的人，而自己则变得软弱或任性，做出很多不符合理智的行为。

（二）亲密与亲近

“亲密”是爱情的感情元素，指关系中那些促使双方亲近和交流，相互理解和支持的感情。亲密成分适用范围较广，可表现在父母、兄弟姐妹、好友、爱人之间等。亲密可以让恋人在爱情中为对方着想，无条件接纳和支持对方，也可以相互分享自我的喜悦或忧伤，可以相互提供心灵上的依靠感。亲密的重要基础和前提是:个体有相对完善的自我和对恋人足够的信任,因为完善的自我可以让个体在亲密关系中拥有足够的安全感,也能对恋人保持一定的宽容度,而对恋人足够的信任会让个体在亲密关系中处于主动的位置,也有足够的勇气去面对关系中的难题与冲突,在这样的情况下,亲密关系的双方会彼此欣赏和肯定彼此的价值,更有动力去维系关系。亲密是恋爱中最重要的一个因素,决定着恋爱关系的稳定与持久。

在亲密关系进入一个长期稳定的阶段时,恋人已经成为彼此最亲的人。通过双方更多的分享与沟通,恋人之间可以更好地理解彼此,更容易去真正接纳真实的彼此,浪漫期的面纱也就被揭开,理想化的"想象"也能转化为更实际的形式去实现。双方相互扶持,共同成长,一起面对人生,而不是互相牵绊。

激情与亲密相辅相成,但若没有真正的亲密感,这种激情不能持久,其满足的爱的感觉亦是短暂的。故此幸福且能持久的爱情,都是在保鲜浪漫的"激情成分"之余,发展出了深厚的亲密感。

(三)承诺与信任

"承诺"是爱的认知元素,包含两个方面:短期和长期。短期上叫决断,是指做出爱某一个人的决定;长期上叫责任,是指做出维护这一爱情关系并负责到底的承诺和行为。承诺是维系爱情关系的基础,相爱的人愿意排除万难,培养亲密感和激情。反过来有亲密感和激情的关系亦使承诺更能持久。

一般来说,承诺在关系的前期会表达很多,如发誓、表达"唯一性"、确定恋爱关系,但看起来更像是一种口头保证。但当关系发展到一定阶段,人们才能对自己与关系做出坚实的承诺,如共渡难关、订婚、结婚等,以此来表达对关系的信心。由于承诺是在彼此了解的基础上做出,是经由他们过去的历史与经验而共同协议决定的,如此一来,一种更深刻的、新的亲密感与信任感就产生了。

二、亲密关系中的争吵与沟通

案例:"为何半年过去,他就像变了一个人,再也没有当初的耐心与温柔?"研二学生闫妍这样对咨询师抱怨着她的男友,她的抱怨也是很多恋爱中女生都有的困惑,在热恋期过完之后,男友的态度发生了明显的变化,甜言蜜语减少,陪伴与关心也在减少,两个人之间的争吵变得多了。于是关于爱的疑惑也随之产生:"他是不是不爱我了?"

热恋期的吵架很少,但随着关系的推进,恋人之间开始相互了解,当发现恋人不符合自己的期待时,会心生失落,对对方会感觉失望,并用批评和指责的方式试图改变对方,使其符合自己的期待。这时被指责的一方也会心生怨恨或者辩解,觉得自己不被接纳和喜欢,双方的内心都充满受伤与兴奋的感觉,即痛并快乐着。没有人喜欢吵架,这世上到底有没有不吵架的亲密关系,应该有,但肯定少。吵架很伤感情,因为吵架中常常带有攻击性,并带来很多消极情绪,进而影响关系的稳定。

约翰·戈特曼在他的著作《幸福的婚姻》中写道:亲密关系中的消极情绪会带来"末日四骑士"的致命伤害,"批评、鄙视、辩护、冷战"四位骑士将依次闯入婚姻关系的心脏地带。[57]

1.批评:批评带有指责意味,而且一般并不利于解决当下的问题,批评者本意是想要预防之后发生类似问题,但常常让对方感受到了攻击,尤其是对其性格、能力方面的否定。比如:"你怎么那么笨!""真没用!""你太自私了!""你只关心你自己!"这样的评论性语言只会让对方找到反例来为自己辩护,而且觉得自己不被理解与肯定。

2.鄙视:鄙视表达的是对人的厌恶之情,是对对方全面的否定,包括讽刺、挖苦、冷嘲热讽、不友善的幽默、贬低等有敌意的行为。"鄙视"是亲密关系中最危险的信号,它的杀伤力比其他三个都大得多。鄙视并不是"激将之法",不仅不能解决争吵的问题,还会导致更多更深的冲突。一般来说,好战和好胜心强的人更容易产生"鄙视"的言行,因为其中饱含了攻击性的愤怒。

3.辩护:这里指的是想方设法为自己的行为或态度辩护,这是前面的批评和鄙视造成的,本意是想停止争吵,但"辩护"给对方的感觉往往就是"这不是我的问题,而是你的问题",所以成为一种变相的指责,让冲突升级,双方站在各自的角度上谁都不认为自己有错,当然谁也不会赢。

4.冷战:指用类似冰冷的石墙的一种态度应对冲突,"无论你怎么说,我不理你,或非常冷漠地应付你",通过回避交流来回避争执,但与此同时也回避了亲密。一般来说,男性"筑墙"的比例比女性高很多,一般是经过前三种负面情绪后产生的,常常有一个情景是:女生带着批评和指责说个不停,男生沉默不回应,男生越沉默,女生的呵斥声越大,最终以男生无法忍受离开现场、女生伤心欲绝而告终。两个人都被消极情绪淹没了。

如何面对吵架这个难题呢?首先,要认识到吵架是正常现象,它提供了一个双方沟通的机会。亲密关系的双方可以约定一个吵架的底线,比如不允许人身攻击、不允许冷战超过24小时等,然后双方尝试按照"非暴力沟通"的模式进行沟通,具体沟通步骤和技巧见下面的小贴士。

【小贴士10】非暴力沟通[58]

为了彼此能乐于互助,沟通应该专注于非暴力沟通模式的四个要素:观察、感受、需要、请求。批评带来的反应是申辩、退缩或反击,所以非暴力沟通可以让我们不再条件反射式地反应,而是去明了自己的观察、感受和愿望,有意识地使用语言。具体的,可以在心中先询问自己以下四个问题:“什么是我的观察?”“我的感受如何?”“哪些需要(或价值、愿望等)导致那样的感受?”“为了改善生活,我的请求是什么?”表达自己或倾听他人,都是好的开端。

1. 观察:“不带评论的观察是人类智力的最高形式”,留意发生的事情,清楚地表达观察结果,而不判断或评估。需要注意的是区分观察和评论,很多时候我们下意识地想要评论别人,但是这样很容易带上自我的情绪,让别人觉得在批评他而产生逆反心理。观察需要具体而客观地描述事实,而非简单地给行为定性。比如“你是个没有责任心的人”是评论,而“今晚我们的约会你迟到了二十分钟”就是比较具体的观察。

2. 感受:需要注意的是区分感受和想法,要能够真实地表达自己的内心情感,而非一些想法,比如“我觉得你不爱我了”只是想法,而“我感觉很担心和悲伤”才是感受。清楚地表达感受需要丰富的词汇,使用具体的情绪语言,而不是概括性的一句“我心情不好”。

3. 需要:批评往往暗含需要,一个人说“你从不理解我”,他实际想表达的是“我需要你的关注和理解”。人们通过批评提出主张时,对方的反应常常是申辩或反击,但如果直接说出需要,对方就较有可能做出积极的回应。每个人都有的基本需要有:自由选择、庆祝、言行一致、滋养身体、玩耍、情意相通、相互依存等,需要是有助于生命健康成长的要素,而不是某种具体的行为。实际中可以采用“我感到……因为我需要……”的句式来表达自己的感受和需要之间的关系。

4. 请求:请求是为了告诉对方,为了改善生活,我们希望他们做什么。这点需要能够区分请求和命令。一个简单的判断方式:请求没有得到满足时,提出请求的人如果会批评和指责,那就是命令;想利用对方的内疚来达到目的,也是命令。听到命令时,一个人只有两种选择:服从或反抗,这当中带着强迫的意味。对于请求还需要做到的是清晰明确,使用一些具体的行为和请求式的语言,让对方知道可以怎么做,如:“帮我打开卧室的窗户好吗?”而不是“请打开窗户!”

结合非暴力沟通的四个要素,案例中的闫妍可以这样向男友表达:“你这个周末两天都没能和我一起吃一顿饭(观察),我感到很失落和沮丧(感受),因为我想要得到你的关注和陪伴(需要)。下一个周末能否陪我至少吃一顿饭,好吗?(请求)”我想闫妍的男友要关注的只是下周末的安排问题,而不是要围绕“到底爱不爱”去辩护或烦恼地想要躲起来。

我所见亲密关系中争吵的大多数人并不习惯从需要的角度来考虑问题,认为表达自己的所需是一件很掉面子的事情,更难以表达自己的情绪和感受来展现软弱,而处在消极情绪中的人们也很难静下心来去解读对方的心语,所以关系常常以分手或结束遗憾告终。

三、失恋——亲密关系的终结

失恋是指失去或终止一段亲密关系。咨询求助的研究生中,有很多因失恋深感痛苦的个案,不论是主动提分手的一方,还是被动分手的一方,两个人都处于失恋的状态,都会经历失恋带来的痛苦,只是痛苦的程度不同。被动分手的一方,相较于提出分手的一方,其痛苦强度与情绪更为痛苦且多元:会有对失恋的不真实感、愤怒和内疚、较强烈的失落与悲伤、人际关系敏感、易激惹、有失控感、情绪低落等。

(一)主动提出分手的一方要做什么

当发现对方不是你的理想恋人,请学会拒绝爱和主动提出分手。前提是要尊重对方,不能为了让对方死心,故意去贬低和伤害对方。只要态度明确、表达清楚、行动与语言保持一致,对方会逐渐接受分手这个事实。比如,恋人分手后,一方出于不忍心又答应一起吃饭、看电影等请求,只会徒增另一方无望的痛苦。

(二)被动分手的一方如何面对失恋

首先是要对失恋进行理解和接纳。失恋是恋爱中常有的心理现象,正常对待就好,只是一种选择的结果,不涉及评价和价值,可以在失恋中学习爱的能力。而失恋本身,的确是一件痛苦的事情,会带来痛苦的情感体验,容易使人处于强烈的自卑、忧郁、焦虑、悲愤甚至绝望的消极情绪状态之中,甚至失去生活的信心或勇气。

失恋是丧失的一种类型,会有关于丧失的一般反应,一般会经历六个阶段:震惊和否认、讨价还价、愤怒、失落和绝望、承认和接受、计划和行动。

第一阶段:震惊和否认。

当恋人分手后,很多人的第一反应都是震惊或麻木,就好像一切都没有发生过或者分手并没有带来伤害，这可以持续数小时、数天或数周。似乎他们从感情上与世界“隔绝”了。尽管如此，触景生情，睹物思人，所有的东西都会让人们想起失去的恋人，触发他们的悲伤，干扰这种麻木。他们会感到焦虑或虚弱，会哭泣，会漫无目的地行动，脑海中全是已经离开的恋人。

随后失恋者就会发现失去与恋人的联结对他(她)的生活产生了一些不好的影响，如影响学习、工作、睡眠等，一些负性情绪也随之出现，如生气、孤独、怀疑、伤心等，最初的震惊和麻木被这些情绪所代替并会持续很长一段时间。

第二阶段：伴随着负性情绪，讨价还价。

很多失恋者都会在这个阶段不断去回忆两个人相恋时的争吵和矛盾点，不断后悔自责，“假如当初我做了什么，是不是你就不会离开”，也会想要去追回恋人，“如果你肯复合，那么我会做到……等行为”。

第三阶段：愤怒和想要报复。

在复合无望之后，被拒绝的一方都会表现出明显的愤怒。对自己、对恋人、对相关的他人，或者对命运产生愤怒。愤怒的情绪是有意义的，太快压抑愤怒会导致更多的内疚与自责。

第四阶段：失落和绝望。

这个阶段的失恋者会体会到绝望和无助感，短期处于抑郁状态，并觉得自己不会再爱了。一般来说，这种状态持续一段时间后会逐渐缓解。若长期处于抑郁状态，且痛苦的程度不能用普通的失恋来解释，请注意患抑郁症的风险，及时就医治疗，并接受专业人员的帮助。如果这个人有试图伤害自己的想法或计划，他(她)需要立即接受帮助。

第五阶段：承认和接受。

承认，意味着内心里放下了再去挽回或者报复的想法，承认自己已经失恋；接受，意味着调整自己的生活，不会再有前男友或前女友来参与自己的生活，内心接纳已恢复的单身生活。

第六阶段：计划和行动。

可以通过回顾与整理这段失去的恋情来发现其中值得感谢与纪念的部分，也可以从中发现自己需要成长的部分，从而开始进行自我完善，开始新生活。

本节案例导入中的林薇后来在心理咨询师的帮助下，在充分表达失恋带给她的愤怒和失落之后，回顾了与前男友的相识、相恋的过程，并愿意表达前男友带给她的美好，给心中“冰冷的恨”加了“温暖的感动”，那三年的感情是真诚的，也是值得去留恋的。与此同时，两人之间的不合适与争吵也是真实发生的，对方分手的态度也是坚决的。林薇也表示她终于可以接受已经分手的事实，开始了她之后新的人生征程。

四、经营亲密关系的策略

爱情需要经营么？答案是肯定的，每个人在每一段长期的亲密关系中，都会为了维持关系做出一系列的行为决策，其中有一些是经过深思熟虑而做出；而有一些是在感受层面出于"本能"做出的；甚至有一些好像是一种破坏行为但其实也有着维持关系的功能。在维持和经营亲密关系的行为中，以下一些策略可以起到积极作用。

（一）欣赏与肯定

欣赏是关系的基础，是吸引力的来源。肯定不仅包括对对方的成就和收获的赞扬，还包括对对方情绪与感受的接纳。例如当对方的学业或工作进展不顺利时，积极的维护关系的行为是肯定和接纳对方的难过、愤怒、委屈等情绪，让其感受到支持与依靠。

不仅如此，在亲密关系中的肯定，还包含了对伴侣在关系中的作用与重要性的肯定。通过语言和行动持续让对方感受到"你对我来说很重要"，"我感受到你在关系中的付出"等。这种"肯定"通过向对方做出承诺以及对于两人共同未来的规划来表达和实现。

（二）理解对方"爱的语言"

在亲密关系中，双方表达爱的方式不同，会导致一方总觉得自己已经尽力了，而另一方却还是不满意。冲突、怨恨是在这种"双方无法沟通爱的语言"的过程中产生的，也最终导致感情的破裂。很多时候，不是对方做得不够多、不够好，而是自己没有理解对方表达爱的方式。这些促进感情的行为中，重要的不是自己觉得哪一种最重要，而是要了解对方觉得哪种最重要，对方可能给的并不是自己最想要的，但对方可能给的是其认知体系中最好、最珍贵的东西。一方面这需要双方彼此之间坦诚直接的沟通，另一方面也需要在长期的相处中能对对方的价值观有全面的了解。

感激那些笨拙的努力，而不要嘲笑。有时候人们会嘲笑另一半在关系中的情感表达。的确，在中国文化中，很多时候很多人都没有给直接的情绪表达留出空间，因此，人们会在面对别人的情绪表达（尤其是情感性的）时感到不适，而下意识做出一些逃避的举动。嘲笑对方就是其中一种。而这会极大阻碍对方在未来再次表达。要记得，对方为增进两人的感情所做的努力和这个意图本身就是爱的表现，并且也值得被肯定。

（三）养成好的“情感维持习惯”

当人们刻意做出一些维持关系的举动时，对方是很容易觉察的。通常把维持关系的行为分为两类：策略性的行为和常规的行为。

研究显示，那些策略性的行为，并不能很好地达到维持关系的效果，很容易被对方觉察。而一旦对方觉察到这些行为是刻意为之、怀有目的的，对方就会对这些行为保持距离甚至警惕，而不会产生情绪上的回应。而如果你把维持关系的积极行为作为常规的小习惯，结果会不一样。

最常规的常规行为是身体的接触，包括亲吻、拥抱、性行为等，有助于情感的维系。拥抱可以降低人们的焦虑，可以增加人们的幸福指数。肢体接触不只为身体带来温暖，同时也可以安抚不安的情绪。如果两人并非远距离恋爱，平时的牵手、拥抱与亲吻，都是维系感情最直接的方式。

（四）觉察自己的消极表达方式，并替换为积极方式

人们会通过一些消极行为，如故意引起争端、故意让对方吃醋，来维持关系的继续存在和发展。主动觉察自己在亲密关系中的消极行为，意识到自己在做什么，才有可能停下这些消极行为，转而用积极的方式维持关系。

积极，指的是一种积极看待彼此感情的态度，积极对待两个人在一起的生活的态度；并且在与对方相处时，能够表现出自己乐在其中。例如，有些伴侣非常擅长在一起把普通的日子过得趣味盎然，“我和你在一起做普通的事也很愉快”，这是一个非常好的信息传递。而有一些人则有着更不良的情绪习惯，他们会在双方的约会中表现得兴趣索然，或者对活动有种种批评和埋怨。

（五）共享社交和共担责任

在亲密关系中，有些人也会与恋人“共享”自己的社交网络（包括线上、线下），和对方一同参加自己亲人、朋友的聚会。把自己的朋友和熟人分享给对方被学者们认为是一种积极的情感维持策略。但值得一提的是，这种社交共享并非强迫式地使自己或对方失去私人空间（例如，要求对方交出自己的社交网络账号密码等），而是通过参与彼此的社交圈而建立双方之间更紧密的联结。

有些人在亲密关系中，愿意与对方共同分担生活中的责任，也会在对方需要的时候，给予适当的建议与协助。在日常生活中的分工协作，被认为是增进信任、促进感情最实际的方式，这种最实际的方式也是最有利于双方关系持久的发展。恋人在生活中的分工合作会让他们觉得彼此需要，提升自己在关系中的价值感，进一步稳定关系。

不管如何，经营关系的所有策略最终都会落在沟通上，尤其是在双方产生分歧之后的沟通上，重点在于要去客观地描述事件并表述自己的感受和期待，而不是去猜测对方的心意并进行攻击，此节的【小贴士 10】非暴力沟通可以清晰明了地帮助闹矛盾的恋人们更有效地沟通。

（六）经营关系的终极秘密：自我成长

很多人都相信为了爱可以做出很多改变或者牺牲，于是甘愿放弃自己的感受，只为让爱的人幸福快乐，可是，“假如你在爱情中迷失了自己，那么那个爱你的人也失去了方向”。也有很多人坚信能靠着爱的力量把对方塑造成自己喜欢的样子。可是，“你爱我，为何又要我改变呢？是因为我不好你才要我改，可我若改变了，我还会继续爱你吗？”

弗洛姆在《爱的艺术》中说过：“真正的爱是内在创造力的表现，包括关怀、尊重、责任心和了解诸因素。爱不是一种消极的冲动情绪，而是积极追求被爱人的发展和幸福，这种追求的基础是人的爱的能力。”[59]一个人若拥有爱的能力，那么他会自发地为所爱的人努力奋斗，让自己变成更好的人。自我持续不断的完善和成长，不仅是个体生命力的展现，也是经营和维持亲密关系的最大秘诀。

不是改变，而是完善，不是作用于对方，而是作用于自己，为了两个人的幸福而想变成一个更好的人。

本节案例导入中的林薇在完成对失恋的干预之后，继续做关于个性自我发展的咨询。心理咨询师与她一起探讨了她的成长经历，了解到她是一个非常重视权威人物意见的人，并认为只有不断努力取得一些成绩才能让父母满意。所以她一直是一个没有太多安全感的人，也不敢轻易让自己放松和休息。当初碰见男友的时候，就是被男友那种轻松对待生活的人生态度所吸引。可是当两人真正为未来一起奋斗的时候，她又不自觉地会认为男友那种不上进、没有危机意识的态度无法给她带来安全感，可是她又无法把这一点原本吸引她的理由当作分手的理由，于是忙于自己的学习和生活，等着男友对她生出很多不满，再借由权威人物（即导师）的话语给自己增加勇气提出了分手。

至于林薇后来的后悔和对导师的抱怨，则是源自林薇始终还是希望自己成长为一个可以轻松面对生活、按照自己的心意去奋斗和成长的人。她原本寄希望于男友来影响她甚至改变她，直至失恋后在心理咨询中才看到这些深层原因，也决定先去解决自身的成长问题，等到她一个人可以轻松过好生活的时候，再找一个合适的人恋爱，也认为到那个时候，恋爱才会真正幸福。

不论是爱自己，还是爱他人，自我成长都是很重要的事情，每个人都可以成为自己人生剧本的作者，不断书写，让自己成为一本读不完的书，身边的人也就能一直保持对你的好奇和兴趣了。

【他山之山】

五、导师在研究生亲密关系发展中的作用

亲密关系是一个相对个人的领域，所以在大原则上，导师并不需要参与学生的亲密关系发展问题，例如像导入案例中的导师，其实就不应该直接建议学生分手。所以说，导师在研究生亲密关系发展中的作用非常有限。当学生真的来倾诉恋爱的困惑时，导师只需要倾听，提供一个理解与支持的大环境就可以了，然后建议其寻求专业人员的帮助。

（一）鼓励学生社交联谊，扩大社交圈

研究生除了第一学年要上课以外，其他的时间几乎都是在实验室中度过，交际圈相对狭窄，在认识的为数不多的人中有可能发展友情，而萌发爱情的机会则相对较少。所以导师可以鼓励研究生在业余时间多参与一些学校内的社交活动，例如“缘定浙大”“院系联谊会”等，也有一些导师会定期组织学生的联谊会，增大研究生的社交圈。

（二）鼓励学生面对亲密关系的冲突，并努力经营关系

正因为亲密关系的发展必然会在热恋期之后产生一些矛盾，所以当学生因亲密关系发展不顺利来找导师倾诉时，导师不需要去帮助分析具体的感情问题，但是可以在心理教育的层面上去鼓励学生面对亲密关系的冲突，并告知一些常见的经营亲密关系的策略。

（三）理解学生失恋的哀伤，允许学生有一个效率偏低的缓冲期

遭遇失恋时，每个人都或多或少会产生一些哀伤反应，因此产生的情绪低落、效率下降都是可以理解的。一般失恋学生自身都会因效率下降、学业受影响而感到内疚和自责，并害怕导师的责备。如果导师在此时真的只是看到表面现象而给学生施压，那学生在压力超限的情况下状态只会更糟，反而事与愿违。

（本节作者：李娟）

第六节　同伴关系

【案例导入】

英子一直说自己人际关系有问题，没有什么好朋友。可在同学眼中，英子长得很漂亮，朋友也很多，与人交流总是不缺少话题。于是，英子的问题就变成了一个不为人知的秘密。她常常谈起同门的师妹和同寝室的一位姐妹，这两个女孩子是她在读研期间接触最多的同伴。正是因为英子擅长打开话题，她和两个同伴之间的关系都有了令人满意的开始，甚至英子感觉有点离不开她们了。这种离不开让英子感觉很恐惧，英子说自己的人际关系总是在这个阶段变得糟糕起来。她会止不住地想象自己在对方心中的位置，当有一点蛛丝马迹显示对方没有把自己放在重要位置时，英子心里就开始翻江倒海，不知道如何自处，更不知道如何跟同伴讲话了。面对英子眼中关系出现的裂痕，她无法面对和处理，很多时候就会选择逃避、疏远对方，但是又无法离开，远远地继续关注对方，继续探寻对方到底对自己是怎样的态度。由于关系拉远，沟通的机会减少，英子对关系平添了诸多想象，比如室友跟其他人约饭，或者导师和师妹多说了一些话，英子就会想“她们果然对我不过如此，她们一点也不在乎我的感受……”于是逐渐心生愤怒。英子没有办法用语言来沟通她诸多的内心活动，她内心很痛苦，她该怎么办呢？

【本节关键词】同伴、人际关系

【要点详解】

一、同伴关系的心理意义

（一）同伴关系的内涵

从定义上来看，同伴关系是在具有相同社会认知能力和心理发展水平的个体之间发生的人际互动关系。对研究生群体而言，他们年龄相仿，处于类似的生活与社会情景下，共同从事类似的工作，彼此之间存在着较为明显的合作与竞争关系。与其他关系类型，比如导学和亲子关系相比，这种关系更为平等、自由、自主和主动。由于同伴关系本身的特点,它在心理层面给研究生提供的人际支持会更为快捷、直接和即时。

(二)同伴关系的特点

同伴之间谈话,无须过度考虑社会地位和辈分尊卑;不同于跟长辈讲话,相似的同辈文化让他们更少担心自己的表达被误解和教导,通常一个流行词汇就可以沟通他们内心无法清晰表达的某种状态,比如"羡慕嫉妒恨"和"鸭梨"。导师在与学生互动的过程中,难免会遭遇这些流行词汇,你的反应会是怎样呢?也许你不一定马上反应出这些词汇的意思,但是你能明显感觉到他们是一伙的、一个年龄段的,甚至觉得自己有些老套。不过,把自己变年轻的方式也在这里,那就是跟他们沟通其中的意思。这也许也会成为你幽默地了解和关怀学生的方式。如果你有机会去观察学生们自己在一起的状态,然后将这个状态跟他们与你说话的方式做个比较,其中的差异也许会告诉你很多信息。同伴之间沟通交互的速度会更快、跳跃性更强,跳跃的主题当中往往会有一个隐含的主线,比如发牢骚来倾泻压力,牢骚和流言是人们常用的倾诉方式,虽然人们并不认为这是最好的方式。通过看你的学生们闲谈,你还有机会了解在团体中,实质的核心和边缘人物分别是谁。那些不是特别自在、主动的学生,你还得考虑他们的个性和近期的状况。

(三)同伴关系的积极心理意义

同伴关系对一个人的心理发展具有十分重要的意义。著名的发展心理学家皮亚杰认为同伴间的讨论和争论是道德判断能力发展所必需的。精神分析界的一位重要人物沙利文也曾认为"友谊促进了人际敏感性的发展并为以后恋爱、婚姻和亲子关系的建立提供了原型"。诚然,友谊不等于亲密关系,但哪一份良好的亲密关系中不包含友谊的成分呢? Hartup[60]同样表达了类似的观点,他指出:没有与同伴平等交往的机会,儿童将不能学习有效的交往技能,不能获得控制攻击行为所需要的能力,也不利于性别社会化和道德价值的形成。Douvan 和 Adelson[60]特别指出了在青少年期同伴关系中友谊的功能。他们认为,前青年期和青年早期的友谊是社会支持的重要源泉,它能减少青少年对这一特殊时期出现的急剧变化的焦虑和恐惧。Eichorn[60]同样认为,在情绪不稳定的前青年期,友谊体验是安全感发展的催化剂[60]。简而言之,同伴关系的经历让一个人的社会能力得以增强,走出自我中心的束缚,意识到人和人之间的边界,形成更好的自我控制力,满足归属与爱的需要,获得情绪的释放,完成自我人格、道德、性别和性格层面的塑造。是否具备良好的同伴关系也是导师了解学生的一个窗口，在你的实验室中，你总能察觉谁更受人欢迎，谁可能比较孤僻。拥有良好同伴关系的研究生更容易进行自我管理和换位思考，他们有机会充分体验同伴关系的积极心理意义。

研究生群体一般正处于人生的青年时期。他们刚刚结束了自己的大学生活，同辈中有些人已经工作，正所谓“进入社会”，即承担起某个社会角色。读研期间虽然没有正式工作，但不少导师的管理方式也在倾向于工作化。承担工作角色正是这个年龄段的人群正常心理发展所需要的。对于自己在社会中可以承担起怎样的一个角色，在实验室团队中的经历会告诉他们很多。导师通常会给团队中的每个人分配一定的任务，这个任务不仅仅是做事情，同时是让承担任务的人，体验人和人之间的合作与竞争，学习服从与支配，这些是社会角色的基本特征。所以，作为导师，你应当了解自己在分配事情的同时，也在个体和团体心理的层面做着工作。如何让你的学生通过任务，学会在团队中找到自己的位置，发展自己未来的倾向，这一点在心理层面上更具有发展意义。不要让你的学生落单，也是你需要考虑的，对于这个时期的青年人而言，有无伙伴会特别影响他们对自己的看法。同伴团队中进行的讨论，可以让青年人有机会从不同的视角来看待自己的想法，学会如何应对差异和调整自我认知。

（四）亲密同伴关系的巨大影响力

这里需要特别注意的是区分一般的同伴关系和亲密友谊。相对于实验室的同伴，寝室的同伴更容易进入个体的私人空间，也更容易促发他们内心深处的情结和人际模式。与寝室的同伴发展亲密友谊自然是大多数人的选择，“近水楼台”本也是人和人建立关系的必要条件，所以与同寝室的人同吃、同住、同娱乐是常态。同时，更加亲密也意味着关系中更大的张力。一方面，室友可能会成为个体投射内心深层冲突的对象，一如开篇案例中的英子，她内心的不安全感在室友关系深入发展时被激活，室友跟其他人约饭这样一个平常的举动会让英子感觉到关系岌岌可危。另一方面，室友之间容易爆发强烈的冲突，个体与个体之间的差异在所难免，当关系空间无法承载这种差异时，同寝室的人之间也会爆发持久且具有影响力的斗争。当亲密友谊中爆发冲突，轻则需要调换宿舍，重则演变为恶性事件，最严重的莫过于演变为公众事件的室友谋害案件，比如“复旦投毒案”和“马加爵杀人事件”等。越亲密的关系越复杂，也就越无章法可循，一般的人际交往规则很难应对，那么，就会考验一个人更为核心的心理素质了，比如对他人和自己的信任度。这一点接下来会继续探讨。

二、沟通模式分析

关系是人和人之间产生联结的动态过程，联结的方式如何取决于关系中的各方而非一方，关系总是在发展变化的，单一因素的变化会带来整个关系的改变。

（一）沟通的基石

一个婴孩降落人间，便开始建立他人生中最初的关系。婴儿无力照顾自己，需要依赖周围的人，他与周围的人有着若有若无的关系，他谈不上认识谁，因为他甚至连自己也不认识，但他的生存维系在与周围人的关系上。他通过自己最基本的感觉和身体动作来与周围发生联结。当他饿了，奶会来；当他尿了，会有一双温柔的手给他更换干爽的尿布；当他害怕了，一个温暖的怀抱紧贴着他的身体。“当我怎样了，相应的什么就会来。”这是每个人最初的关系体验。这样的互动培育着关系最基本的元素，那便是信任。缺乏什么，什么就能过来，小生命可以安心地待在这个新鲜的地方了，他的身上便滋生出信任的细胞。伴随着信任，小生命开始更容易转哭为笑，他相信他人不会伤害自己，反而会给自己带来舒适，他便不需要那么费力地哭泣了；同时，小生命开始更直接地表达自己的需要，他相信自己是被爱的，相信自己是可爱的，想要的肯定能得到；于是，他对这个世界和生命的历程便充满了希望。

由此，信任是关系的基石，这一点即使你是成人也会深有体会。了解一份关系的沟通模式，可以从信任这个角度来分析。一方面是对自己的信任，另一方面是对他人的信任。

（二）四种沟通模式

这里将通过四个案例来阐述四种基于信任的沟通模式，四个人都有自己经营同伴关系的态度与方式，从他们发自内心的言谈当中，读者有机会一瞥研究生人群中，同伴关系这一隐性的人际主题。通常，对于这个年龄阶段的人，人们会更多地关心研究生跟导师的关系以及他们的婚恋关系，默认他们已经具备了处理一般人际关系的能力了。在咨询细腻的工作过程中，咨询师发现，一般人际关系，或者同伴关系，往往会成为个案心理发育程度和内在关系模式的一面镜子。并非所有的青年人在实验室和宿舍生活中，都能从容享受跟同伴的相处。以浙江大学为例，2014—2016 年的个体咨询来访数据显示，人际关系困扰位列来访问题类型的第三位，仅次于恋爱问题与个性问题，占总来访人次的 12%，其中出现问题的关系主要集中在室友关系和实验室关系，学生来访主要希望了解如何处理人际冲突、如何应对竞争压力与嫉妒心理以及如何改善人际沟通的方式。

小春是一位工科女生，她这样描述她跟同伴在一起的感觉："我们实验室坐了两个导师的学生，我们导师的学生只有我常在实验室。另一个导师的学生就在我对面，他们跟我也并非不熟悉，有时也会一起行动。常常发生的事情则是，听到他们一群人要出去吃饭，而我一个人坐在那儿的时候，内心就像煮沸的开水，停不下来，脸也会红起来。想要跟他们出去的念头一刹那就变味了，变成自己的独白，听他们在商量，他们可一点都没考虑我，听他们就要走了，他们果然没有叫我。我，他们怎么可能叫呢？天哪，你就不能做些什么吗？就傻坐在这里。可是他们好像并不欢迎我啊？我还是坐在这里吧，坐在这里算什么呢？我的人生好失败，连吃饭都没有人一起。我就这么一个人天天对着电脑，快要憋疯了。"

同样是午饭时间到了，大家呼朋唤友一起行动，在另外一个实验室的小夏，会有另外一种内心的独白："哦，这个点又来了。他们会是什么打算呢？谁会先发起呢？如果是她，我还有可能参加，毕竟之前她总是在主动找我一起吃饭，但是我是不会主动邀请她的，邀请了也没戏。如果是别人，我就真不知道会发生什么了。从我第一天来到这里，他们就不欢迎我，故意刁难我，甚至欺负我。今天要一起吃饭，这个事情会跟我有关吗？"她的头低得更低了，显得好像很忙碌的样子，耳朵收集着外面发生的信息。"他们就那么一个个走了，我就知道他们不会叫我的。我也不会参与他们。在这里我感觉不到善意，我最好还是别来实验室工作了。明天就去图书馆吧……"

小秋平日在实验室里是个招人喜欢的女生，她细心打量每个人的喜好，总是能够找到让大多数人都满意的聚会方式，同样她也很享受别人对她的喜欢和依赖。小秋的肚子开始咕噜噜叫了，她伸了个懒腰，用有点无力的声音说"好饿！有人要一起去吃饭吗?"大家好像没有听到，没有人反应。小秋想了一下：今天导师生气了，估计大家都在忙呢。于是，跑到对面的同学那里，悄声问："你怎么样了，什么时候去吃饭呀?"同学回她说："再等一会儿吧。"小秋说："我饿得快不行了，只能再等十分钟。"同学不置可否，表现出为难的样子。小秋又开始问其他人，有几个人说可以去吃了。小秋心里嘀咕：看来今天形势不妙，一起走是不太可能了。我得先去拯救我的肚子了，能走的就先去吃吧。然后高声问："我们几个要先去食堂了，其他人有没有要带饭的?"剩下的几个人当中有人举手了，有人说"不了"。

小冬在沙发上正襟危坐，两眼瞪得滚圆，越说越气愤："你知道吗？我们导师就是有问题,他请人吃饭,让我们陪同,让师兄师姐点菜,凭什么?那个餐馆还是我推荐的呢。他摆明了偏心。我这么努力写文章做实验,每次开会都是夸他们。有这样的导师,你还怎么可能发展?我师兄师姐也不太对劲。有一次中午吃饭,他们就一起出去了,问都没问我。他们几个意思啊?我都叫他们一起的。听到他们关门,我当时一下子火就来了,就给他们发了条信息,祝他们聊得开心。"

四个人在对自己和他人的信任感上各不相同。小春认为"他们怎么可能叫我呢?""我很差劲,不受欢迎"。小夏感觉自己邀请别人"没戏",别人也刁难欺负自己。小秋很尊重自己的需要,肚子饿了就叫同学一起去吃饭,相信别人是欢迎自己这么做的,当别人在忙时也不觉得自己不受欢迎,认为是导师带来的压力,自己要走的时候还主动提供带饭的帮助。小冬认为导师和师兄师姐都有问题,自己很努力,但没有从他们那里得到自己认为应当得到的关注。

四个人的沟通模式,依次可以描述为"我不好你好""我不好你不好""我好你好""我好你不好"。以这种方式来分析人际沟通的心理学家是伯尔尼,他基于精神分析理论,以较为通俗的方式开创了沟通分析理论。这四种模式描述了一个人对自我和他人价值的基本信念,被称之为"心理地位"(mental status)。这些信念根植于上文"沟通的基石"中一节所述的早期人生经验。

(三)四种沟通模式对导师工作的启示

1."我好你好"

人格中的心理地位属于"我好你好"的人,在沟通时对自我和他人抱有信心,是人们最常采用的心理地位。Swede 认为持这种心理地位的人有如下特征:自信、友善、言行一致、诚实、积极、能干、乐于助人、有责任心、客观、有同情心、周到、付出、负责任、有创造力、善于接纳、赢家、有建设性、直觉型[61]。也就是说,你带的学生中大多数人大多数时候应该都是这样的。这种状态也是团队健康发展的基石。在这种状态下的同伴关系,显得开放、真诚,且勇敢,即便有错误,也可以及时得到承认和改进,团队的进度不会因为一时的冲突便停滞不前,人都是朝向问题解决的,朝向创造性的。关系状态是灵动的、愉悦的、务实的、温暖的。

当然,其他三种心理地位的人也是存在的。在这种情况下,沟通模式便会因为这一因素的变化而发生改变。

2."我不好你好"

Swede 认为持"我不好你好"心理地位的人有如下特征:退缩、被动、失控、躲藏、取悦、自我诋毁、感到虐待、夸大无助感、自罪、自卑、抑郁、鲁莽、拒斥、渴望关注、有自杀倾向、仇视自己、担心自己的健康[61]。Berne认为这种心理地位是“天生抑郁的”。Harris说“有这种心理地位的人会认为,好的安抚仅来自于好人。他们认为父母是好的,那么来自他们的安抚也是好的。这种人渴望、乐意和顺从他人的要求”。从小春的内心独白中,读者可以体会她极低的自我价值感,她也渴望参与团队活动,但极其被动退缩,对于别人的反应心中揣度万千,根据别人的反应来判断自己的价值,同时又会自责于自己的被动退缩。由于容易冒出自我伤害的念头,他们在心理健康连续谱中常常处于有心理障碍的一端,可能会有危机事件发生,比如自伤和自杀。在同伴关系中,表现特别顺从和黏人,又特别容易怀疑和否定自己,可能需要特别注意,他们在一时的关系中可能不太引人注意,可能还会让别人感觉很好,但当你希望他有所承担最后收效甚微而生气时,他可能会陷入更深的自责。有这种心理地位的人在场时,关系状态显得黏滞、过于平静,难以引起互动,有时也会伴随易激惹的气氛。

3.“我好你不好”

Swede认为持“我好你不好”心理地位的人有如下特征:评判、谴责、控制、管闲事、美化自我、有报复心、操纵他人、完美主义、偏执妄想[61]。Berne认为这种心理地位天生具有妄想的品质。Harris认为无可救药的罪犯有这种心理地位。这种心理地位的人是得不到安抚的。Berne把这种心理地位命名为“傲慢”的心理地位。这种心理地位最糟糕的情况就是杀人犯的心理地位,最好的状况就是爱管闲事的人的心理地位。小冬的表达比较典型。他们对于人际情景的理解具有妄想的色彩,即更多地依据自己的想象而非实际情景来做出判断。本案例中导师的无意之举,会被小冬认为是对自己的忽视;师兄师姐一起出门,会让小冬内心充满愤怒。他认为别人理所应当看到自己的价值,但是别人总是那么差劲没眼光。这样的认知当然会带来愤怒,怒气之下又会做出给别人带来困惑或者烦恼的行为,别人的不解和远离反过来刚好验证了他的想法,果然他们是忽视我的。值得注意的一点是,这类人的“我好”跟“我好你好”心理地位的“我好”是不一样的。本类型的“我”并非得到了充分的满足和信任,它更多是在屡次受挫之后形成的妄想性夸大,严重时呈现“自恋”的状态,完全自我中心,对他人吹毛求疵,自己仍觉自己在做对的事情。当这种心理地位存在时,关系状态会显得紧张、闭锁、躁动、一触即发般的脆弱,令人想要远离。

4.“我不好你不好”

Swede认为持“我不好你不好”这种心理地位的人有如下特征：不负责任、叛逆、对生活没兴趣、是自己和生活的旁观者、因无趣而退缩、漠不关心、暴饮、暴食、缺乏爱心、事不关己、不快乐、妄想、拒绝亲密、冷淡、自取灭亡[61]。Berne说“这种心理地位是没出息的，并且很可能以精神分裂而告终”。Harris认为这种心理地位的人“只是挨过人生”，并可能会有极端的退缩。案例中的小夏坐在自己的座位上如坐针毡。她带着强烈的不安全感，警惕着他人，也敲打着自己，认为自己主动肯定没结果，别人也从来没有对自己有过好感。可以想象，带着这样的感觉生活，难免会出现没有希望的感觉。Thamm发现这类人通常缺乏爱，缺乏来自他人的尊重、友谊和亲密感；当遇到挫折时，他们更容易退缩；当得到优待时，又觉得内疚，有怨恨和敌对感并且几乎没有同情心。当同伴关系中出现这一因素时，关系状态可能会无论如何都热络不起来，甚至你可能已经发现团队中出现了一位需要特别关注的对象，却很难接近和表达关怀[61]。

（四）五种沟通姿态

除了如上所述的沟通分析理论，另外一个备受关注的沟通模式分析方式便是由家庭治疗大师萨提亚女士提出的“沟通姿态”。沟通中产生信息的传递，接受过来的信息，经过加工，被个人赋予意义，然后在内心和行为中反映出来。情景不同，反应不同，所谓沟通模式其实是没有统一不变的模式的，沟通中充满的是与情景相协调的变动，这被称之为一致型的沟通姿态，是健康的沟通方式。萨提亚女士认为在这个信息传递的过程中，受原生家庭互动模式的影响，一个人会学到一些僵化的规则，在早年经历中不遵循这些规则可能会生存不下去。在一个人成年后，处于压力情景下时，这些僵化的沟通模式当即发生，出现被称之为不一致的沟通姿态。与“你好我好”的心理地位类似，当处于“一致型沟通姿态”时，关系状态是开放和流动的，个体拥有较为稳定的自我价值感，当需要道歉和提出批评时，个体只是对行为本身进行调整，不会深入触及自我感，反而通过自觉投入到变动的情景中，增强了个人的力量。萨提亚将不一致的沟通姿态分为四类，即讨好型、指责型、超理智型、打岔型。每一种姿态均配有身体的表达形式，以便让个体可以直接感受到其中的意味。【小贴士11】中呈现了每一种沟通姿态，方便导师从沟通姿态的角度了解团队中的同伴关系正在发生什么。

【小贴士11】四种不一致的沟通姿态

讨好型：采取讨好型沟通姿态者，在人际互动中常常会忽略自我，把关注点放在他人与情境上。他们只会选择尊重他人及情境的状态，但是不会尊重及表达自己的真实感受。这是属于低自我价值的状态。言语中经常流露出"这都是我的错""我想要让你开心"之类的话语。行为上则过度和善，习惯于道歉。情绪感受上忽略自己，内在自我价值感较低。

指责型：指责的沟通姿态者在互动上常会忽略他人，属于低自我价值。此类型恰好与讨好型相反，是以一种不一致的方式来反映社会规条，该社会规条可能为：担心没效率、无意义；我们应该自己站起来，不能接受任何人给予的托词或侮辱；我们一定不可以软弱，为了保护我们自己，只好谴责或归罪他人或环境。言语上，"都是你的错""你到底怎么搞的"是常用语。行为上，习惯于攻击批判别人，与别人保持距离以维持权威，内心感到孤单。

超理智型：超理智的沟通姿态者在互动上常会忽略他人及自己，属于低自我价值。这种类型的人只注重情境、固守原则，毫无人性上的客观，其反映出的社会规条可能为：凡事讲求道理与理论依据，而所谓的成熟就是不受动摇、目不斜视、男女授受不亲、没有七情六欲，别人对他的看法常是严格的、坚持原则、沉闷或具有强迫性。超理智型的人极端客观，只关心事情合不合理，是否正确，总是逃避与个人情绪相关的话题，他们告诫自己："人一定要理智""一定要保持冷静、沉着，绝不慌乱"。这类人表面上很优越，举动合理，而实际上，他们内心很敏感，有空虚感和疏离感。

打岔型：打岔的沟通姿态者在互动上常会忽略自己、他人及情境，属于低自我价值者。这类型是超理智的相反面，其行为表现常呈现出不断的移动状态，倾向于逃避压力以及避免痛苦的情境，无法把注意力专注地放在一个主题上或一件事情上，并且会一直改变想法，想同时做无数的活动，社会上常描述此类型者具有自发性，且对事情持兴致勃勃的态度。而且永远抓不住重点，习惯于插嘴和打扰，不直接回答问题或者根本答非所问。他们的内心焦虑、没有归属感，不被人关心，还常被人误解[62]。

【他山之石】

三、如何协助研究生建立成熟的同伴关系

上文所述表达一个核心意思，即关系是否成熟取决于关系中的个体是否

成熟,个体所持有的沟通方式和自我认知是否成熟。关系状态是开放还是封闭,是流动还是停滞,是一个人对关系最直接的感受。作为导师,你一定希望你的团队中,成员的关系是团结的、有创造力的,实际情况是总有一段时期或者某些人,让你感觉到团队的关系受到了负面的影响。其实,对关系造成负面影响的个体,往往是早年经历中没有得到合适的对待、自我价值感很低、对自我和他人难以信任的人。因此,导师的工作中渗透对学生的人性关怀显得尤为重要,这样无论是哪种沟通类型的人都有机会从跟你的沟通中受益,团队也有机会往积极的方向发展。在咨询师采访的个案中,老师们都有一些自己的办法来帮助自己的学生,比如结对帮扶、在论文上提供较多帮助。老师们用最实际的方式帮助学生度过困境,这样的方式诚然有益,但同时也会让低自我价值感者再一次感觉到自己的无能。学业上的协助和情感上的关怀互动,二者相加效果更好。实际后者更费精力,所以大家往往选择前者。即便一个学生没有能够拿到自己的学位证书,但是他在自己所处的实验室中得到了人性的尊重,那么他依然获得了对他而言最重要的资源。这是从心理角度的建议。

无论学生沟通的模式如何,导师依然可以通过做到如下几点来减少研究生同伴关系中的负面压力。

(一)注重公平

公平不仅体现在物质层面,还有情感层面。对每个学生都尽量花相当的时间,提供相当的关注度。开篇案例中的英子是一个自尊感很低的讨好型沟通者,她很难言之由衷地表达自己的感受和想法,她对自己的表达需要通过别人的反应来判断。如果导师主动跟她沟通,她就觉得自己被关注,就会更愿意说出自己的想法,导师在其眼中也变得很善解人意;如果她看到导师在跟师妹沟通,而自己无法参与其中,就会感觉自己不被关注,行动上变得退缩,更加不会引起导师关注,导师在其眼中也会显得偏心,更加激化竞争和嫉妒的心理。也许导师不一定知道学生适合怎样的沟通模式,但导师在与学生进行沟通时,应当考虑到自己的举动带给周围学生的影响,尽量听取每个人的意见和想法,允许每个人发表自己的观点。

(二)明确责任

明晰的角色分工,各司其职的团体氛围,有助于每个人在自己的位置上发现自身独一无二的价值。导师所带领的团体正是一个研究生同伴群体,竞争与合作的关系频繁发生。导师作为这个团体的领导者,需要考虑到团体协作的问题,尽量让每个学生都能以自身的责任感受到在团体中的归属感和价值感。

(三)加强团队建设,促进同伴支持

既然同伴关系具有如此重要的意义和显著的力量,导师自然希望能够促进这样一种对个体和团体都有益的关系。在咨询师采访的导师中,有不少导师都特别提到了如何促进团队的沟通,不过主要是指导师在场的团队沟通。通过本章,导师也需要了解,如果导师能够提供时间和机会给同辈之间自主交流,那也会对团队发展有所助力。咨询师所工作过的一个学院,他们希望特别给单个实验室的成员提供一些小团体辅导的机会。熟悉的人之间进行团体层面的纯心理建设非常必要,正所谓“磨刀不误砍柴工”。学校也应当为研究生团体提供更多这样的资源。

(四)注意转介

对于特别退缩和难以融入团队的个案,导师能够及时提供有效的转介资源,比如推荐他们去心理中心,对学生而言也是难能可贵的。实际工作中,咨询师发现研究生往往很愿意采纳导师具有关怀性质的转介建议。但是也有一些老师认为“雷区”碰不得,担心触碰学生隐私会让学生反感。这方面可能需要对导师进行更多的心理教育工作。

【案例深度链接】

本书第四章的第1个案例是有关同伴关系的。案例中生动呈现了同伴关系中的紧张、竞争乃至嫉妒。你可以结合本章理论部分的所得去研读后面的案例。

(本节作者:刘艳)

第三章　研究生常见精神障碍及自杀预防指导

本章内容将紧密围绕研究生常见精神障碍展开，告知导师如何识别与应对精神分裂症和抑郁症，如何识别有自杀危机的研究生，如何进行自杀预防指导。

第一节　精神分裂症

【案例导入】

开学没多久，研究生小王就喜欢上了一个同班女生。他经常在上课时傻傻地看着她，下课时跟着她，但却不敢跟她说话。这让女生很烦，最初女生还有耐心劝说他不要总跟着或看着，后来开始对他破口大骂。

女生的拒绝让小王有所收敛，慢慢地他不太去上课了，整天宅在寝室里。室友们发现跟他很难交流，时不时他会自言自语地说一些奇怪的话。当辅导员张老师去看小王时，发现他胡子很长，衣服很脏，带着朦胧的眼神在打游戏。小王在张老师面前开始打开了话匣子，无休无止地谈论他的计划。他宣称笔记本里面藏着他要拯救全世界的蓝图。张老师查看了小王的笔记本，在过去几周的时间内，小王的字迹变得越来越潦草，而且在笔记本上记的都是些短句子（“从现在就开始”“这是很重要的”“一定要拯救他们”），这些短句彼此之间并没有连贯起来。

小王还告诉张老师说，他有时能听到对面寝室（男生寝室）会传过来一个女生骂他的声音，他有时候会被这个声音折磨得头痛。当说到这一段时，小王的情感出现了戏剧性的变化，他突然觉得很害怕，全身开始颤抖，冲着张老师大声嚷道："你是来害我的，你给我马上出去。"

【本节关键词】精神分裂、识别、干预

【要点详解】

精神分裂症较为普遍，每100个人中就差不多有一个人在生命的某个阶段出现精神分裂症，而且它的后果非常严重，所以对精神分裂症病因和治疗的研究越来越成为焦点。幸运的是，自20世纪50年代以来，一些神经抑制的药物对精神分裂症的症状控制具有明显的作用，这些药物使得部分精神分裂症患者能够基本恢复正常，当然，精神分裂症患者完全康复的例子还很少见。

一位研二学生在看春节联欢晚会时，惊讶地发现演出的小品完全是根据她内心所想编写出来的，她感觉到特别害怕，因为她觉得内心世界完全被大众所知晓了；一位研一的男生深信学校周围正有军队在集结，目的是来抓他，因为他拥有通过电波影响美国总统的能力；一个男生特别地害怕女生，只要一有女生想跟他说话，他就全身发抖。这些人可能都有精神分裂症，这是一种令人恐怖的精神障碍，它的特点是广泛的认知和情感障碍，包括幻觉和妄想、紊乱的语言和行为，以及不适当的情感。在人类历史上，精神分裂症患者曾经受到过残酷的对待，在近一百年来，精神分裂症患者的生存状况有所改善[63]。

精神分裂症一般在成年早期阶段起病，多发于16—40岁之间。在出现明显的症状之前，往往表现出一些不正常的迹象（叫作前驱症状），比如个性改变（由外向变内向，或相反），神经衰弱的表现，出现反常行为，多疑，对身体的过分关注等。由于患者有部分功能基本保持正常，而且常常对一些症状可以合理化解释，病人的家属或相关人员虽然觉得对方怪异，但会以"太懒了""想多了"之类的说法去否认病人存在的严重问题。

精神分裂症在不同文化、不同民族中的发病率是相近的（约占总人口的1%），这表明，精神分裂症更多地受到遗传因素的影响，社会环境因素对精神分裂症的影响是有限的。不过，社会环境因素仍然有一定的影响。比如，在一项针对精神分裂症患者的研究中发现，这些患者在出现明显症状的3周内，经历了一系列的生活应激事件[64]。另外，研究发现，精神分裂症患者家庭中的情感表达水平(高、低)会明显影响患者的复发率。高情感表达(过多的干涉、批评、敌意)家庭中精神分裂症患者的复发率是低情感表达(尊重、边界感、理解)的 3.7 倍[64]。

作为研究生导师,以及从事学生工作的老师,了解精神分裂症的常见症状,有助于及早发现该病患并给予及时的治疗。治疗越及时,患者受损的情况越可控,对社会或学校的危害也越小。同时,对于处于精神分裂症康复期的学生,如何正确地与其相处,最大程度减少复发的可能,也是需要注意的。

一、精神分裂症的识别

根据《中国精神障碍分类与诊断标准第 3 版》(CCMD－3)的定义,精神分裂症是一组病因未明的精神病,多起病于青壮年,常缓慢起病,具有思维、情感、行为等多方面障碍,及精神活动不协调。通常意识清晰,智能尚好,有的患者在疾病过程中会出现认知功能损害,自然病程多迁延,呈反复加重或恶化,但部分患者可保持痊愈或基本稳定状态。

在下面五项症状中,如果满足至少两项,可以明确为精神分裂症[65]。

(一)幻觉

幻觉指的是没有现实刺激作用于感觉器官而出现的知觉体验。例如,在前面案例中的男生经常能听到对面寝室(男生寝室)时不时地传出一个女子辱骂他的声音,但事实上对面寝室根本没有女生出现过。一个酒精中毒的五十多岁男子,突然指着桌子底下大声对旁人说:“你们看,满地都是鸭子,大家快去抓啊。”周围人觉得惊讶,因为桌子底下什么都没有。这两个分别是幻听与幻视的例子,其他的幻觉包括幻嗅、幻味、幻触,只不过发生率远远不及幻听与幻视。

一位 50 多岁的妇女上了公交车之后,不停地自言自语,对着空气大声说话。听起来她正和某个现实中不存在的人在争论什么问题,时而激烈,时而平缓。公交车上周围人好奇地看着她,她则旁若无人地完全沉浸于这个争论之中。

我们可以推测,这位妇女正跟一个现实生活中不存在的声音进行着对话,这便是幻听。幻听主要有三种形式:争论性幻听、评论性幻听、命令性幻听,这个女子便是属于争论性幻听。

(二)妄想

患者坚信某些不真实的事情是真实的,而且无法被人说服。典型的妄想包括两类，一类与迫害有关，比如深信学校里的饭菜有毒，深信生活在某个阴谋中；另一类属于夸大性的，比如相信自己能通过意念去改变卫星的轨道，坚信自己即将拥有一种改变人类的宗教。其他的包括自罪妄想（比如一个患者觉得自己有罪，应该坐牢，原因是自己把剩余的饭菜倒掉了）、疑病妄想（坚信自己患了不治之症或严重疾病，虽经反复医学检查也无法纠正患者的不合理信念）、物理影响妄想（患者坚信自己的心理活动与行为受到外界特殊东西的干扰与控制，可以是无线电、光波、某种射线等）、嫉妒妄想（坚信自己的配偶对自己不忠，与其他异性有不正当的关系，并会去跟踪、监视配偶，拆阅别人写给配偶的信件，检查配偶的衣物等）、思维被洞悉妄想（患者觉察到自己的思想还未往外表达或不想表达出来就已被许多人知道，尽管患者说不清自己的思想如何被别人探知，但确信已经人尽皆知）、钟情妄想（坚信自己被异性所钟情，即使对方拒绝也不能摆脱这种想法）。

王某，男，某高校研究生。因骚扰女生在辅导员劝说下前来心理咨询。咨询师在与王某交流中发现，王某始终坚定地认为女生的拒绝是为了暗示他继续努力，认为女生是找个男朋友来故意气他、激励他。因此，他经常尾随该女生及其男友，有时会无端谩骂对方，甚至以恐吓、威胁女生的方式泄愤，然后再以极度恐慌、受伤害的状态向辅导员咨询师诉苦，承认错误。

在这个案例里，王某被一种钟情妄想所控制了，坚信女生是爱他的，因此，他无法接受另外的可能性，他会把所有其他的反对的证据加以否认、合理化，外人根本无法通过摆事实、讲道理的方式说服他。

（三）言语紊乱

患者所述的语句之间的联系没有逻辑性，而是由俏皮话、韵律或者某些外界观察者不知道的规则联系着。因此，患者表达的意思严重受损，与他人交流得很困难或根本不能交流[65]。

医生：说说看具体有什么不顺的。

患者：有人用电波影响我。

医生：怎么影响的？

患者：比方说作决定吧，也就是思维方式，比方说思维通路本来是直线的，也可以想象成歪的，好比某一点到某一点的距离是直线的，他可以说是正面对着这个定点走，使正面产生一个角度，斜线产生直线走，对，就是这样。

在这个案例中，当医生以一种开放性的提问“怎么影响的”询问患者时，患者的思维是跳跃式的，句与句之间缺乏逻辑的连贯性，是典型的“答非所问”。

（四）阴性症状

阴性症状是指患者缺少正常人应该有的认知、情感和行为。包括情感淡漠：情感波动范围变小，患者对任何高兴或悲伤的事物都没有明显的情绪变化，表情平淡；思维贫乏：思维数量减少，概念与词汇贫乏；意志减退：表现为患者意志活动呈现着持久的抑制。临床表现行为缓慢，生活被动、疏懒，不想做事，不愿和周围人接触交往，常独坐一旁，或整日卧床，不想去上班，不愿外出，不愿参加平常喜欢的活动和业余爱好，常闭门独居、疏远亲友、回避社交。患者的家属或老师会将患者的阴性症状误认为是“懒惰”。

一个23岁的男子刚刚研究生入学没多久就不再去上课。辅导员找到他时，发现他胡子很长，身上很臭，床上及桌子上显得很脏乱。据室友反映，他很少出门，经常在寝室里打游戏或睡觉，从未发现他洗过衣服。辅导员老师及室友们都劝他不要那么懒散，应该振作起来，这位同学含糊地点头答应了。几天后，室友反映说他失踪了，好不容易找到后，发现他语无伦次，于是赶紧送到了精神病院，医生诊断为精神分裂症。

这个案例中，男子连基本的个人卫生（洗漱、基本的打扮）都不愿意做，上课也不去，这是典型的意志减退。再加上他出现的言语紊乱的症状，应高度怀疑以阴性症状为主的精神分裂症的可能。

（五）行为紊乱

行为明显不符合常规，在不适当的时候大笑或大哭，或者表现出怪异的行为。比如在公共场合脱衣服，长时间保持异常或不舒服的姿势，模仿行为（别人说什么或做什么，精神病人也同样说什么或做什么）。

一位研二男生出现了一些怪异的行为，他有时会长久地站在一女生所在的寝室楼，等女生出来后继续跟踪；有时他会徘徊在女生所在的实验室门口，等着女生的出现。该女生吓得不敢单独出门。当他被老师带到心理中心来评估时，他的举止有些僵硬，站立时像立正，没有心理咨询师的允许也不敢进门，进门后继续立正，在心理咨询师请他坐下后才坐。讲话时捂着自己的脸，不敢抬头看咨询师，身体正在微微颤抖。

这个患者的行为明显不符合常规，有典型的幼稚的特点，同时，他的身体过度紧张、僵硬，也与正常情况有明显的偏离。

以上描述了精神分裂症患者常见的5个典型症状，需要强调的是，当两个或两个以上的症状出现持续达一个月以上，才能进行精神分裂症的诊断。在诊断前，应排除器质性精神障碍，及精神活性物质和非成瘾物质所致精神障碍。另外需要注意的是，作为导师、辅导员，以及心理中心的咨询师，均没有诊断的权力，所有的诊断均应由精神科医生做出。

【他山之石】

二、精神分裂症的治疗和干预

(一)精神分裂症的治疗

一般使用神经抑制药物去缓解患者的症状。现在主张药物治疗与心理治疗相结合，以减少复发，补偿精神分裂症患者的社会功能缺陷(比如人际沟通能力的缺陷)，以及增加患者对药物治疗的依从性。

1. 药物治疗

20世纪50年代发明了好几种能够有效缓解精神分裂症状的药物，自从这些药物面世以后，精神分裂症患者的康复才第一次有了希望。这些药物能使患者的思维更清晰，减少甚至消除幻觉和妄想，但对患者的阴性症状及紊乱症状起的作用相对较弱。

有些精神病性药物存在明显的副作用，比如走路不稳是常见的副反应，其他包括思考与集中注意能力下降(18%)、唾液腺功能障碍(16%)和视物模糊(16%)。尽管有三分之一的患者认为药物改善了病情，但是25%的患者对药物治疗存在消极态度，这些患者可能不愿意持续服用精神病药物，这也是导致药物治疗不能取得成功的重要原因[64]。

2. 心理社会学的方法

精神分裂症的一个严重影响是损害了患者与其他人进行交往的能力。它阻碍了患者得到或是保持自己的工作以及与朋友交往的能力。临床医生或心理咨询师致力于改善精神分裂症患者基本的社交技能，如基本对话、判断和交朋友。常用的心理社会学方法包括社会技能训练、行为家庭疗法和支持小组。社会技能训练是指心理医生与患者进行角色扮演，让患者最终在现实生活中锻炼和掌握必要的社交技能。行为家庭疗法通常会对精神分裂症家庭成员进行有效的心理教育，使家庭成员能对患者起到支持鼓励的作用[66]。支持小组是指在有经验的心理咨询师的带领之下，将患者组织起来，相互提供支持和帮助。在小组中强调通过提供就业机会、交友和自我鼓励的方式，让患者获得积极向上的经验。

小董在读研期间被诊断为精神分裂症，并接受了系统的住院治疗。治疗结束后，他顺利地拿到了学位。在毕业后的两年时间里，小董换了十几份工作，最长的工作不超过四个月，最短的只有几天。在每个工作岗位，小董无法融入同事圈中，严重缺乏归属感。更糟糕的是，由于他缺少人际交往的能力，经常不自觉地冒犯别人。比如在别人休息时放起了音乐（他根本没注意到别人正在休息），跟人打招呼时表情极不自然，无法拒绝别人不合理的要求等等。结果，每次工作后不多久，周围总有人会骂他或欺负他，让他产生强烈的害怕、抵触、紧张情绪，最终，他只能靠离职来逃离那些可怕的地方。

后来在咨询师的帮助之下，对小董展开持续的支持性心理治疗，教授有效的社交技巧，训练自我放松的方法，学会理解他人的心理。慢慢地，小董的社会适应能力有所提升，与周围人关系中的紧张与压力也慢慢减缓，找到了一份人际互动较少的稳定工作。

（二）学校层面的干预

精神分裂症的年发病率约为0.3‰，因此，在国内高校大学中，每年均可能会有几起或十几起精神分裂症发作的事件。如何对患者做到早发现、早诊断、早治疗，如何在操作过程中避免极端事故的发生，如何协调好与家长的关系，是学校层面对精神分裂症患者干预的重点。对于精神分裂症康复期的学生，也应做好相应的支持与教育。

1.精神分裂症发作期患者的干预

精神分裂症患者发作时，具有伤害自己及伤害他人的倾向，对学校的安全稳定造成重大的隐患，因此，需要及时、有效地进行干预。《精神卫生法》充分保障了精神分裂症病人的权利，学校在应对精神分裂症患者时，应严格遵循该法律的要求[67]。具体来说，应注意以下事项：

（1）注意保密

《精神卫生法》第四条规定：有关单位和个人应当对精神障碍患者的姓名、肖像、住址、工作单位、病历资料以及其他可能推断出其身份的信息予以保密。精神分裂症的诊断对于家庭及个人来说，都是重大打击。由于社会偏见的影响，精神分裂症患者及其家属往往会被歧视而失去很多机会[63][68]。因此，对于疑似精神分裂症的学生，实施干预的人应该有较为严格的筛选，并注意保密。原则上应做到参与的人越少越好、越可靠越好、与学生的其他关联越少越好。在进行情况调研、实施关注、处理冲突等工作时应该尽量以低调化、常规化的行事方式开展，避免增加患病学生的外源性压力或造成周边学生的群体性压力[69]。

(2)及时报告

研究生导师、辅导员及相关同学一旦发现学生的疑似精神病性表现，应及时汇报院系学生工作负责人，并转介到心理中心进行进一步评估，心理中心的专职咨询师评估后给出处理意见。相关负责人应在第一时间联系其法定监护人，要求监护人务必尽快赶到学校履行其监护责任。如果监护人在短时间内不能到校，则需要在电话中与其说明情况，尽量争取得到监护人的同意，将学生送到医院进行诊断和治疗。

(3)依法诊断治疗

《精神卫生法》第二十八条规定：除个人自行到医疗机构进行精神障碍诊断外，疑似精神障碍患者的近亲属可以将其送往医疗机构进行精神障碍诊断。因此，在学生本人或学生的监护人不同意送医院诊断的情况下，校方不能擅自将学生送医院诊断或治疗。如果学生已经发生危害他人安全的行为，或者有危害他人安全的危险，根据《精神卫生法》第二十八条：疑似精神障碍患者发生伤害自身、危害他人安全的行为，或者有伤害自身、危害他人安全的危险的，其近亲属、所在单位、当地公安机关应当立即采取措施予以制止，并将其送往医疗机构进行精神障碍诊断。为避免发生伤害事件或者减轻伤害事件的危害程度，校方也要及时将学生送至精神专科医院诊治，或者报警后由公安机关送到精神专科医院就诊。

学校要及时与家长取得联系，以家长决定、学校帮扶的模式共同开展工作。在与家长沟通交流时，应注意方式方法，尊重当地的文化习俗，争取家长同意让学生尽早去接受治疗。

(4)及时澄清

可以采取班会或团体心理干预的方式，给予相关学生(同班同学、寝室同学、实验室同学等)一定的心理教育与心理辅导，以消除偏见所带来的不必要恐慌。在讨论中，通过引导同学对该事件进行讨论，鼓励同学表达自己对该事件的情绪和看法，心理辅导老师在尊重学生情绪的基础上，做好相应的心理教育。通过有效的澄清，也有助于防止对精神病患者歧视、排斥、攻击等不良行为的发生，有效地保护患者，防止危机事件的激发。

2.精神分裂症康复期学生的帮抚

精神分裂症患者康复后，在得到精神科医生的允许后，可以继续入学。入学后需要一定的监控与帮抚，主要是要恢复患者的社会功能，促使他们更好地适应学校生活，减少复发的可能性。

(1)心理教育

要对患病学生讲清精神疾病的发作、治疗和康复的规律以及社会功能恢复的重要性。在学校层面，对患者周围的老师、同学进行心理教育，使他们理解精神分裂症患者的内心，能起到理解与支持患者的作用。给家庭成员普及关于精神分裂症的知识和治疗方法，解除他们对这种精神障碍的神秘感，告诉他们精神病药物的真实效用和副作用。

(2)社会技能训练

精神分裂症患者缺少必要的社交技巧，无法理解他人的心理活动，因此，经常在社交活动中被周围人所排斥。比如，一个得了精神分裂症的学生，当同学叫了他好几遍名字时，他都只是看着对方而没回应一声，这导致对方非常生气。之后，这位同学经常当众辱骂他，这让他感到前所未有的巨大压力。

心理咨询师采取行为训练的方式，教会患者怎样与人相处。比如，教会一个精神病患者怎么与其他人交朋友，要求患者在谈话时与对方进行目光交流，在对方谈话时通过自己的行为表现出一些积极的反应(“我很高兴能同你谈话”，或者点头、“嗯、是的”之类的回应)。当患者取得进展时，应给予鼓励和强化。这些技能需要加以不断练习和综合，直到应用自如[65]。

(3)支持性心理治疗

在教授社交技能的前提下，对患者进行鼓励。比如，鼓励患者外出，鼓励他们与朋友联系，鼓励他们积极参加学校或班集体的活动。鼓励他们独自处理家中的事物，如独自去购买物品，交水电费等，在节假日加强与亲戚的来往，游戏等。在患者恢复社交活动的过程中要循序渐进，一开始的力度不要太大，在患者有了进步后再逐渐加大参与的力度或时间。要对患者取得的进步进行肯定，增强他们康复的信心。

条件许可的情况下，在有经验的心理咨询师的带领之下，将患者组织起来，相互提供支持和帮助。在小组中强调通过提供就业机会、交友和自我鼓励，让患者获得积极向上的经验。

(4)导师如何与康复期学生相处

精神分裂症是一种容易复发的疾病，而导致复发的重要原因是受到生活事件的刺激，因此，对于精神分裂症康复期的学生，导师在安排科研任务时，要充分考虑到学生的承受能力。除此之外，导师还应主动观察、询问这些科研任务对学生的影响，并适当做出调整。另一方面，由于精神分裂症患者存在个性缺陷、人际交往能力的薄弱等特征，这些学生容易成为被排斥或歧视的对象，导师应营造和谐的实验室人际环境，防止这些不良事件的发生。另外，精神分裂症患者一般需要持久的药物治疗，一些病人存在抵触服药的情况，导师也可以关注并督促其服药情况。

关于家庭因素与精神分裂症复发方面的研究发现，家庭成员表达的批评、敌视以及情感过分介入（干涉）的程度越严重，病人就越容易复发[65]。而低情感表达，即充分尊重病人的意愿，减少干涉，对病人充分的接纳与理解，则能明显减少复发的可能性。这就提示导师，对于康复期的学生，应充分地给予其自由的空间，接纳其不适当的言行，减少干预与要求，营造安全与包容的氛围。

【小贴士12】支持疗法

支持疗法（Supportive Psychotherapy）又称支持性心理疗法、一般性心理治疗法，是一种以“支持”为主的特殊性心理治疗方法，就是利用应用心理学知识和方法，采取劝导、启发、鼓励、支持、同情、说服、消除疑虑、保证等方式，来帮助和指导来访者分析认识当前所面临的问题，使其发挥自己最大的潜在能力和自身的优势，正确面对各种困难或心理压力，以度过心理危机，从而达到治疗目的的一种心理治疗方法。支持疗法要想取得成效必须做到以下几点：倾听，解释，建议，保证，调整关系。具体而言，一是要提供适当的支持，二是调整对挫折的看法，三是善于利用各种资源，四是进行适应方法的指导[70]。

（本节作者：俞林鑫）

第二节　抑郁症

【案例导入】

“我已经百度了各种让自己死去的方式。走在路上经常会想冲到轮胎下面。”小雪盯着桌面平静地讲着，眼神由空洞变得兴奋。她的家人还不知道她有自杀的想法，只知道她被医生看出来得了抑郁症。她也只有来到学校的心理咨询师面前时，才觉得足够安全，才愿意吐露自己内心真实的想法，当她谈到自杀时反而显得有精神。两周来，小雪走进走出咨询室的那段路，总得花费比别人多的时间，因为她感觉自己的双腿仿佛僵住了一般，行动不得不慢下来。本来她还很在意家人担心她，随着抑郁加剧，她说自己管不了那么多了，好像脑子里那个让自己消失的声音开始占上风。那个声音语气坚定，语调冰冷，总在告诉她“没什么意义”，总在质问她“你还想怎么样呢？”总在批评着“你看看你做的都是些什么啊？”在这些声音出现时，小雪更加觉得自己一无是处，不负责任。她第一次来咨询室的时候已经有两天没有好好合眼和吃饭了。她的脑子和胃好像都不是自己的了。当咨询中的提问连续超过两个，而且又是关于她发病的原因时，比如“你怎么看他的做法？”“你们现在的关系对你而言是怎样的？”她就变得非常焦虑，说不出来，只好摇头回答：“我不知道。我不知道。”她不是第一次发病，高中的时候就已经被诊断为抑郁症，但当时没有进行药物治疗。这一次发病的诱因是跟男友的关系出现了第三者，而第三者还是男友的前女友。纠缠在这段复杂的情感关系中本来就让她痛苦不已，男友关于跟谁分手摇摆不定，让她更加感觉到自己无所适从。在感情上，她完全依赖男友，因为男友是她读研以来唯一依靠的师兄。身边的闺蜜却又告诉他“这个人不靠谱”。在男友又一次向她提出分手时，她崩溃了。极其难受的情况下寻求心理咨询。根据她目前的状况，仅仅咨询已经不足以帮到她了……

【本节关键词】抑郁症、识别、自助

【要点详解】

小雪自己对抑郁并不陌生。在前来咨询之前她已经自测了自己的抑郁程度,结果显示重度。那么,这样的测试可靠吗?小雪的症状有哪些?身边人如何识别她有可能是抑郁?注意哪些,才能不会误解当事人,并且不会错过干预的最佳时机?这些问题正是本节探索的主要对象。

一、自测的结果可信吗

小雪在高中时曾被诊断为抑郁症,可以说她熟悉抑郁带来的感受和变化,于是她会想通过自测来了解自己病情的严重程度。目前网络的便利,让人们可以很容易接近精神疾病的概念,并以此来进行自我描述,成为"百度医生",有很多的专业词汇被广泛普及,也随意滥用。比如,"强迫症"一词。在脑力工作强度很高的高校和科研单位,听到"强迫"和"焦虑"这样的字眼也不稀奇。从网上也可以很容易地下载一些量表来测试,从而很多人的就诊时间就在无限度的反复自测中被延期了。

事实上,小雪说她已经自测,在专业人士这里会被很小心地对待。专业的诊断是在问诊的过程中通过观察、沟通和提问进行的综合判断,而且此判断还会随着病情发展得到更新和纠正。专业人员会很仔细地询问症状表现,持续时间、病史、想法、情绪和做法等。这里的专业人士指的是精神科医生。我国的精神卫生法明文规定精神疾病的诊断和治疗应当在专业医疗机构内由具备执业资格的医生开展。所以,本文的案例会由咨询师转介至精神科进行进一步的诊断。小雪患抑郁症的诊断是由医生做出的。当然,学校的心理咨询师会同样小心地对待小雪的自述。之所以产生转介,也并非依据自测,而是根据小雪的自述和咨询师的询问与评估。

二、如何识别抑郁症

那么,哪些表现会成为专业人员关注的重点,哪些描述真正有助于导师识别抑郁症呢?从本节的案例中,能够学到一二。

(一)失去活力

抑郁症患者通常会有持续低落的心情。这种低落不仅仅是阴沉不高兴,而是死气沉沉、毫无生机。《忧郁》是一本获得美国国家图书奖的畅销书,其作者安德鲁·所罗门本人就是一名重度忧郁症患者。他出现在TED演讲中,以自己的亲身经历告诉人们"抑郁的反面不是快乐,而是活力。抑郁的时候,我们变得死气沉沉”。

(二)反复想死

人们常常称抑郁为“那只黑狗”。这个描述是从英国首相丘吉尔那里来的,他有一句名言:“心中的抑郁就像只黑狗,一有机会就咬住我不放。”实际上他本人的确一直罹患抑郁症。为他撰写自传的莫兰爵士,在书中首次提到如下的片段:“首相今天神色郁郁。他若有所思地说:‘大概有两三年吧,所见全都一片黯淡。我照常工作,坐在下议院,但黑色的忧郁笼罩着我……当一列快车通过时,我不敢站在月台边缘,非得退到后面,最好有个枕垫之类的东西挡在我跟列车中间。我也不敢站在船边往下看,下一个动作可能就会结束一切。绝望不绝如缕。在那样的时刻,我完全不想走出去。’”这段描述跟本节中的案例如此的类似,死亡对抑郁者充满了诱惑力,反复想到死也是他们常见的情形。

(三)失去乐趣

“缺乐症”常被用来描述抑郁。没有患抑郁的人去体会生活,可以用“酸甜苦辣生活百味”来形容,而抑郁者对生活完全失去兴趣,也无法获得任何有滋有味的乐趣,无论是跟朋友聚会聊天,还是与家人相处,在他们那里都是负担,不管场面有多温馨快乐,他们感受不到。作为咨询师,会听到抑郁者这么讲:“我听到我的妈妈说她有多担心我,她在哭。我知道她担心我,我知道这样的时候会流泪。但是我就是没有感觉,我哭不出来。”“我的朋友说他们好爱我。我生病他们也很着急。他们说想来看我。我很感激,但是你知道吗?我只是知道这很感人,放在生病前我会忍不住安慰他们,说些什么,但是现在,我就是感觉不到。”所以,抑郁让人失去的不仅仅是快乐,而是丧失了与他人情感互通的能力。不管是笑还是流泪,情感的互应和感染,在他们那里很难发生。他们处于感情的隔离带上。

(四)无价值感

无价值感充斥着抑郁者的自我体验。身体也会受到明显的影响,如睡眠模式改变、食欲和体重变化,身体能量明显丧失。最简单的活动都会让他们感觉很费劲。一位来访者说:吃米饭就不如吃饺子。因为米饭是一粒粒的,他们家里是南方人,习惯多做米饭,她吃不了几口就要停下来,家里不得不去为她买来饺子,这样一口下去咬不了几下就可以下咽。本节案例中的小雪,走路对她而言就很费劲,每迈一小步,就好像普通人爬华山一样。在她的家人那里,会不断感叹,这孩子以前那么活泼,现在走路怎么变这么慢。

三、常见症状与甄别

心理学家科尔曼精辟总结了抑郁症常见的症状。专业人员做诊断便会关注这些症状表现中，患者拥有多少，持续多久，有多严重。如果在以下的情况中，一个人符合五种及以上，而且这些症状已经持续两周以上，那么大概可以考虑自己已经抑郁。但是如果只是其中的某个情况出现，无论持续多久也不能说明问题。如果五项以上并发，就需要注意了。在这里我们用一个简明的表格来呈现这些条目(见表 3-1)[71]。

值得注意的一点是，识别抑郁症需要特别仔细地排除躯体症状。咨询师曾经遇到来访者因为做了很多的身体检查，没有检查出什么器质性病变，反而嫌弃医院乱做检查，甚至不相信医生抑郁的诊断。这样的结果与患者对抑郁的认识不足有关。专业人士的工作恰恰需要时常小心。他们对于你描述的状况首先需要仔细排除健康的因素。当人的身体有明显不适时，很容易出现类似抑郁的症状，比如甲状腺功能过于活跃会影响荷尔蒙分泌，使人感到情绪低落。而抑郁与身心健康问题的发生并非非此即彼。你可能同时二者皆有，有很多身体或者心理毛病和抑郁同时发生，比如消化道疾病、糖尿病和癌症等。当然，对抑郁的治疗对其他的健康问题也有好处。积极的心态有利于任何疾病的康复。

表 3-1　抑郁症常见症状的描述

症状	具体描述
心情很糟糕	时常感到悲哀甚至空虚，做以前开心的事情也无法开心起来。
兴趣丧失	如果你以前喜欢某项活动，比如看电影。现在就会觉得电影无聊透顶。甚至连谈恋爱和性都毫无兴致。
无精打采	能量低。起床困难，聊天困难。在他人眼里变得迟钝、疲惫和缓慢。睡眠增加或减少。
思考迟缓	注意力集中困难，犹豫不决，在很简单的事情上，比如吃穿，也很难做出决定。
胃口改变	食物对你的吸引力减少或者增加。体重减轻或者增加。
负罪感和自责感	很容易觉得自己很糟糕，糟糕的程度会超过本来的实际情况。想要努力保持正常生活，又因为达不到而气馁失望。自责或者被指责懒。甚至因为一些和自己没关系或者他人的错误来责备自己。
抵制社交	想独处，甚至与社会隔离。觉得跟亲友待在一起也不快乐，或者觉得自己会让别人也不快乐。与朋友几乎失去联系。
有死亡或自杀的想法	以阴暗冰冷的方式审视世界，无价值感和罪责感让人感觉好像自杀是唯一出路。

案例中的小雪有如下症状：1. 反复具体的自杀意念；2. 行动迟缓，无精打采；3. 无价值感、无意义感明显；4. 自责和负罪感明显；5. 睡眠和饮食规律减少；6. 既往史，高中曾经患病。持续两周且有感情事件作为诱因，符合重性抑郁症的诊断标准。由此，小雪患上了抑郁症。

**【小贴士13】抑郁症的诊断标准**

最新版的《美国精神障碍诊断与统计手册》DSM－V 中将抑郁相关障碍与双相相关障碍分离，重新定义为抑郁障碍(depressive disorder)，它包括破坏性情绪失调障碍(disruptive mood dysregulation disorder)、抑郁症(major depression disorder)、持续抑郁障碍(心境恶劣)(persistent depression disorder)、物质/药品导致的抑郁障碍(substance/medication－induced depression disorder)、由其他躯体问题引起的抑郁障碍(depression disorder due to another medical conditon)、其他特定的抑郁障碍(other specified depression disorder)、非特定的抑郁障碍(unspecified depression disorder)，新增破坏性情绪失调障碍和经前期心境恶劣障碍。这些专业名词所涉内容的相同点是都存在悲伤、空虚或急躁的情绪，并伴有显著影响患者功能实现的躯体和认知改变。不同点在于问题的持续时间、次数或可能的病因不同[72]。

抑郁症的诊断标准如下：

A. 在同一个 2 周内，出现与以往功能不同的明显改变，表现为下列 5 项及以上，其中至少 1 项是(1)心境抑郁，或(2)丧失兴趣或乐趣。注：症状的诱因不可归为一般躯体疾病。

每天大多数时间存在心境抑郁；

明显的丧失兴趣或乐趣；

明显的体重下降或增加；

失眠或嗜睡；

精神躁动或迟滞；

虚弱或精力不足；

感觉没有价值感或过度自责；

思考能力减弱；

反复想到死亡

B. 这些症状产生了临床上明显的痛苦烦恼，或在社交、职业或其他重要方面的功能缺损；

C. 这些症状并非由于某种物质或由于一般躯体性疾病所导致的直接生

理反应。

D. 此重性抑郁发作不能归于分裂情感性障碍、精神分裂症、精神分裂样障碍、妄想性精神障碍，或其他注明的或未注明的精神障碍谱以及其他精神病性障碍；

E. 从来没有过躁狂发作，或轻躁狂发作。

四、如何对待诊断

在对国际通行的诊断标准进行了详细描述之后，你可以发现专业人士在对疾病本身认识上的开拓、努力和谨慎。实际上抑郁症在诊断分类上有过若干不同的归属。那么到底是否存在一个明确的病症可以被称为抑郁症呢？这是一个现在也无法完整回答的问题。更何况，没有任何两个人的抑郁是完全一样的。诊断分类是人为的操作，属于人类认识自身的过程。抑郁的诊断和范畴历经更改。有些原本是抑郁症范畴的如今不是了，现在的抑郁障碍也纳入了新的症状。无论诊断如何，导师们在现实生活中面对的仍然是一个个活生生的个体，朋友、亲人和学生，不会是一号抑郁症患者，二号抑郁症患者。抑郁因一个人面对的个体和彼此之间的关系，而具有不同的意义。在初步认识了抑郁症状之后，接下来的内容会进一步阐述在导学关系中，如何面对抑郁症。

你了解吗？世界卫生组织预计，到2020年，抑郁症可能成为仅次于心脑血管病的人类第二大疾病。其数据显示，全球每年因抑郁症自杀死亡人数高达100万人[73]；2009年《柳叶刀》上一篇流行病学调查估算，中国抑郁症患者已达9000万[74]。目前我国抑郁症识别率仅为30%，识别出来就医的患者也只有30%，这意味着抑郁症就医率不足10%，意味着九成患者未及时治疗。无论是美国还是全球，在15—44岁年龄段人群中，抑郁症是引起残疾的第一位原因。在一个人终生所有可能罹患的疾病中，从导致残疾的角度来看，超过抑郁症的只有新生儿疾病、下呼吸道感染、缺血性心脏疾病、脑血管疾病、HIV/AIDS、腹泻。出现这种结果的原因部分在于抑郁症的慢性、反复发作的病程特点。特别需要关注的是，有76%的重度抑郁症和61%的中度抑郁症患者，从未得到治疗。重性抑郁障碍的终身患病率大约为16.9%。既往有过一次抑郁发作的个体中，80%的个体还会再次发作，他们一生中平均会有七次抑郁性发作。[73]

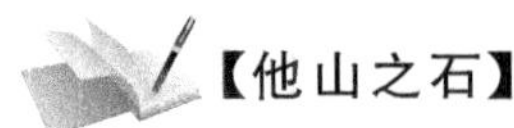

【他山之石】

“仅仅心理咨询已经不足以帮到小雪了。”那么，如果身边的人出现了类似抑郁的状况，该怎么办呢？如果研究生抑郁了，导师该做哪些，不该做哪些？下面将逐一回答这些问题。

五、如何知道你的学生可能抑郁了

作为导师，其主要任务自然不是去识别和干预学生的抑郁症。导师有不少的科研项目要完成，学生需要悉心倾听导师的指导，导师需要耐心倾听学生的困难和进展。这些任务有时候压得你们喘不过气来，但是任务过后，阶段性的成果总会带来片刻的愉悦和成就感。在与导师进行的访谈中，大部分的导师都提及了科研工作高压力的现状。每个导师都有自己独特的与学生建立关系的方式，也有独特的督促学生赶上课题进度的态度。在导师与学生以独特的方式互动交流的过程中，潜藏着许多转瞬即逝的信息。有一些信息是令人振奋的，比如稿件被录用了，而且比之前预想的影响因子要高；有一些信息，或者大部分的信息，都是令人着急的，比如论文还没思路，比如实验又一次失败了；在这条艰辛的求真之路上还会有一些令人意外且措手不及的时刻，其中一个可能就是你的学生抑郁了！抑郁并不鲜见，在浙大心理中心2014－2016近三年的咨询数据中，研究生群体中抑郁障碍的来访人次占总来访人次的9%，这意味着每位咨询师每周接待的个案中，至少有一位是被诊断为抑郁症的。从上文的流行病学数据来看，一个大于10人的实验室中出现至少一位抑郁患者是很有可能的。

你可能以任何一种方式得知这个消息。在咨询师所了解的案例中有如下几种情况：学生连续几天对你避而不见；见到学生时发现他蓬头垢面；听课题组的师兄讲某个小学妹在看精神科；学生来向你请假去看病；学生的论文一直没有明显的进展；学生正在宿舍睡大觉，虽然你们课题组的要求是必须每天来签到……你要知道没有任何一个学生想要刻意激怒他的导师，但是这些情况真是够你受的。你可以试试先收好你的情绪，除了生气、焦急、慌张、抱怨，你还可以试着退后一步，离等着要做的事情远一点来看这个人。带着好奇与疑惑去接近这个人。哎？有没有可能这个人出什么状况了。然后剩下来的便是不带偏见的询问。你可以先试着让学生跟你都坐下来，喝口水，这都不会耽误你很多的时间。接着表达你的关心：“小雪，我们当初讲好14号来修改论文的，今天你按时过来了，我看了你的论文，发现跟上次见你时差不多。看你一直皱着眉头，听说你在看医生。可不可以告诉我，这段时间你过得怎么样？"试试看，如果有人这样来询问你，是不是比一般的问话，会更加让你愿意多说一点真实情况？

六、如何面对抑郁的学生

面对可能有抑郁倾向的学生，第一条便是保持尊重。其实这是对所有关系的首要原则。只是在抑郁的人那里要特别注意，因为他本人已经因为自己的抑郁自责很久了，他们可能会强撑着让自己打起精神，比如按时起床和跑步，但是仍然不见效果的时候，他们会很气馁，会更加自责。为了不加重他们的自责，这份尊重里面要特别注意不带评判的语气。这样你才可能获得准确的信息，而不是一堆听起来特别深刻的自我反省之词。他们的自责和悔过会很厉害，会让你误以为他们在向你检讨。而这种检讨听起来有时候会有点过于深刻，充满了悲伤的气氛和无助的味道。

第二条，有备而来。让抑郁在你这里不再是一个遥远而陌生的词汇。要做到这一点并不困难。自2000年我国开始组织世界精神卫生日的相关活动，这个节日由世界精神病学协会(World Psychiatric Association WPA)在1992年发起，时间是每年的10月10日。这意味着在民众的层面，精神卫生的常识逐渐被普及，人们获取相关信息的渠道不断增加。网络是个便捷的渠道，但是其中的信息也鱼龙混杂。咨询师建议学校研究生管理部门可以为导师进行相关的培训并发放简明的宣传手册，提供当地本校的有效资源。当然，本节的内容已经可以让你对抑郁有基本的了解。自身或者身边亲友有过抑郁症的导师们，在谈论抑郁时显得更为坦然和包容，他们中的大多数都可以讲出听说这个病很麻烦，得去找医生，而不是"心情不好，想不开"之类的说法。如果有相关的经历也是很好的准备。知道寻求专业治疗，这一点至关重要。

第三条，了解自身的有限性，陪伴而非治疗。要注意自己的一些话，是否已经带着不切实际的预期了，比如"加油！换个角度想想，没那么严重的。你想多了"。"很快就会好起来的，我相信你"。如果是对待一般的心情不好，这些话还可以产生鼓励的作用，但对于抑郁症而言，这些话不仅无效，而且还可能雪上加霜，他们很难能够像你说的那样有变化，他们会很愧疚，觉得自己给身边人带来那么多的挫败感。如果你想要鼓励他们，最好的方式就是在你能力范围内去陪伴。约他们出来随便聊点什么，也比把自己关在宿舍里要强。要知道喝杯咖啡对他们也有可能是费力的事情。告诉他们抑郁症是可以治疗的，积极支持他们接受治疗。开诚布公，不指责，关心而不是去修复。你不是医生，最好的帮助便是热心的同理的倾听，仔细倾听他说的事情，即使有些事情你们看法完全不同，你也没有必要只说正确的事儿。抑郁症从发现到就医到药物起效是一个漫长的过程，在不让学生觉得自己被监视的条件下，可以时不时地询问他们是否在按时吃药、复诊、治疗方案有没有变化、有没有同时进行心理咨询等。陪伴抑郁者本身是一件费心耗时的事情，在你忙碌的生活中，做你能做的就可以了。别忘了照顾好自己。

第四条，正视自杀。很多人都认为自杀是一件隐晦的事情，不好说出口。但是真正的关心是直接询问自杀的想法。在自杀这件事情上，人们会很认真地回答，并且如果有人跟自己站在一起关心自己的生命，没有人会拒绝这种询问。你的询问并不是因为你可以提供什么建设性的意见。如果你实在很难开口，不妨真诚或直接地说："是这样，作为你的导师，能够获得你这么大的信任，告诉我你的情况。我真心为你告诉我这些事情感到担心。我不知道现在的情况是不是已经非常糟糕了，是不是你已经都有自杀的想法了呢?"关于自杀的任何谈话，都必须重视，严肃对待，没有人会随便讲讲。不要把谈自杀当作是"故意引起注意"，关乎生命的话题需要一个人无条件的绝对注意。同时，也别反应过度。如果只是有想法，还没有具体付诸行动，你就还有时间问问专业人士，或者向学校相关人员报告求助。如果你的学生已经在付诸实施自杀计划，最好能够陪伴在其身边，并且同时寻求学校的帮助。在安全的心理咨询关系中，伤害自己和他人的生命是保密例外的，所以你不需要为自杀保密。你可以坦诚自杀这么严重的事情，你需要获得专业人士的帮助。在本章的第三节关于自杀危机还有更详细的讨论。

七、抑郁症自助指南

另外，还有一些关于抑郁症的自助信息。如果你愿意而且时机合适的话，也可以传递给你的学生。作为一名抑郁症患者，可以尝试一些做法来管理自己的症状。

第一，保持接触，减少隔离。咨询师的一位来访者在患病之前很外向，有不少朋友，她也很愿意在朋友身上花时间。外向的人通过向外的活动来让自己恢复活力，同时，外向的人也会因为在关系中受挫而陷入抑郁。这位来访者由于分手陷入抑郁，但她患病期间会受到很多朋友真切的关心。在生病最严重的时候，如果有谁约她出来，她都会努力去赴约，即便下床、换上衣服、走出去对她而言很费精力。在某一次赴约之后她来见我，她说这次跟朋友在一起，好像能感受到一些温暖了。通过与朋友在一起，她逐渐走出抑郁的阴霾。当然，不是所有的人都是如此。也许你患病前，在跟人交往中就比较谨慎，愿意独处，那么你的朋友可能就比较不容易发现你的社交信号。虽然内向的人通过独处来让自己恢复活力，但内向本身与隔离是完全不同的。如果不抑郁，不论有多内向的人内心都是渴望关系的。而抑郁，带来的精力丧失感会让人陷入隔离。隔离与抑郁二者互为因果。因此，任何打破隔离的做法，都会有助于一个人走出抑郁的恶性循环。你可以尝试的第一步就是走出家门，穿上衣服，出去走一走，不是为了某个目标或者锻炼身体，仅仅是出去看看。第二步是跟人打个招呼，比如去买东西跟售货员说声"你好！"第三步，尝试给朋友打个电话，或者哪怕只是用一下邮件或习惯上的论坛留个言。这些小事需要成为你的习惯。

第二，动起来而非僵在那。身体能量感低，对任何事情失去兴趣，忽然一个人感觉动不了、僵在那，咨询师的一位来访者在严重的时候谈话 50 分钟，腿会又僵又麻，咨询中会一起讨论如何让腿伸展开来，咨询师教来访者一步一步去做。如果建议抑郁患者试试动动看，他可能会很快反应："我办不到。"去推动一个办不到的人看似不近人情，但让他动起来或者作为抑郁者让自己动起来，就是最富人情味的举动了。"办不到"这句话本身就是抑郁者消极思维的一个表现，这样的想法只会阻止你进一步的行动。试着把"办不到"变成"我不想"来描述自己。"我起不了床"变成"我不想那么早起床"。感觉一下这两种方式有什么不同。后者意味着你的想法和行动都在自己的控制之下，你对你的生活有主导力，而非你什么也做不了。然后考虑"我选择……"通过一点一点的选择让自己的生活可以在自己手底下发生变化。那就是最棒的状态。你还可以考虑去健身房做点什么，参加瑜伽、冥想等活动。

第三，面对而非抱怨。感觉心情很糟时，试着承认自己正在心情不好。了解一下正念训练。所谓正念训练，就是试着让你不带评判地关注此时此地的自己，你的念头、感受和行动。承认即正视，是面对的开始，承认并不意味着放弃，只是坦然面对此时此刻的自己。通过这种方式，抑郁者可以将自己跟自己的念头、感受和情绪保持距离，你拥有想法，而非想法拥有你。通过你对自己当下的关注，你会发现你的念头就好像水面上的船只，漂来漂去，而你自己不必随着某只船漂走。抑郁者不仅心情糟糕，而且还伴随着很多糟糕的想法。这些想法通常比较极端化，在认知疗法中将这些想法命了名字：非黑即白、糟糕至极和绝对化。比如："我这副样子，肯定没人会喜欢我"，仔细想想是否有些绝对化；"吃了这么多药也不见好，看来我是没希望了"，当这个念头出现时，你去关注自己这个念头以及由此升起的绝望感。绝望在那头，你在这头。你还可以做很多具体的事情，检查一下自己服药有多长时间了，剂量合适吗？起效过吗？总之，需要跟医生去沟通。任何疾病的治疗都是在医患不断的沟通中摸索方向的，摸索本身便是希望。治疗抑郁的方式很多，人们之所以保留这些方法，是因为绝大多数方式都有效。你只是需要找到对你而言有效的方法。面对睡眠问题，同样可以持承认和面对的态度。如果你上床超过 15 分钟无法入睡，或者醒来 15 分钟无法再次入睡，不如先起床，做些轻松的愿意做的其他事情，一会儿再回到床上。现在你的确睡不着，那就不要去抱怨自己怎么睡不着，陷在睡不着的烦恼中，还强迫自己睡。去做些什么。

**【小贴士14】PHQ－9 患者健康问题量表**

你可以用 PHQ－9 患者健康问题量表来帮助自己判断是否需要去看医生，如果去看医生要跟他反应哪些情况[71]。

表 3-2　PHQ－9 患者健康问题量表

在过去的两周里，你生活中以下症状出现的频率有多少？把相应的数字加起来。	有 0 分	有几天 1 分	一半以上时间 2 分	几乎天天 3 分
做什么事都没兴趣，没乐趣				
感到心情低落，压抑，绝望				
入睡困难，总是醒着，或睡得太多，嗜睡				
常感到很疲倦，精力不足				
没食欲，或吃得太多				
自己对自己不满，觉得自己是个失败者，或让家人丢脸了				
无法集中精力，即便是读报纸或看电视时，记忆力下降				
行动或说话缓慢到引起人们的注意，或刚好相反，坐卧不安烦躁易怒，到处走动				
有不如一死了之的念头，或有想伤害自己的想法				

总分：

如果发现自己有如上症状，他们影响到你的家庭生活、工作、人际关系的程度是：

没有困难__，有一些困难____，很多困难____，非常困难____

总分分类：

0—4　没有忧郁症　　　　（注意自我保重保健）
5—9　可能有轻微忧郁症　（建议咨询心理医生或心理医学工作者）
10—14 可能有中度忧郁症　（最好咨询心理医生或心理医学工作者）
15—19 可能有中重度忧郁症（建议咨询心理医生或精神科医生）
20—27 可能有重度忧郁症　（一定要看心理医生或精神科医生）

【案例深度链接】

本书第四章的案例9与案例10，较为完整地呈现了咨询中出现的抑郁症个案。抑郁症状有普遍性，但是如果以单一的诊断标准来看人，一个人是无法了解抑郁的。每位抑郁症患者都有自己独特的抑郁表现。详细的案例描述，可以让你对抑郁症有更生动的感受。

（本节作者：刘艳）

第三节　自杀预防指导

【案例导入】

研三男生李明即将面临延期毕业的风险，他花了两年时间做的科研项目进展并不顺利，实验数据不能支撑毕业论文的完成。该生本科阶段学业优秀，以专业第一的成绩推荐免试读研，在硕士阶段也比较勤奋，与同学相处还算和谐。辛苦三年，当年那些不如他的人也都顺利毕业了，强烈的心理落差让该生逐渐变得无精打采，不愿与人交流，也不愿再去实验室，整天窝在宿舍玩游戏。于是导师亲自到寝室找李明，当他看到李明时觉得他没有神采，整个人都蔫着，很是担心他的状况，但考虑到寝室里还有其他学生在，导师提出到办公室谈，李明同意，但提出要在寝室换件衣服，让导师在门外等一下。等导师出寝室门后，李明尝试跳楼自杀，所幸被同学抱住，悲剧才没有酿成。可是面对自杀未遂的李明，后续工作又该如何开展呢？

【本节关键词】自杀信号、风险评估、危机干预

【要点详解】

自杀看似离我们的生活很远，但其实有过自杀想法的人很多，真正自杀身亡的人也不在少数，世界卫生组织的中文官方网站上刊登的《实况报道》第398号一文所列，每年有80多万人自杀身亡，且自杀是15－29岁年龄组中第二大死亡原因。[75]大多数在校研究生的年龄一般在22－29岁，国内其他高校的研究生自杀的事件常被新闻媒体报道，令人扼腕叹息。

但几乎所有的自杀都不是想要结束生命，而是为了终止痛苦，当人们在痛苦中挣扎时就有很多线索可以流露出来，约80%自杀者在结束生命之前曾向身边人发出清晰的求助信号。如果人们可以及时捕捉到这些线索，就可以进行正确的自杀预防和干预，从而挽救更多的生命。根据历年的工作经验，针对自杀风险的心理危机干预的主要流程可以总结为四个步骤：发现危机→报告危机→处理危机→危机善后。本节将从这四个方面帮助导师了解在危机中应该如何去做。

一、发现危机：自杀危机的预防与识别

早发现是危机干预工作的关键环节。导师与辅导员、班级心理委员一样，是与研究生接触较多的人，也比较容易了解情况、发现问题，因此导师也是预防心理危机事件的重要力量。早发现需要掌握识别心理危机的知识，包括以下内容：哪些研究生是自杀的高危人群；有自杀倾向者的思维、情绪和行为表现；抑郁症、精神分裂症的症状与表现（相关内容详见本书第三章第一节、第二节）。提高识别心理危机对象的敏感性与觉察力，加强心理危机事件的防控能力。

（一）哪些研究生是自杀的高危人群

为什么人们会想要自杀？世界卫生组织《预防自杀：一项全球要务》一文里面说过："自杀是个复杂现象，极少由单一原因引起。生物、遗传、社会、心理、文化和其他环境因素相互作用下可能引发自杀行为，一些人选择如此，但同样程度甚至更恶劣的遭遇下有一些人仍然选择活着。"[76]虽然无法直接将一些因素与自杀相关，但是一些自杀风险因素却可以进行参考。

1. 当事人有自杀家族史，或亲眼看见过他人自杀，或有自残行为，或当事人曾有自杀未遂史。每年自杀未遂人数远大于自杀死亡人数。在一般人群中，自杀未遂是最大的自杀风险因素。

2. 当事人最近经历了重大生活事件，承受重大心理压力：如亲密关系破裂

(丧失亲友,失恋、离婚或分居),家庭因灾难、损失、财务危机、个人虐待、暴力或当事人遭受性虐待失去稳定,学业失败甚至延期毕业,求职挫败严重等。当事人的应对技巧较差。

3. 当事人最近有躯体和心理创伤,丧失处理生活的能力,如慢性疼痛和疾病,或陷入特别的心理创伤丧失而难以自拔。

4. 当事人患有严重精神疾病:精神病患者,或者有抑郁症,或处于抑郁症的恢复期,或最近因抑郁症住院。

5. 当事人显示一种或多种深刻的情感特征,如愤怒、攻击性、孤独、内疚、敌意、悲伤或失望。

6. 当事人有特别的情绪或行为特征改变,如冷漠、退缩、隔离、恐慌、焦虑、易激惹以及社交、睡眠、饮食、学习、工作习惯的突然改变。

7. 当事人独居并与他人失去联系。

8. 当事人有药物和酒精滥用史。

9. 当事人因某些原因遭受歧视。

10. 当事人感觉自身毫无价值,有严重的绝望或无助感。

11. 当事人有人生无意义感、生命痛苦感。

在上述因素中,一个人同时具备的危险因素越多,那么这个人存在的自杀风险就越大。

在本章的导入案例中,李明的身上就存在一些危险因素:学习习惯的改变,睡眠的改变,与他人失去交往联系等,并因为尝试自杀未遂,自杀危险因素增加。

(二)有自杀倾向者的言语和行为表现

史奈德曼(Shneidman)认为自杀不只是从生命中逃走,他相信在每个自杀者的背后有非同寻常的渴望与期盼,这份热切的期望不能用一般平常的方法达成,而自杀正是达成这种热切期望的尝试之举。[77]正是因为人总有一些期望存在,所以在生与死之间会有很多矛盾挣扎,然后体现出来,成为自杀预防中很重要的线索。要对任何自杀的线索保持敏感,尤其是言语和行为线索,因为一个人的言行会更容易被观察。

1. 言语上的征兆

谈论自杀的人不会自杀?并不是,谈论自杀的人正是因为其内心有着关于“是否自杀”的冲突,一定要重视这个信号,即谈论自杀是自杀前的一种预兆、一种求救信号。

直接谈自杀:将想死的念头直接对周围的人诉说,或在日记、绘画中表现出来。写遗书或类似的文字，在微信、博客上提到关于死亡的话题。与人谈论一些自杀的方法，甚至开一些自杀方面的玩笑，谈论自杀计划，包括自杀方法、日期和地点，谈论一些可行的自杀方法。比如，“我想死”“我不想活了”“哪种自杀方式不痛苦”“没有我，他们会过得更好”“我死了大家都好了”等。

委婉谈自杀：喜好谈论应激或压力，常说自己一事无成、一点希望都没有。比如：“对生活已经绝望了”“现在没有人可以帮助我”“我再也受不了了”“我的生活毫无意义”。总说这样的语言，说明他情绪低落，失去信心。暗示性地表示“我的苦难应该马上就会过去了”“我所有的问题马上就要结束了”。这往往说明对方心情复杂，希望寻求到帮助或者解决办法。

在2016年3月发生的川师大杀人案中，事发前夜被害人芦海清和嫌犯滕刚曾长谈，这是两人上大学以来的第一次长谈，两人分别讲了各自的成长经历。滕刚试图跟芦海清解释自己的精神状态，说“自己不太正常，有过两次自杀经历”。他甚至告诉芦海清，“自己之前就有过想杀他的念头，不太能控制自己的情绪，说不定哪天就把他杀了，让他尽量不要招惹自己”。滕刚认为自己这番如此认真的话，芦海清似乎并不相信。末了，芦海清告诉他：“谢谢你今天饶我一命啊。”最后这句话激怒了滕刚，他认为芦海清是在嘲讽他。

悲剧发生令人痛心，假如芦海清相信对方所表达的自杀和杀人的言语的真实性，不去激怒对方，并马上求助老师或者心理咨询师的帮助，或许悲剧并不会发生，两个大学生都还能继续他们的人生。

2.行为上的征兆

第一，出现突然的、明显的行为改变。如：对生活麻木冷漠的人突然变了一个人，敏感又热情；个人卫生习惯的改变，爱干净的人变得脏乱。或出现很危险的行为，频繁出现意外事故。穿一些特别的衣服，或者做一些特别的事情。

第二，欲望和兴趣减退。食欲不好，如：原本能吃三两饭的人变得一两饭都吃不完，且吃饭次数少、不规律；睡眠不好，入睡困难，失眠且很持久，或者早醒；性欲减退，性生活和自慰的频率大幅降低；饮酒或吸烟的量增加，做事的兴趣减退，如学生对学习和工作失去兴趣，无故缺席，迟到早退，成绩骤降；中断与他人的交往，退缩和独处益加明显，他们可能避开朋友或亲人，自己找个地方准备离开。

第三，情绪明显反常，或情绪崩溃。焦虑不安，无故哭泣，流露出无助或无望的心情，有抑郁的表现。情绪突然放松和平静，感觉“什么事都看开了”。这些人通常情绪受挫，表现出明显的烦躁、不安。可做出自杀的决定之后，反而变得平静，让周围的人误以为他“想开了”。

第四，无故送东西、送礼物给亲人或同学，或把自己珍贵的东西送人，有条理地安排后事。他们可能会把自己在乎的东西托付他人，比如宠物、收藏品等，一件件交代好。无来由地向他人道谢或致歉，向自己的亲朋好友告别。可能会依次与很久没有联系的老同学见面，说出“下次见面可能没机会了”这样的话。

院系应建立相应的工作机制，多渠道对学生的心理状况进行了解和分析，及时发现需要特别关心的学生，并对心理危机高危群体给予特别关注，动态掌握心理危机高危学生的心理变化。因导师与研究生接触密切，导师应该是该工作队伍中的重要力量。导师应该认真看待学生的自杀表态，并能主动询问他们是否想自杀。例如：“你是否感觉到那样痛苦、绝望，以至于想结束自己的生命？”相信他们说的话；当他们说要自杀时，应认真对待。

【他山之石】

（三）如何谈自杀：对自杀风险等级的评估

在很多人的观念中，谈论“自杀”是一个禁忌，根本不好意思也觉得不能与人交谈自杀。但其实一般人也会有自杀念头，很多人一生有过一次或多次自杀意念。如果人们理解自杀的想法，将自杀意念“正常化”，就可以相对减轻当事人的心理负担。在“正常化”自杀意念的基础上，才可以更加详细地进行自杀风险评估，以采取相应的救助措施来挽救生命。

通过与当事人直接交流、评估自杀风险是最有效的一种方式，直接询问有关自杀的内容不仅不会刺激当事人选择自杀，还会让当事人得到情绪的缓解和理解的可能性。交流的内容可以简称为4P访谈提纲（见表3-3），包含四个方面的内容：Pain（痛苦）、Plan（计划）、Previous History（既往史）、Pluses（附加情况）。

表 3-3 自杀评估的 4P 访谈提纲

<table>
<tr><th>4P</th><th>具体条目</th><th>备注说明</th></tr>
<tr><td rowspan="6">痛苦</td><td>①感觉到多大的痛苦?</td><td rowspan="6">为负性内容,当事人感觉到的痛苦程度越大,持续的时间越长,且越觉得难以忍受并没有解决办法,当事人自杀的风险就越大。</td></tr>
<tr><td>②这痛苦能忍受吗?</td></tr>
<tr><td>③这痛苦与其他的不同吗?</td></tr>
<tr><td>④具有这种痛苦感受有多久了?</td></tr>
<tr><td>⑤以前是否有这种感觉?</td></tr>
<tr><td>⑥如果曾有这种痛苦,如何应对的?</td></tr>
<tr><td rowspan="6">计划</td><td>①自杀是否定下了日期?</td><td rowspan="6">这一项为风险程度更高的负性内容,当事人回答地越清晰、肯定回答越多,计划自杀的方式越容易实现和致命,当事人自杀的风险就越大。</td></tr>
<tr><td>②是否有什么特殊的日子?如什么周年纪念日</td></tr>
<tr><td>③自杀计划的具体内容是什么?</td></tr>
<tr><td>④自杀方式致命吗?</td></tr>
<tr><td>⑤自杀的相关工具可能得到吗?</td></tr>
<tr><td>⑥是否真有可能获取这种手段和实施这个计划?</td></tr>
<tr><td>既往史:重大改变和失去</td><td>①既往的自杀企图;②亲人死亡;③疾病;④重要关系破裂;⑤身体和心理上的创伤;⑥性侵犯;⑦其他。</td><td>这一项为负性内容,当事人遭遇的重大生活事件越多,感受的压力越大,当事人自杀的风险就越大。</td></tr>
<tr><td rowspan="3">附加情况</td><td>①支持</td><td rowspan="3">这一项为正性内容,当事人的社会支持越多,拥有的希望和活下去的理由越多,自杀风险相对会减少。</td></tr>
<tr><td>②希望和梦想</td></tr>
<tr><td>③活下去的理由</td></tr>
</table>

按照上面的表格进行访谈评估自杀风险程度,大致可以分为以下几个等级:

1.轻度自杀风险。有自杀的想法,但没有特定的或具体的计划存在,对其保持一定的关注即可。

2.中度自杀风险。有自杀的想法和一般的计划存在,自控能力完整,当事人有一些“活着的原因”,有一定的危险因素存在,需保持重点关注。

3.严重的自杀风险。自杀的想法经常而且强烈,计划是特定的而且致命的,手段是可行的,几乎没有临近的援助资源。但当事人会表达意图并没有那么强烈,也不是真正“想”杀死自己,只是非常担心自己的自控能力有问题。这种情况下的危险因素较多,需要就医治疗或者监护人陪护。

4. 极严重的自杀风险。自杀的想法和计划等描述与严重的情况一样，与之不同的是，当事人会明确表达一旦有机会就会自杀的意图，风险非常大，需要始终陪伴自杀者，绝不能任其独处，24 小时密切看护并住院治疗。平静地与自杀者交谈并设法移开药丸、小刀、杀虫剂等（远离自杀工具）。同时马上联系和求助相关工作人员。

二、报告危机：寻求危机处理的帮助

当发现有研究生存在自杀风险时，发现者（导师或者其他人）可以同时向院系和研究生工作部（以下简称研工部）报告，也可以电话报告或者陪当事人直接来学校心理中心做评估。报告内容需要包括：当事人基本信息，包括当事人姓名、所在院系、学号；报告人及当事人的联系方式；当事人的异常表现、近期生活事件、支持系统、情绪状态以及自我评价、自知力；报告者对当事人已有的处理；目前已有哪些人知道当事人的情况等等。

报告危机的主要阻力与应对策略：

第一，对危机状况认识不明确。感觉当事人的情况异常，但是不能确定是否已是需要报告的危机、不了解危机的报告流程、不清楚危机情况上报的重要性与相关后果，造成危机状况不能及时上报。事实上，只要发现者有不确定性和较多的担心，就应该将当事人的心理危机情况向相关人员报告，这是出于对他人的关爱与保护，有助其及时获得帮助与治疗。

第二，担心他人对当事人的精神疾病的歧视。认为患有精神疾病是当事人的耻辱，报告可能使当事人受伤；认为上报后当事人会送往医院受到不人道的待遇；认为住过精神病院的当事人今后可能会被同学排挤、特别对待等。但事实上，当人们患有精神疾病后应及时接受治疗，越早治疗，愈后效果越好。

第三，当事人要求保密。发现者担心报告就是泄密，不够朋友。这就需要确立面对自杀危机时“生命安全第一”的观念；需要了解当事人可能处于自知力不完全的状态，当事人并不能清楚地意识到自己的言行后果，更无法为自己的言行负责。此时可以向学校心理中心的咨询师请教。

研二男生小王有一个好友在另一所高校读研，患有抑郁症，小王一直想帮助她好起来，所以平时交流较多。但某一天该好友自杀身亡，小王感到非常难过，陷入深深的自责和愤怒中。自责自己为什么没能帮助好友好好活着，愤怒对方一周前告知其自杀计划并嘱咐其保密。小王说，正是因为对方威胁他说“如果他敢将其自杀想法告知其父母的话，她就马上去自杀”，所以小王不敢将对方的自杀计划告知他人，只是自己一人拼命努力劝说，希望其打消自杀念头。假如小王能读懂对方话语里求救的信号并明了一个人的力量根本很难挽救一个想死的人的生命，那么他就能勇敢地去报告给该女生的父母及她所在学校的老师和心理中心，那么或许该女生会因及时被干预而活下来。小王或许会短期被该女生埋怨，但长期来看一定会理解小王的做法。

第四，担心当事人的利益会受到影响。发现者担心当事人会被送往医院、会被休学甚至退学，或者当事人的情况被随意扩散。但事实上，如果不及时上报，有可能会延迟治疗时机，耽误治疗关键期，让当事人的状况进一步恶化，症状会更频繁地出现，带来更大的压力与风险，不仅学业无法继续，还可能面临自杀危机。学校也没有因心理危机或者精神疾病退学的规定，即使建议休学也是为了让学生及时治疗和恢复。

三、处理危机：自杀危机的协同处理

不仅仅只有心理咨询师才会面临自杀危机的干预，很多时候自杀危机并不是发生在心理咨询室，而是有各种可能，所以作为导师，也要了解和掌握一部分关于自杀危机干预的知识和技巧，对处在自杀危险中的人及时进行危机干预，更大可能性地挽救生命。

(一)在现场的导师面对想自杀的学生应该怎么做

为当事人提供有效的关怀：温水、陪伴、大耳朵小嘴巴、说停就停。先递上一杯温水，让其感受温暖和关怀。多听少说，保持冷静和耐心倾听，让他倾诉自己的感受。认可他表露出的情感，也不试图说服他们改变自己的感受。无言的陪伴也可产生极大的安抚作用。不要逼他说，他不想说就让他停在那里，痛苦的人承受不起别人的推逼。

保密例外和灌注希望。如他要你对其想自杀的事情给予保密，不要答应。让他相信他人的帮助能缓解面临的困境，并鼓励他们寻求帮助。但灌注希望不等于“讲道理”。在危机期间，不要随意干预学生的价值观念、思想和态度。

立即处理，维系生命安全为首要。对刚出现自杀行为(服毒、割腕等)的人，立即送到最近的急诊室进行抢救。如果还未实施自杀，则马上汇报所在院系和研工部寻求帮助，如果你认为他当时自杀的危险性很高，不要让其独处，及时并采取必要的安全措施，至少指定三人 24 小时严密陪护。

在本文的导入案例中，导师在看到李明觉得他的状态很不好并为之担忧时，应该以关心和了解李明面临的痛苦和压力并给予其支持为主，这样的对话就可以在寝室进行，而不是约到办公室进行正式谈话，因为“约谈话”在学生中的印象是认真严肃的，又增添了新的压力。而且导师即使要在门外等待，也要先交代李明的室友(至少两个室友同时在)对李明进行关注和保护。所幸李明自杀未遂，但也正因为李明尝试实施自杀行为，他的自杀风险程度增加，需要马上联系家长送医治疗，并保证 24 小时的密切陪护，等状态稳定之后再提供心理咨询、现实问题帮扶等措施。

(二)对想自杀的学生后续的处理

一般在心理危机发生之后，按照危机预案成立危机干预工作小组，并及时开展工作。

第一步，院系直接向学校心理中心报告。学校有专职的心理咨询师，保持 24 小时联系畅通，保证危机现场有心理咨询专业人员可以随叫随到。心理咨询师会了解并澄清关键信息，根据反映的情况以及当事人的表现收集信息，包括当事人的异常表现、近期生活事件、支持系统、情绪状态以及自我评价、自知力(自我意识状态)等情况，根据信息进行危机评估，无法确定的需要请求专家组帮助，以确定当事人是否是危机状态、是什么危机、程度如何、病程怎样等。

第二步，心理咨询师根据当事人的实际情况提出处理建议，例如是否需要送往医院确诊、是否需要联系家长、院系以及同学帮助等。凡是评估有重度抑郁或凡是评估有自杀危险者，建议给予 24 小时监护、联系家长、看精神科门诊服药或住院。开发有效的社会支持渠道，付出任何努力让当事人放弃他所选的方法，如增加同学间的支持度和关注。联系家长的过程中要注意：要求家长到学校与孩子见面之前，不要打电话联系孩子，以免刺激孩子给其更大的压力而产生更糟糕的后果。

第三步，处理因应激事件引发的危机个案，应当注意与相关人员或单位的沟通，以修复或建立支持系统，或获得解决问题的必要资源，如：亲子冲突事件与父母的沟通、恋爱冲突事件与恋人的沟通，学习问题与教师和教务部门的沟通等。

王阳，男，研二学生，因失恋主动求助，心理咨询师在咨询中发现王阳有较强的自杀意念、人生无意义感和痛苦感，评估其为疑似抑郁症。心理咨询师将该情况报告给王阳所在院系，建议学院联系王阳的家长带其到精神科做进一步确诊和治疗。主管学生工作的学院副书记打电话给王阳的家长，但家长担心精神疾病的诊断影响王阳将来找工作和找对象而不愿去精神科就诊，也不愿来学校陪读。这就要求院系老师能够对家长进行说服教育，告知家长抑郁症发作的严重后果，争取家长的理解来共同帮助学生尽快接受治疗。

第四步，争取家长的支持，转介精神科评估、治疗及后续处理。如果家长不配合，可以与当地公安部门联系送医就诊。但是送医就诊只是暂时保证当事人安全，之后还是要去做家长的工作，让家长权衡利弊，最终能够积极带孩子进行治疗。学校则可以在当事人情况稳定后给予后续的支持与干预，评估导致自杀想法的应激源，设法处理。

四、危机善后：长期关注并提取经验预防风险

对心理危机的当事人，相关工作人员应对其保持长期的关注与警惕。即使当事人的情绪好转，自杀危险一般在意念产生后三个月内仍然存在，对自杀风险的干预是一个相对长期的过程，不能掉以轻心。学校心理中心负责该个案的心理咨询师需要积极与院系取得联系，对当事人进行心理追踪，了解当事人最新情况以及处理建议的落实情况，必要时提供后续的心理咨询帮助，包括给予鼓励并激活其支持系统，对其进行有关创伤和创伤反应的心理教育，帮助其自我成长。

学校相关部门可以采取措施减少获得自杀手段。据统计，在我国高校发生的自杀行为以高坠和溺水最为常见，所以学校可以采取以下措施尽可能地减少学生自杀的机会：学校的任何高楼屋顶均应关闭；学校湖泊、水池应有人24小时巡逻；协调学校附近的药店不向学生出售可能用于自杀的药物。采取这些措施并不能完全预防自杀，但可以减少学生自杀的机会。

学校相关部门要关注媒体舆情，尽量不要对自杀事件进行媒体宣传。如果不能阻止的话，也要引导媒体对自杀事件进行负责任的报道。卢卡斯在《意义与人生》中有这样一句话："如今有一种比艾滋病更容易传染、更致命的疾病，那就是否定生命。"媒体对自杀的大肆渲染是导致许多内心脆弱的人选择自杀的重要原因之一。媒体的负面报道会诱发自杀案例增多，其中青少年更容易在媒体误导下盲目模仿。媒体大量、反复对自杀行为曝光，会使公众误以为自杀是自我解脱的"正常"行为而出现模仿潮。在媒体曝光自杀事件后，应该强调自杀行为背后的压力问题是可以想办法解决的，逃避痛苦并不是唯一出路。

【小贴士15】媒体报道自杀事件的禁忌和相关原则

将媒体及自杀联系起来最早出现在Goethe 1774年出版的小说《威特的悲剧》。在小说里，男主人公为情开枪自杀。小说面世以后，许多青年男子用同样的方法结束了生命。因而该书在某些地区被列为禁书，"威特效应"亦被

用来专指模仿自杀的行为。

网络更是非常快速地影响着人们的自杀行为。既有帮助个体完成自杀行为的网页,亦有网页帮助人们减轻心理危机。如南京某高校90后女生的新浪微博在其死后竟成为新浪知名微博,该女生于2012年3月17日凌晨上吊自杀,3月18日通过定时的时光机发出微博"我有抑郁症,所以就去死一死,没什么重要的原因,大家不必在意我的离开。拜拜啦"。但之后该微博的粉丝数量一直在增长,超过18万人,最后一条微博的下方评论数也超过40万条,很多人在评论中表达对她的理解以及自己的自杀想法。

媒体报道应避免以下禁忌,以免引起"自杀传染",让徘徊在自杀边缘的民众去模仿自杀:首先,媒体应避免用头条新闻报道自杀案例,尽量避免对自杀作感性报道,尤其事关名人时,更应避免渲染夸大之词。其次,不应刊登死者照片或自杀遗书,或详细描述自杀的方法。再次,不应美化自杀行为,并将自杀归结为一个单一原因,暗示自杀是人们面对重大人生困惑如破产、考试失败、被性虐待等的唯一解脱方法。

媒体宣传自杀事件应当遵循的原则:

1.当列举自杀的事实时,与该领域专家密切协商;

2.用"自杀完成"一词取代"自杀成功",只提供相关数据;

3.指明死者除自杀外尚有出路,凸显自杀后果的严重性,有研究显示,1例自杀死亡可使6个人受到严重影响,1例自杀未遂可使2个人受到影响,自杀死亡给他人造成的心理伤害持续10年,自杀未遂持续6个月;[78]

4.广为宣传自杀行为前的征兆,客观描述自杀未遂者的健康状况亦可以防止盲目模仿自杀行为;

5.在报道时应提到自杀者的行为对其亲属心理方面的伤害,对自杀者的遗属表示同情;

6.给予专业救助机构的电话号码,以减少其自杀危险性。在报道自杀案例的同时播放相关救助机构的信息,媒体可以借此充当协助公众防止自杀的积极角色;列出相关精神健康机构的最新电话号码及地址。如:

北京心理危机研究与干预中心免费服务热线:800—810—1117(座机);010—82951332(手机、IP和分机用户)(24小时开通)

广州市心理危机干预中心热线:020—81899120(24小时开通)

南京自杀干预中心救助热线:16896123(24小时开通)

杭州心理研究与干预中心热线:0571—85029595(24小时开通)

综合本节内容，将心理危机分两种情况进行总结如下：

第一，针对正处在紧急危机中的案例：如学生准备或正在实施自杀行为的情况，一经发现，发现者需立即报告研工部、保卫处以便现场采取适当保护措施；同时报告学校心理中心，以便心理危机干预人员马上赶赴现场协同处理。

第二，针对自杀已经发生的案例：发现者应当迅速报告研工部、保卫处，同时报告110、120，并尽快确认当事人身份。对于刚刚发生的事情，首先考虑将当事人赶快送医院抢救，同时采取措施保护现场；对于已经确定亡故的，注意采取措施保护现场，防止事情进一步扩散造成不良影响。

自杀危机的预防与干预是一项重要的工作，需要认真掌握相关的知识和技能，当然，你可能会非常幸运，一直以来并没有碰上危机事件，但预防和警惕的意识一定要有，因为一旦碰上，你就有可能会救人一命。

【案例深度链接】

本书第四章的第11个案例“我为什么活着”，讲述了一个工科男生明泰因为读研不顺利而遭遇生命难题的故事。来自农村的明泰一心想要通过自己的努力来改变自己和家庭的命运。他从小读书成绩优异，却从大学开始逐渐不顺，好不容易考上名校研究生，却在读研期间让生活变得一团糟糕。他总被导师批评不够灵活、创新能力欠缺等，并说明泰并没有科研的前景。明泰越读越累，回想自己过去的二十几年，觉得自己一直那么努力，很少能体会到快乐，那么辛苦也不一定能够改变家庭的命运。生命的痛苦远大于快乐，生命的意义何在？伴随着对生命意义的思考，明泰陷入了人生的死胡同，他该如何自救？作为他的导师又该怎么办呢？通过该案例的分析可以更多理解明泰的生命无意义感，也可以探知与自杀风险有关的一般干预方法。

（本节作者：李娟）

第四章　研究生常见心理问题案例分析

本章结合浙大心理中心近几年的临床咨询案例，将研究生群体中常见的心理问题进行多维度分析，试图让导师从更多视角了解研究生心理问题产生的原因，谏言导师在遇到类似问题学生时的应对方式，以便让导师能更好地应对问题学生，并预防学生心理问题的产生。本章案例将从【案情概要】【来访学生心声】【导师团看法】【咨询师分析】【案情追踪】【谏言导师】六个部分展开，案例中涉及的来访者均为化名，案情均经过艺术化处理，符合咨询伦理要求。

案例 1：实验室里的竞争

因为实验室里的残酷竞争，落败的小王成了被大家排斥与疏远的对象，为此他痛苦不堪、度日如年。他为什么会陷入这种糟糕的境地？他有着怎样的成长经历？导师应该怎样营造健康的竞争氛围以防止类似情况的发生？

【案情概要】

林媛是实验室里的大师姐，在博士期间，个性聪慧的她深得导师器重，实验室的大大小小事务都由她来掌管。也许是因为这种特殊的地位，她变得飘飘然起来，动不动就爱开别人的玩笑。作为被导师器重的二号人员小王，现在跟林媛已经是水火不相容的关系了。小王跟林媛曾经关系很好，但在相处过程中矛盾却多了起来。有几次，林媛的玩笑开得过了头，伤害了小王的自尊，小王反击之后两人就有了过节。除此之外，由于两人都很优秀，彼此之间的竞争也是必不可少的。自尊心强的小王非常勤奋努力，几年下来，他发表的论文无论数量与质量均超过了林媛。林媛并不会善罢甘休，心里着急的她采取一些不太光彩的手段来打压小王，比如在实验室里说小王的坏话，在导师面前告状，在评奖评优上搞些小动作。由于林媛的人际影响力明显强于小王，所以实验室里的很多同学都相信林媛师姐的话，小王逐渐感觉到被整个实验室同学排斥，导师也对他有些意见。压力之下，小王逐渐出现了失眠、情绪低落、焦虑等心理反应，他心里非常憎恨和讨厌师姐。小王特别渴望能早点毕业，离开这个缺乏人情味的地方，每次去实验室时，他都要处于一种高压状态，生怕说错一句话。

【来访学生心声】

刚开始我是欣赏林媛师姐的，觉得她聪明又自信，我很愿意向她学习，得到她的指导。但她总是喜欢拿我开玩笑，这让我挺恼火的。好像越是我的丑事，她越喜欢拿出来说。后来我论文做得挺顺利，文章一篇一篇地发表了，师姐可能感觉到我的威胁，以为我要取代她。其实我根本没那个意思，我只想着把论文做好就行。

有一次我跟她发生了当面的冲突，这次冲突之后，她开始对我使用一些阴险的手段了，比如趁我不在时在同学面前说我的不是。最初我不知道，是过了好久之后才发现的，当时真的非常气愤。我们关系闹僵之后，我感觉到实验室里的气氛很压抑。让我无法接受的是，师姐说的那些无中生有的事情，其他同学却大都相信了。大家宁愿相信一个骗子而不是我，我除了感到愤怒之外，不得不认为自己做人很失败。

这件事情之后，我与实验室的同学交往时很敏感了，总担心他们会不喜欢我，我也确实发现大家对我敬而远之了。比如有一次师弟要问某个项目的事情，明明我就坐在他旁边，而且我清楚这个项目的事情，但他却绕过我去问了另一个师姐。还有一个师妹，我最初对她很好，觉得作为同一个实验组里的人，应该相互团结。但她经常不回我邮件，不回短信，这让我很恼火，觉得她看不起我。另一个师弟，我曾经也非常热情地对待他，告诉他一些可行的方向，最初他对我是热情的，但慢慢地我发现，他似乎更听林媛师姐的，我觉得他背叛了我。

其实在内心，我是非常自卑的。虽然我发了好几篇影响因子很高的论文，但我仍然很没自信。也许在同学们眼里，我只是一个死读书的人而已，没有创意，知识面不广，也没什么业余爱好。所以，我对于周围人是不是喜欢我、尊重我是很在意的，我特别怕别人看不起我。我总觉得自己只有做科研写文章还行，但在待人接物、组织能力上我都太普通了。我也特别担心别人会超过我。有一个师弟，非常有才华的，他提到的一些点子很有创新性，后来他还发了一篇影响因子很高的论文，这让我心理压力很大。我很难做到像别人那样去恭喜他，我现在看到他时会不自在，甚至晚上都会睡不好觉。我还担心他会与那位林媛师姐联合起来对付我，那我就显得势单力薄了。

在我的成长经历中，我的家庭挺不幸的。父亲没什么能力，赚不了什么钱，整天在家里打麻将，看电视。家里的钱大部分是妈妈在外打工赚的钱。自从我读小学之后，妈妈就外出打工了，每年只到春节才回来一趟。爸爸基本不管我，但爸爸经常会取笑我。我印象深刻的是有一次，爸爸在别人面前说这孩子挺笨的，让我无地自容。我还有一个比我小三岁的弟弟，爸爸明显地偏爱弟弟，如果去农田里干活，爸爸经常带弟弟一起去，把我留在家里。

妈妈对我不错，但因为外出打工，与妈妈在一起时间很少。每到春节时，爸妈就会争吵，甚至打架。妈妈与奶奶关系也不好，我从小她们就争吵。奶奶看不起妈妈，觉得妈妈粗心，不会干活，也许是因为这些，妈妈早早地外出打工了。我从小就是在这种不安的环境中长大的，从小一直的愿望是离开这个家，拥有自己的生活。

【导师团看法】

一、导师 A 的观点

导师 A 认为，在实验室里学生之间展开竞争并非坏事，有竞争才会有活力，才会出更好更多的成果。但作为导师，要营造出良好的竞争氛围，而不是鼓励恶性竞争，本案例中的林媛便是恶性竞争。导师 A 表示，如果他发现他的学生有这样的情况，他会告诉对方说："看上去你赢了，但其实你输了，而且输得很惨。"同时，他会对小王说："看上去你输了，但其实你赢了，所以你不必难过。"

二、导师B 的观点

导师 B 也同样主张实验室里的竞争是需要的，但不应过度，作为导师应该把握好"度"，不主张过度的竞争。如果遇到因为竞争受挫而导致明显抵触情绪的学生，他会想办法让学生换个环境来调整好心情。他举了他带过的研究生的例子，当时把这个学生转到了另一个研究组，由另一位导师来指导，换了环境之后，该学生的情况逐渐地好起来了。

三、导师C 的观点

导师 C 会针对这件事情做出相应的调解措施。他会先了解一下情况，分别找这两位同学单独谈一谈，再向其他同学了解相关的情况。如果发现谁错了，就要批评谁。然后再会找一次轻松的机会，比如与实验组同学一起吃饭时，相对随意地谈一谈这个问题。但他同时也认为，要让两人的关系再好起来，是很难的。

四、导师D的观点

导师D则更重视预防，主张抓苗头，尽量不让这样的事情发生。如果发现了恶性竞争事件的苗头，他会进行及时的处理。他主张在学生入学时就跟学生强调，希望同学相互观察其他同门学生的状态，如果发现了不对的苗头，要第一时间向他汇报。这并非是打小报告，而是为整个实验室好，目的是去挽救人。对于本案例中已经产生了情绪问题的小王，他建议会给他几天假放松一下。同时，他会不断鼓励小王，要他坚信自己是非常优秀的，以后的前景是很好的。如果发现小王的情况比较严重，他会以一种委婉的方式鼓励他去看心理医生。

五、导师E的观点

导师E会经常提醒那些比较优秀的学生，让他们不要太骄傲了，希望他们能处理好与一般同学的关系。在指导学生时，他尽量克服对优秀学生的偏爱，努力做到平等。当然，对那些不求上进的学生，作为导师难免会有不太重视的感觉。对于这个案例中的两位同学的竞争关系，他先会了解具体的情况，如果事实确实是林媛说了造谣的话，那是要严厉批评的，并要求她向小王道歉。

【咨询师分析】

小王是一个自尊心很强的人，特别害怕不被重视。而且，他对于被贬低有着非常敏感的觉察，容易过度解读周围人的反应，把别人一些正常的反应（比如偶尔开个玩笑，没有回邮件，没接电话）都当成了侵犯自尊的证据，并采取敌对的态度。另外，小王耻于表达自己的想法，导致难以进行及时的沟通，所以无形中与几个同学的关系处于对立的状态。

在他的人际关系中，陷入了这样的一种循环：把别人的言行习惯性地解读为别人看不起他，然后他以一种严肃的态度对待别人（态度生硬，排斥），导致周围人采取对他敬而远之的反应（有事不找他，不太跟他主动说话），后者又被他解读了别人看不起他的证据。如图4-1所示。

作为小王同学来说，他内化了一个“缺陷—羞耻”的适应不良图式（见【小

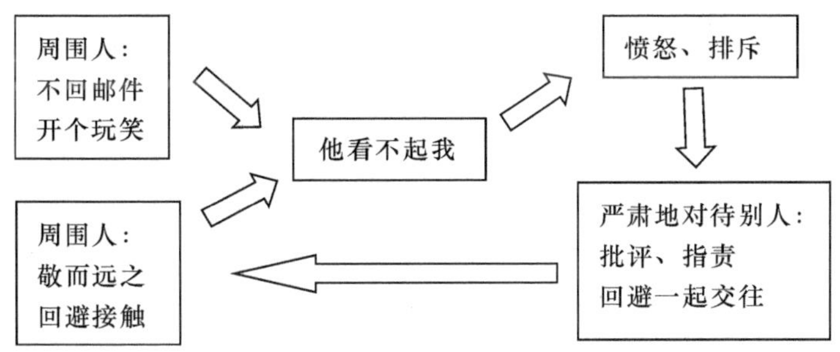

图 4-1 人际关系的恶性循环

贴士 16】)，这种图式在一次一次的互动中不断地被强化下来，表现在外的就是对于他人评价的过度敏感。由于这个图式潜移默化的作用，他总会产生"别人看不起我""他在蔑视我"之类的消极信念，并产生强烈的自卑、愤怒、报复等情绪。他一般会采取对抗或疏远的态度去面对那些他们觉得看不起自己的人，久而久之导致了关系的对立与误解，并经常能找到"别人看不起我"的证据。那么，有哪些因素可能会影响一个人自尊的健康发展呢？一般来说，影响自尊状况的因素有如下一些。

【小贴士16】早期适应不良图式

早期适应不良图式，包括认知、情绪和躯体感觉等方面，是个体在童年或青春期形成的关于自我以及自我与他人关系的弥散性主题，这个主题有显著的功能不良并会影响个体一生。早期适应不良图式是未满足的核心情感需要(对他人的安全依恋、自主性和认同感、表达正当需要的自由等)、早期经历和个体情绪气质的共同作用下形成的。个体在早期环境中基本的情感需要没有得到满足，作为对当时环境的一种消极适应，个体建立起自我挫败的适应不良图式。早期适应不良图式一旦形成，就会影响个体生活的各个方面，并可能伴随个体一生。因为即使这种图式不再适用于当前的现实情境，但个体为了认知一致性的需要，仍会用歪曲的方式看待自己、他人以及整个世界。图式影响个体对生活事件的认知加工，个体在早期适应不良图式的作用下以自我挫败的方式生活[79]。

一、养育过程中的因素

心理学家 Jonathon D. Brown 提出的自尊的情感模型认为，自尊在幼年时

形成，并以两种类型的情感感受为特征[80]。第一种感受是归属感（Belonging），起源于社会交往经验；另一种感受为掌控感（Mastery），即对世界能够施加影响的感觉——但不一定要在大范围的意义上（比如重大的成就），而是在日常生活的层面（比如顺利地完成某项任务）。在孩子成长过程中，任何会影响归属感及掌控感的教养方式，都会潜移默化地影响孩子的自尊感。一般来说，偏爱、被羞辱、寄养、过度的表扬等都会对孩子的自尊发展有不利的影响。

（一）偏爱。幼时父母对待孩子的态度，会潜移默化地被孩子内化。父母喜欢孩子，孩子会觉得自己是好的；父母讨厌孩子，孩子会觉得自己不好。这两种不同的态度，形成了孩子对自己的评价。当父母偏爱孩子中的某一个，其实是在传递着一种信息：哥哥（或弟弟、姐姐等）更好，而你不够好。在同一个家庭的兄弟姐妹之间，如果弟弟或妹妹很能干，得到了父母过多的关注，那么哥哥或姐姐的自尊心就会受到较大的挑战，反之亦然。

（二）被羞辱。有些父母喜欢通过一些贬低性的语言来激励孩子，试图让孩子变得听话或勤奋，但这是以严重伤害自尊为代价的。比如父亲当着孩子的面跟别人说，“我的孩子很笨，所以要笨鸟先飞”，或者更常见的“别人家的某某某比你更聪明、更听话、更爱学习……”

（三）寄养。因为各种原因，有些孩子成长于寄养的家庭，比如很长时间在亲戚家、老师家生活，严重缺少与亲生父母的相处时间。寄人篱下的感觉会构成对孩子自尊的重要伤害，孩子会有一种“自我归因”的思维模式，会认为是“自己不好”导致父母不能把自己带在身边。同时，寄养的家庭往往是因为收了钱，或者出于亲情的义务来照料孩子的，对孩子并无深厚的感情。特别是当这些长辈自己也有小孩时，总是会更偏爱自己的小孩。所以被寄养的孩子，是严重缺乏爱的，经常会体验到自尊的受挫。

（四）过度的表扬。超过孩子实际能力的表扬，不但不能增强自尊，反而会影响自尊，孩子会觉得心虚，担心自己做不好而让别人失望。在过度表扬的背后，往往会形成这样的心理定式：你应该做得好。在这种心理定式作用下，这些孩子非常害怕失败，并会回避面对挑战。同时，过度表扬会使他们自恋愿望增强，一直强烈地想证明自己是优秀的，难以面对和接受自己普通的一面。

二、身体缺陷

身体自尊是自尊感的重要组成部分，一个在身体、容貌方面经常受到别人喜欢的人，会形成良好的身体自尊感；相反，一个人在身高、容貌、肤色方面有劣势，或者某些生理残疾，比如耳聋、小儿麻痹症等，得到周围人的关注就会少，甚至有些人还会受到别人有意无意的贬低和排斥，自然会影响其健康自尊的形成，比如下面的例子：

研究生丽华是一个女孩。小时候生病发胖，就一直胖下去了，一直非常自卑。她几乎把所有的时间都用于学习，后来考取了一个全国排名靠前的985高校。以前她对于自己的容貌及体型并不太在乎，觉得只要学习好了，一切都会好起来。读大学以后，她发现她自己的确长得很不好看，她从热情开朗的丑胖子，变为性格阴郁的丑胖子。她发现，很多女孩凭借自己的长相，得到了许多她没有的东西，比如，老师莫名的好感，同学的帮助，男友的关怀……于是，她就开始拼命地减肥。她动了双眼皮手术，她的面貌还是变了很多。但是她发现，自己还是很不自信，以前容貌丑陋导致的自卑似乎刻到骨子里了。

小王对自己的身体是非常不自信的，他不敢照镜子，觉得镜子中的自己很丑。但其实他长得挺不错的，五官端正，身材匀称，头发黝黑，有书卷气。也许是自卑的感觉让他降低了对容貌的主观评价。

三、家庭经济社会地位

家庭经济状况好的人，自然受到别人更多的尊重；相反，家庭经济地位低的人，特别是在所在的地区处于贫穷或劣等的地位时，往往会被人看不起，甚至成为周围人嘲弄的对象。很多贫困生羞于让别人知道自己家的经济状况，即使经济贫困也不愿意申请经济补助，正是因为他们不愿意面对因为经济状况而导致周围人负面的看法。我们可以来看一下在路遥的小说《平凡的世界》中孙少平的例子：

“他在眼前的环境中是自卑的。虽然他在班上个子最高，但他感觉他比别人都低了一头。而贫困又使他过分地自尊。他常常感到别人在嘲笑他的寒酸，因此对一切家境好的同学内心中有一种变态的对立情绪。就说现在吧，他对那个派头十足的班长顾养民，已经产生了一种强烈的反感情绪。每当他看见他站在讲台上，穿戴得时髦笔挺，一边优雅地点名，一边扬起手腕看表的神态时，一种无名的怒火就在胸膛里燃烧起来，压也压不住。点名的时候，点到谁，谁就答个到。有一次点到他的时候，他故意没有吭声。班长瞪了他一眼，又喊了一声他的名字，他还是没有吭声。如果在初中，这种情况说不定立即就会引起一场暴力性的冲突。大概因为大家刚升入高中，相互不了解情况，班长对于他这种污辱性的轻蔑，采取了克制的态度，接着去点别人的名了。点完名散场后，他和他们村的金波一同走出教室。这家伙喜眉笑脸地对他悄悄伸出一个大拇指，说："好！""我担心这小子要和我打架。"孙少平事后倒有点后悔他刚才的行为了。[81]"

小王曾经因为家境贫穷，每次上学，都只能穿着破旧的衣服。每当他推着破旧的自行车，穿着土气的衣服走进学校时，周围人都会趴在窗口围观。这种丢脸的经历是在他成长过程中经常会发生的，他正如《平凡的世界》中的孙少平那样，自尊心很强，因此对周围的某些人有了莫名的敌意。

四、人际关系状况

根据自尊的情感模型，归属感是自尊感的重要来源。那些在群体中受到欢迎的个体，往往具有良好的自尊感。如果缺少人际交往的能力，导致被排斥，没有朋友，缺少归属感，那么他会对自己的自我价值产生持续的怀疑，从而对自尊心产生极大的影响。

研究生小黄在学校没有朋友，与室友很生疏。跟别人在一起的时候总是熟不起来，不知道该怎样跟人自然得熟起来。别人不怎么想跟他讲话，有时候大家在一起说话，他没话可讲，就在一边沉默着。有时鼓起勇气插话进去，发现没人回应，觉得很尴尬。因此，每次在人多的场合，他就很没信心，生怕被孤立，生怕没话讲。跟别人走在一起的时候他常常会没话说，非常尴尬。正因为一直以来存在的人际关系方面的问题，让他对将来的恋爱、工作都存在着强烈的担心。

小王在人际关系上存在着过度敏感的特点，容易对别人的中性行为做出负面的解读，并因此产生敌意。这种敌意潜移默化地被对方知晓，彼此之间的关系就显得疏远及敌对。因此，小王经常有一种不合群的感觉，在实验室里总有明显的压力感，生怕说错话。

五、学业(工作)胜任力

能在学业或工作方面取得不错的成就，能产生胜任感，提升自尊感；相反，学业不良，工作缺少成就，就会对自尊心有强烈的打击。小王在这方面一直很不错，这也是他自信的重要来源。

在小王的成长过程中，他基本得不到父亲的肯定，更糟的是，父亲经常羞辱他，而且，父亲明显偏爱弟弟。另外，小王的家庭很贫穷并因此而受到异样的看待。第三，小王的人际关系一直不怎么样，归属感不强，在中学及大学期间，也总有几个彼此看不上的对手，大学时甚至还一度出现明显的社交恐惧症状。这几个因素都会影响他健康自尊的形成。

小王一直非常努力学习，试图通过学业上的成就来补偿自尊的缺失。从小到大，他的学习成绩一直是很优秀的，他对自己的要求是“一定要考第一”。也许是因为成绩方面的优异，他内心还有挺自负的一面，表现在外的，是他会看不起一些智商平平的同学。这种高人一等的飘飘然态度还会比较直接地表现出来，比如他有时候会对师弟师妹们严厉训斥，甚至对几个师兄也挺不尊重的。这样无形中容易让这些人对他充满着敌意。在实验室里，通过勤奋努力，几年下来取得了优异的成就，但同时也对周围人形成强烈的竞争压力。也许因为这些原因，当他与林媛师姐出现矛盾时，他痛苦地发现，大家都站在师姐那边。

小王在与权威人物相处中也存在问题。他内在有这样的不良信念：权威人物是不喜欢我的，这个信念的形成可能来源于幼时他与父亲糟糕的关系。正因为这种负面信念的干扰，他对于导师的一些欣赏的或肯定的行为都会做出负面的解读。比如，导师派他去开会，经常带他去跟企业谈项目等，但他觉得导师只是在尽责任而已，并非是因为欣赏他才给他机会的。而当导师把另一些机会给了别的同学时，他又会深信不疑地把它作为导师不喜欢自己的证据。

【案情追踪】

小王在咨询师的陪伴之下，通过长达一年的心理咨询，逐渐走出了与师姐冲突的心理阴影，与导师的关系有了明显的改善，与周围人也能正常相处。后来他作为优秀毕业生顺利毕业，开始了新的人生。

【谏言导师】

云南大学马加爵杀人事件、复旦投毒事件，以及更早的发生在美国的卢刚杀导师事件，都提示营造良好的人际环境的重要性。本案例中的小王由于被同学欺负和排斥，心理压力极大，内心的委屈和愤怒很多，如果不及时处理，也许会造成严重的人际冲突事件。作为导师，除了在科研上进行指导之外，也要主动关心学生的心理需要，积极营造良好的人际环境，防止恶性事件的发生。为了营造良好的人际环境，导师需要做好以下几点：

一、尊重、关心学生

学生能力有大小，素质有高下，但导师应充分尊重学生。导师对学生尊重的态度，能提升学生的自信，改善与导师的关系，有助于学生心情舒畅地进行科研。尊重学生，也意味着尊重学生的科研兴趣，在选择科研方向时，学生的兴趣与能力特点是需要特别考虑的。尊重学生，也要充分包容学生的个性，允许他们适度自由发展。

导师要经常与学生沟通，既交流学术，也交流学习和生活。了解学生可能存在的科研困难、生活困难等，给予适当的帮助与支持。有不少学生在科研上出现了问题但只能靠自己来摸索，效率低，容易失败，对前途丧失信心，使得一些本来对科研有兴趣的学生放弃了对科研的热衷，这是非常可惜的。对学生在生活上的困难，比如找工作、恋爱、家庭方面的问题，导师给予一定的情感支持与合理的建议，能够极大缓解学生的心理压力。

二、营造良好的团队氛围

有些导师采取放任式的管理，这可能会导致团队中那些能干、优秀的学生得到特别的重视，处于优越地位的他们可能会去排挤或打压那些不听话的同学（比如本案例中的林媛对小王）。或者可能导致缺乏应有的群体规范，学生得不到有效指导，各自为战，群龙无首，出现恶性竞争。因此，导师应承担起管理者的身份，营造出良好的团队氛围，充分保障每一位学生的权益，培养出民主、自由的学术气氛。

导师应充分将科研团队中的博士、硕士，师兄（姐）、师弟（妹）等整合起来，发挥每个人的能力与特长，形成团队合力。在团队中充分激发每个人的积极性，形成良好的科研氛围。科研氛围一定是一种自由的氛围，如果要实现合作的目的，应该让那些真正有兴趣的人针对相关问题进行认真的思考和探索，相互学习、相互影响，才能促进学术研究，培养科学素养。科研氛围一定是一种民主的氛围，如果导师依靠过去的学术地位和资源，限制和打击学生，这样的环境不可能是真正理想的学术氛围。

三、处理好科研团队中的三角关系

导师作为管理者，需要管理好关系三角：导师、学生、整个团队，三者处于等边三角形的三个顶点。导师必须关心三方面的关系：导师和每个学生的关系；导师和作为整体的科研团队的关系；每个学生和科研团队的关系。任何一条关系受其他两条关系影响。当导师不能很好地管理这个关系三角求得平衡时，团队成员之间的不信任和不良影响将呈螺旋式向下蔓延。因此，导师在指导与管理学生团队时，应有全局的视角。

四、正确处理好团队内部的冲突

有些导师指导的学生有十余人，人多了之后，冲突也就更多了。比如在本案例中，作为两个科研能力很强的同学，无形中存在着激烈的竞争，竞争中受到挫折的林媛就使用了一些不妥当的方式（在背后散布对小王不利的言论），导致两人之间关系的强烈冲突。导师应及时有效地处理好此类矛盾，防止矛盾激化，在团队内部形成拉帮结派的现象，或者让某些同学陷入被孤立的境地。

（一）就事论事，不要牵涉人格尊严

解决冲突的第一步就是尽可能地把冲突范围缩小化、具体化，尽可能让冲突双方把对方当朋友而不是敌人，在相互尊重、积极关注和协同合作的基础上来看待双方之间的矛盾。团队领导者必须学会就事论事，真心实意地帮助双方解决问题，避免双方在遭受攻击或者情绪紧张的情况下做出消极反应。

（二）对话协商，公开谈论问题，兼听则明

在解决问题之前，无论何时都要确保冲突双方理解并认同团队的共同目标，一定要避免产生敌意和咄咄逼人的情绪。下一步就是协商，即在对话的基础上进行讨论，让大家把问题拿到台面上摊开来讨论，就能够从中理清头绪，并找到一条对大家都有利的解决途径，既要直截了当，又要设身处地、彬彬有礼地照顾到双方的尊严。同时，作为团队的领导者，公平听取双方的陈述，不偏不倚地分析各自陈述的优点和不足，让双方都认识到自己的不足和对方的可取之处，共同讨论出针对矛盾点的更加合理的解决之道，这将是解决问题的最优途径。

（三）寻找根源，解决问题

要彻底解决冲突，首先要了解冲突产生的来源。目标、利益和价值观的不同是导致冲突产生的几大常见原因。不同的人对待相同的问题可能有不同的看法。权力、地位、竞争、不安全感、抵抗变革的思想以及岗位职责不明确等都有可能导致冲突。

判断冲突是否与利益或需求有关是非常重要的。利益是比较表象和暂时性的，例如土地、金钱或工作等；而需求则更为基本且不可妥协，例如身份、安全感和尊严等。许多冲突看起来是为了利益之争，实际上却是与需求密切相关的。例如，某学生没有获得出国交流的机会，他看起来可能是在为机会的丧失而沮丧，但他真正的痛苦可能来自尊严受损（他觉得导师更看重别人而不是

自己)。找到问题的根本原因之后,导师需要做的就是适当调整,寻求冲突双方的共赢。

(四)以制度或者规范固化问题解决措施

任何人都希望问题的解决是长期的,而不是暂时罢兵休战。达成双方都能接受的解决措施之后,作为导师,就需要利用领导者的地位,通过制度、规范、公开申明或者其他明确的方式来固化问题的解决措施,给冲突双方一个明确的信号:问题已经解决,大家一起向前看,团队最终目标的实现是团队所有成员成功的基本条件,团队也会为了大家达成双赢而付出。

(本案例作者:俞林鑫)

案例2:学术精英的失眠夜

本案例将走进学术精英的烦恼,在人生的重要转折点上——是出国进修还是回家工作?主人公章童到底遭遇了怎样的内心冲突,又是如何在咨询中走出冲突的?章童的经历能给导师的工作带来哪些启发呢?

【案情概要】

博士生章童即将毕业,自身条件也满足毕业要求,可谓该领域的学术新星。面对是否毕业他很犹豫。眼前有两个选择对他而言都充满诱惑,但又都令其犹豫不决。一个是一份有生活保障的工作,他的父母对这份工作十分看好,他也希望自己毕业,并且生活可以安定下来;一个是去国外继续进修的机会,需要他继续攻读两年博士,他的导师对这个机会十分看重,他也知道其中的机会和压力。他一直以来都是家人和老师眼中的“好孩子”和“好学生”,面对事情有担当,学术方面也小有成就。他的个性和处事态度令这次的抉择难上加难。导师正在等他下周回复,这几天他连续失眠,实在理不出头绪,前来咨询。在人生重要关头,这位博士生将选择如何塑造其人生路,且看本案。

【来访学生心声】

我以直博生身份来到徐老师的实验,实验室里的大事小事都经手过,一般老师也习惯交由我安排打理。实验设备需要人购买,老师没发话我就已经把手续安排好,等到使用的时候设备早就准备就绪了。新入学的学弟学妹需要人指导,我会主动请缨。我觉得这是一个学生应该做的,像我们做博士的,哪个人手底下没有带几个人，老师一个人哪能忙得过来。像买设备管理器具这些事情，也不花多少精力，顺便也就做了。时间长了，成了大家眼中的“老好人”，我也习惯了，看到谁有麻烦，只要我能提供帮忙的肯定会搭把手。那几个学弟学妹，好像也挺愿意跟我说话的，有什么不顺心的，跑过来就跟我抱怨一番，我就在那儿听他们说，并且看看有没有能帮到他们的，我一般都尽量给他们想些办法。比如，上次有个学弟的论文完不成，找我诉苦，其实导师早就让我盯着点，后来干脆就成了我帮他写，以他的名义发表。

但是，我自己的论文都是我自己熬夜完成的，一般不向别人求助。自己的事情想想办法总是能做完的。他们说我发文章挺厉害，我自己也没什么感觉，就是导师让我做什么我就做什么，我都会去做的。我自己心里有什么事情，一般也不会跟课题组里的人讲，一般也没什么事吧，把该做的事情做完就行了。像这次这么烦，读博士以来还是最严重的一次，连续一个星期了都没办法好好睡觉，想啊想啊，想不明白，下不了决心。我知道像这种事情别人也帮不了什么，自己的路都得自己走嘛。但是好像自己走不动了。想起上次建议学弟学妹来咨询过，他们说有些效果的，我这次也就跑过来了，试试看。

对于我们课题组而言，这是一次发展的大好时机，徐老师跟澳洲一所高校谈好了一个研究项目，是国家紧缺的技术研发。对方要求这边必须派人过去，以博士的身份参与该项目。我知道这个项目有多重要，我也知道导师放心我去。要是以前没毕业的时候，我可能早就满口答应，准备出发了，上一次去德国就是在导师的引荐下，去了一年。可这一次不一样啊，我眼看着博士就要毕业了。我的博士论文早就写完了，这几个月也就是投投稿，帮帮学弟学妹做实验，老师也答应我 3 月份答辩。工作也没太费力气就找到了，单位离家不远，这几年在外求学离家太远，现在父母好像很希望我能回家乡工作，离他们近一些。单位是国企，去那儿也是做研究，跟现在生活差不了多少。关键是，单位还给安家费，去了就有房子。我们家里挺拮据的，有了这个房子，我的父母马上就感觉轻松了很多。这些年一直读书也没有什么好回报他们的，这份工作本来觉得对父母是个安慰，自己也可以考虑成家之类的事情了。不过，就是工作有很大的限制性，只能做单位要求研发的项目，自己不能随便发挥。这些年做下来也希望有些新的突破。而且这个单位跟我们学校也有合作，做得不好影响也不好。

现在有个机会出国继续读博，那就有了一个很好的理由跟单位解除合同，导师也会帮我的。这样我就可以去国外做一些有突破性的研究，我想我也能做好的。但是，继续当学生，似乎要让我之前开始想象的新生活暂停下来了，继续自己很熟悉的状态，也有些厌倦的。导师说等我两周内给答复，我发现自己有些想不明白了，除了失眠我不知道还能做什么。

我家在农村，家中独子，家中拼尽全力支持我读书，希望我能出人头地。谈起跟父母相处的经历，我也说不上来什么，好像从小到大自己都很懂事，有事情自己搞定。毕业的这段时间因为找工作回了一趟老家。全家人其乐融融地坐在饭桌上，父母很高兴我博士顺利毕业还在家乡找到了工作。我当时一个人坐在炕上，高兴不起来，闷声不响地看着他们。妈妈饭后悄悄地凑过来跟我说，“孩子，你有什么事跟妈说吧，妈看得出你不高兴。”我习惯性地说：“没事。”回到房间，我发现自己流泪了。后来我脑子里总是会想起妈妈说的话，“我不高兴”。她不说我可能都还不知道呢。我虽然找到了工作，但我仍然不知道这样是不是可以“让事情有个结束了”。当时考虑接受这个工作，主要是因为离家不远而且提供住房，这样可以解决生活上许多压力。但是，如果仅仅是这样，我仍然感觉似乎缺了点什么。受生活所迫？好像也不完全是。否则，现在一个机会摆在自己面前，自己怎么好像也没有那么愿意去，肯定还有心里的哪些地方，我还不知道。我不知道自己究竟怎样了。

【导师团看法】

一、导师A的观点

导师 A 先是表达了对章童导师心情的理解。他的实验室也有这样的学生。他在重要的研究项目上，习惯先跟学生讨论。这样的学生也堪当大任，总不负众望，为实验室发表重量级文章，这样的学生才是导师们期待的得意门生。导师想要留下学生，希望促进学生有更好的发展，这一点也是可以理解的，哪个导师没有“惜才”的心情呢。

接着，导师 A 讲了客观的情况。面对重要的项目，用人一般都会思虑再三，像案例中这样的学生当然是不二人选。他以前也出去过，在国外的表现也很优秀，还发了两篇 SCI，说明他具备在国外的生存能力和学术能力。

最后，导师 A 对此事的发生作了进一步理解。从导师那边看呢，这么重要的事情肯定会等学生回复，但章童什么也不说，也没有任何回音，这种情况导师肯定也比较难办，但是也不能催。不过，这样的好学生一般都不太在老师面前表现出自己的麻烦的，心里有不愿意也只会有点话少，不像平时那么爽快。作为导师可能会误解，认为学生在纠结别的事情，比如找工作啊，可能想着自己在帮助学生解决毕业的难题呢。这样就出现信息不对称了。一般像这种情况，导师 A 说自己也会尽量给学生争取一段时间，让他慢慢来，处理好了别的事情再跟导师说。导师 A 还关注到他自己找的工作，好像他自己也不怎么喜欢。考虑到学生自己也纠结，作为导师能帮的还是会尽量帮，毕竟出去也是为了学生有更好的发展。不过，这毕竟是章童的生活，他自己做选择最好。导师 A 是很支持章童去，如果他去不了，那也只能惋惜了。

二、导师B 观点

这是研究生群体中常见的问题，不仅存在于博士生，硕士生也会有。导师 B 认为这种现象的出现很正常，一方面是家庭的期待和稳定的生活，另一方面是事业深入发展的空间，这两方面能够统一在一件事情上当然很好，但是如果出现需要抉择的情况，你就要退回去考虑一个人发展的可能性了。这个可能性不只是停留在现在这个阶段的，是关乎终身的。如果就整体生涯发展来看，任何一个选择，都有可能带来无限的可能。谁说哪个就一定好或者不好呢？如果我们把生活看成一个不断演绎和推进的过程，这一个带来下一个，下一个还会带来更多。在这个过程中你充分地做好你自己，活出自己的生命质量来才是最重要的吧。

接着，这位导师以自己的一位学生为例，进一步阐述自己的观点。

"这是我的一个硕士生，是我招生宣讲的时候面试过的。这个学生之前也没有联系过我，后来开学确定学生之后，我才再次见到他。我说他怎么那么熟悉，他说老师就是你把我招来的。后来他特别出色。

他不仅在实践层面做得好，可以做很好的同声传译，基础研究也很快进入状态。硕士生一般刚进来都需要带的，但是他很快就能领悟研究的意图，整理出自己的学术方向。我们这个领域发文章本来就比较难，但是他一年级的时候就发了一篇一级刊物，硕士论文我们又一起发了一篇一级。可见，他很具备做研究的潜质，实际上他当时的成绩全年级排名第一，是可以直博的。

他过来找我谈。说自己没有想过做博士，但是这次的研究做着做着也觉得挺有意思的。那我就问他怎么想的。他说他很犹豫。他的家庭是普通的工薪阶层，还有一个小十岁的弟弟。所以他面临的问题和本文的案例是非常相似的。他的专业读博士之后就可以进高校就业，如果其他专业还不一定，那么要不要直博呢？我让他过年回家跟父母商量。他父母对他说，如果你导师认为你比较有潜质，要不你就去做吧，我们就努力赚钱来养你。他还是很犹豫，因为他弟真的太小了，如果他继续读书，他就担心弟弟可能在教育上不能得到很好的照顾。其实他读博的希望是很大的，可以选择在这里直博，我也可以推荐他到国外做研究。

最后，他选择了放弃。为什么呢？研二开始他一边考虑也一边在找工作。找工作的时候他发现自己还挺喜欢一些比较有挑战性的工作的，他得到了国际银行和会计事务所的 offer。他是去做审计的，和他一起竞争的都是很厉害的科班出身，但是他被录取了。

这个学生给我很大的启发。我觉得一个人是生活在各种社会关系中的，扮演着不同的角色，他要调和的是不同角色对自己的要求。我作为导师，当然觉得学科发展很重要，同时我也是母亲，还是我父母的女儿。所以我们必须分析性地去看。如果父母身体和经济条件不错，你就可以考虑将多一些的权重放在个人发展上，如果跟学科的提升结合起来最好了。如果你去国外顶级的高校进修肯定是对个人全方位的提升。可是从另一个角度来看，作为社会人，爸妈年龄偏大，经济又偏弱，而且可能你已经二十六七岁了，带有这个年龄段的特点。这个时候其实你是完整的社会人，如果说父母那边有比较大的需求，希望你支撑起这个家庭，我觉得其实我还蛮鼓励先照顾家庭，就是先成家，照顾父母，修身齐家治国才能平天下嘛。学术研究是一辈子的事情，可是家庭是有周期的，特定时期有特定的变化。比如说在父母特别年迈的时候，那一段时间，他是特别需要你对他有经济上、精神上、时间上的这个关怀，如果过了这段时间，就是子欲养而亲不待了。学术研究是一个人一生的事业，他不是说我做好了就不做了，或者我错过了这个机会我就不做了。我看这个问题应该就具体情况进行分析，纠结解决不了问题。”

接下来，导师 B 阐述了性格特征对生涯抉择的影响。她仍然以一位学生为例。作为学校的“新生之友”，她曾经在新生入学时带过一个宿舍四个男生。在他们毕业之时，其中三位都选择了出国，并且目前都在国外一流的专业内发展，只有小勇选择回家乡做一名公务员，导师 B 谈到我们不能认为他没有理想抱负，早早成家，有一份稳定的工作，待在父母身边，做自己想做的事情，便是他的抱负。导师 B 认为，任何一个人如果目标明确，能找到一个执行他目标的方法和路径，做他想做的事情，享受他目前所拥有的生活，这就是很好的人生。

三、导师C 观点

导师 C 在咨询师的访谈下，比较关心章童失眠的严重程度如何？有多久时间了？失眠到几点？影响到最近的工作进展了吗？如果对他的压力状态有所觉察，导师 C 认为可以作为朋友和他聊一聊，但是内心的纠结还是要靠自己去打开。关于是否求助于校内相关领导和专业机构，这位老师保持谨慎的态度，他认为这涉及学生隐私。同时，他也谈到了学生求助专业机构的保密问题，问道"我们学校设有心理中心，能不能把这个名字改一下，因为学生总觉得去做心理咨询，自己心理就有问题了，羞于去踏入这个门口"。也是由于这种负面的标签效应，这位导师会特别注意，觉得如果自己建议他去心理中心的潜台词就是你有心理疾病了。他建议不要把名字起得太专业，可以效仿在日本的经验，叫学生相谈室。这样也许学生会更容易接受，更愿意去。

另外，这位导师也特别考虑到在导学关系中，学生会很在意在导师眼里自己是怎样的。如果导师的反馈中带有认为学生有心理疾病的意思，他很担心学生以后就不会主动向导师倾诉了。当然，良好的信任基础也很重要，导学关系的深度决定了谈话的方向。如果已经建立起很深的信任，谈话比较放松，就不会担心被误解，导师也会选择跟学生谈，提出求助的建议。但是，如果是一个刚进课题组的学生，导学关系仍然处于熟悉阶段的话，也许就不适合做这样的建议。

关于章童纠结的两个选择。导师 C 谈到"选择是客观存在的，你没有办法去改变自己的父母。我从导师的角度肯定会去鼓励他，现在我们把他看成是两个相反方向的东西，也有可能这两个东西并不矛盾，你也可以成为好孩子也可以成为好学生，出国并不意味着你一定要丢掉家庭，我们可以一起来找寻解决方案，比如说出国后可以定期回家。首先这两个事情不要把他们看成是矛盾的两件事情，也许他们是可以变成一个事情的，也许你同时可以成为好孩子和好学生，我相信会有解决方案的。最后的选择也许也跟性格有关"。

四、导师D 观点

当人生选择出现困境，一方面毕业买房娶老婆，另一方面再继续进修，获得一个更好的学术成就。导师 D 对这样的困境深有体会。她以自身为例，谈到博士毕业时的经历。当时已经 27 岁了，父母周围的同龄人小孩子都已经开始上学了，同学再聚人家都会觉得你已经这么老了怎么还没有结婚还在读书。看看这些同学，有时会想到这里就算了。

"当时学术上也小有成就了，老师推荐去国外读博后，我自己就没那么坚定，犹豫了半年时间。我到老师他们家，听到他家人鼓励说：'你不能停下来，你停下来现在这个 level 你是不够的，你看你现在没有工作，你往上努努力再走一步，你将来面对的前景，周围的同事接触的人，生活的层面什么的，都是不一样的，你一定要这样。'我听后觉得还是有一定的道理，但是当时学术上做得挺苦的，觉得科研太坎坷了，就不想再继续了，毕业之前我就开始申请，申请到一个比较好的学校和实验室，我就想既然我拿到了 offer 那我就去，就抱着试试看的态度去了。从国外读博开始，我才真正觉得，科研这个东西太有意思了，觉得跟我在原来学校读书是不一样的，老师的思路啊，整个国外的研究体系，让你觉得做科研是件很容易的事情，而且能够养家糊口、丰衣足食。不像在国内补贴低。”

经济上充足的支持给了导师 D 充分的信心，感到满足。同时，精神上，不断获得导师的指导，每天都在进步。可谓物质精神双丰收。这位导师希望这样的故事可以对遇到类似困境的人有所启发。她认为，首先你要选对一个方向，跟对导师，然后在自己感兴趣的领域里多做一点，遇到不顺利咬牙挺过去了，事情会好起来。

【咨询师分析】

一、双重趋避冲突

从表面上来看，章童正在面临选择困境，并且这个选择正好发生在人生重要的转折期。去国外进修的吸引力在于满足自身在专业上寻求突破的进取心，去家乡工作的吸引力在于亲情、经济安定和角色转换。正如上文的导师观点中所呈现的，如果这些有吸引力的地方可以集中在一件事情上的话，那真是再好不过了。导师 C 也绞尽脑汁考虑过同时满足两个方面的方案。但是，实际情况的确存在限制性，如果去了国外，自己家里就暂时照顾不到了；如果留在家乡，自然去进修的事情也不能像现在这么直接容易了。章童不可能在他人生的这个年龄同时做到两个方面，正所谓“鱼和熊掌不可兼得”，这样的冲突在心理学上被称之为双重趋避冲突。两个选择都能满足章童的需要，但是又无法同时去实现。

【小贴士17】双重趋避冲突

双重趋避冲突属于动机冲突中的一种。动机冲突是指一个人在从事某件事情时，同时存在着两个或两个以上互相排斥的动机，如“鱼和熊掌不可兼得”，彼此相互矛盾，个体难以抉择，内心冲突，行动犹豫。动机冲突往往发生在动机已经形成，但还未见诸行动之时。动机冲突会带给个体内心不平衡感和不协调感，引发消极的情绪体验，持久而严重的冲突可以引起心理障碍。双重趋避冲突是指个体面对两个目标，每个目标又分别具有吸引力和排斥力。

个体没有办法简单选择任何一个目标，而回避或拒绝另一个目标。

当一个人卡在这样的境地中时，往往会感觉到自身的无助感和无力感，同时又因摆脱不了冲突而感觉沮丧甚至自责、压抑。本案的主人公被卡在这里已经有半个多月了，老师限他两周内回复。他也没有跟老师进一步的商量，而是自己闷在心里折腾。这的确也是一个无法通过商量来解决的问题，因为商量的对象就是其中一个选择的相关人，无法中立地给予支持。章童这个无意识的行动，恰恰说明了他多么希望能够站在一个中立的位置上，更全面地、更完整地看待自己的处境，而非简单地听听一家之言。他似乎隐约感觉出，这个困境触及了他当前所拥有的自我认知的边界，他感觉到“肯定还有心里的哪些地方，我还不知道”。他很努力地把问题推到了这个地方，接着感觉自己再也推不下去了。他的直觉在指引他。的确，在面临这样的困境时，正是内在的心灵在引领个体走向一个更高的认知阶段，或者更深的自我体验，或者一个新的生命阶段。这样的引领，也的确需要一个相对中立的位置，而不是向着相反方向的两股力量不停地撕扯，他需要有人陪他静下来，守着这两股力量，看看它们在告诉他什么秘密。

二、承载冲突的咨询空间

咨询提供的正是这样的一个空间。在咨询中咨询师做了什么呢？咨询师并没有继续站在两个选择中，分析利弊，加减权衡，得出决策分值，就好像生涯规划中的“平衡单”一样。此时需要跳出两个选择，站在一个更具包容性的位置上来。做到这些，需要通过同理心，来让章童在情感的层面感觉到被理解和被支持，这的确是一场艰难的抉择，章童的失眠已经充分说明了章童内心的艰难。当他能够充分自在地表达自己内心的艰难而不必担心被评价和解释时，内心的焦躁感就会下降，这样他便更有可能站在那个包容冲突的中立位置上来深入了解自己。

三、调整自我坐标

接下来，要做的是了解章童自己也感觉到了的“未知的自己”。当现实无法扭转，还可以扭转自己的态度，构建属于自己的人生坐标，体验到自己独特的价值感。这一刻，需要去追逐的已经不再是一个客观被认可的唯一答案，而是要去不断地建构起一个新的王国。这个新的王国代表着章童自我的更新。如果章童看自己的视角有所转换呢？他之所以被卡在这里，是由于他参考的是自己一直以来习惯了的自我评价系统，即“好学生、好孩子”系统，或者简单称之为“老好人”的系统。这个系统要求他做事情的出发点要先从重要他人那里开始，比如导师希望事情怎样，父母希望事情怎样。当然，这并不意味着他没有自我，只是他自我能量的很大一部分是用来考虑他人的，那些他们的期待很容易被他捕捉到、意识到，真正自我的那部分呢？一来不常发挥功能，二来总是慢半拍，三来常常轮不到自己就已经被消耗光了。因此，他才会出现这样的状态“他们说我发文章挺厉害，我自己也没什么感觉，就是导师让我做什么我就做什么，我都会去做的。我自己心里有什么事情，一般也不会跟课题组里的人讲，一般也没什么事吧，把该做的事情做完就行了”，以及如果母亲不说他不高兴，他都不会意识到自己不高兴。

来到咨询室，章童就静静地靠在沙发上，甚至显得沙发有些大，有些空。这幅画面一直印刻在咨询师的脑海中。刚开始的章童，显得很小。这种主观的感觉并非指他的身材矮小，而是他的自我力量感处于一种被削弱的状态，一开始他似乎并没有办法支撑起这个只属于他自己的安全空间。依据咨询的计划，当进行了若干次咨询之后，在咨询最后的时刻，他显得热情主动，咨询空间充满着他的想法、他的感受，咨询师刚开始的那种主观感觉就已经不见了。

四、构建内在心灵花园

那么，咨询中做了什么呢？正如在章童自述的部分中看到的，他不仅讲了自己的选择困境，而且还开始谈到了他的成长背景、他的童年、他的家庭。没错，咨询中做的事情就是讲述他自己的人生故事。这个故事不再是像写申请书和自我介绍一样，把光鲜靓丽的部分拿出来给别人看，他不需要给谁看来获得什么。他想要讲什么，就讲什么，他会去自发地讲触动他内心的，对他而言有意义的，他还会自发地对他的故事进行总结，从更大的层面上领悟自己是一个怎样的人，自己的情感需求是怎样的，自己的过去、现在和将来交织在他的自我世界中，正在联结成一片生机勃勃的花园。他的内心开始播种希望和意义感。在生涯辅导的理论体系中，这种讲故事的做法，被称之为“生涯建构理论”。该理论基于建构主义的思想。“建构主义认为不存在抽象的真理，而只有在特定情境中个人和社会共同建构的真实。实证主义的生涯咨询希望通过测验来发现客观的事实（如职业兴趣类型），而建构主义取向的生涯咨询则希望在咨询中与来访者共同创造意义。”[82]上文中谈到的“平衡单”便是从实证主义的角度来帮人们做决策的，这样的做法会容易让人们误以为有一个“属于自己的完美选择”，只要你没有这样的误会，那么用清单来整理自己的内心也是不错的选择。最终的决策往往不一定来自于清单的得分。正如乔布斯所说，“要有勇气追随心声，听从直觉——它们在某种程度上知道你想成为的样子。其他事情都是其次的”。听从直觉并不意味着你一天做梦醒来，按照梦的样子做了决定，设想没有多少人可以心安理得地这么做，但是听从直觉这一点告诉人们，影响一个人决策的还有很多未知的因素。面对这些未知的因素，人们还可以更坦然地接受生涯发展的不确定性，走出线性的思维模式。

正如有些导师所认为的，章童身兼多重角色。“个体的每一个角色之间都存在着千丝万缕的联系……多种角色的平衡与关系的建立……也是个体在环境中构建自我身份和个人所有社会角色的过程。”[83]我们不仅要考虑主人公的性格特质和多重角色，还要考虑历经时间，过去到未来会发生的变化。这些考虑在讲个人故事的过程中，主人公自己便会逐渐萌发出来很多想法。这个萌发想法的过程，便是主人公找回自我、关注自我、好奇未来、建立自信的过程。

这一次的失眠夜成了一个契机，让章童不得不面对比择业更为重要的人生课题——认识自己和成为自己。

【案情追踪】

章童在毕业前经历了十余次心理咨询，咨询结束的时候他已经完成了两次毕业旅行，跟自己喜欢的人走了自己喜欢的地方。最后一次咨询结束的时候，他跟咨询师这么说：“你告诉我的那片花园，对我意义重大。在我们谈话之前，我从未有过那种感觉，就是你自己有一片地，可以按照自己想要的方式去打理耕种，以前都是帮别人打理。有了这片花园，我突然感觉责任重大，干劲十足。我想不管我去了何方，那片时空都会因为我的存在而变得丰富起来。”他并没有告诉咨询师他去了哪里，咨询师也没有主动问他。不过有一点很肯定，他去了他想去的地方，并且会让那里成为他的家。

【谏言导师】

一、你真的了解“老好人”吗？

作为导师，一般不会感觉到与这类学生相处有什么问题。他们习惯说“是”，总是摆出漂亮的结果给你看。能遇到这样的学生真是一种幸运。也许因为这种幸运，导师可能会在他们身上寄予更大的希望，总是觉得有了他们在事情一定能成。他们会给你营造这样一种可靠感。看了本案主人公的纠结，你也许会发现，导师自己的希望和感觉可能会跟这种学生自己的希望和感觉相差很远，以至于这类学生不得不花费大量的心思来考虑怎么不让老师失望。但是，如果背负的太多，迟早会有崩溃的时候，那个时候不知道你会不会领受到一份大大的失望。但是即便是他们实在做不到的时候，他们也会很内疚。

当你发现你所带的学生中，有“老好人”存在时，你自己也许并不会感觉到有什么不对。你跟他们相处时好像总能让自己特别舒适，但是仔细想想，你好像也并不真正了解他们。带学生不是一件总是顺遂的事情，关于你们的课题，关于毕业，持怀疑精神的学生们总是希望提出自己的见解，而这些见解难免与你的有差异，这是常态。如果有的学生特别懂事，那也是一个值得警惕的讯号。这些学生容易被过度“压榨”，当然你并不想压榨任何人，但是因为他们不会说“不”，所以他们总会背上比他们承受力更重的任务，直到分配任务的人有了愧疚感为止。

二、如何增进理解？

你希望对这类学生了解更多一些吗？如果你希望，我这里会列出几条小的建议。

（一）平衡你的注意力。即便你总是想到某个能干的学生，并且觉得他干得多得到也多是很公平的，但很重要的一点是，你认为他得到的是否真的是他自己希望索取的。你的团队中，每个人都希望获得导师的关注。平衡你的注意力也可以减轻能干者身上承载的同伴嫉羡，同时也可以让你的团队成员都能获得一些实现自己价值的途径。

（二）了解学生的真实需要。“你需要什么？”拿这个问题去问别人，和拿它问自己一样，都很难得到称心如意的答案。回答这个问题需要在交谈中实现。这样的交谈是非任务式的、日常谈心式的漫谈。你可以听听他的故事，就像我们导师团里某位导师的做法，了解学生需要了解学生的家庭背景和成长经历。

但是,像填履历表那样的回答,也无法获得真正的答案,你知道他在哪里上大学,家乡在哪里,然后再加上你自己的猜想,认为来自哪个地方的学生会有什么样的特点,这样也太主观。你可以试着把听学生的故事当作你们放松的方式,你不仅可以了解他们的家乡,还可以听听他们那边的风俗习惯,比如作为儿子意味着哪些?还可以听听他们家里人是怎么谈话的,吃饭的时候讲话吗?家里人都能聊哪些层面上的问题?这样你就可以有机会知道,家对他们而言更多的是压力还是动力。如果你给予他们的支持是依据这些故事的,那么这些学生才会真的感觉到付出就有回报。

(三)协助学生的生涯规划。诚然,正如案例分析的部分所述,生涯规划是不断建构自我认同的过程。有些学生读研了就会把学术作为自己自我身份的一部分,有些学生即便在读博了仍然对于投入研究很犹豫。导师对学生生涯抉择的影响不可小视。你可以通过参与学生的生涯规划来促进学生在研究上的投入度,比如你向学生呈现作为学者的生涯画面,让学生切实感受到学术跟生活交融的可能性,那么你的学生就更有可能考虑成为研究者。曾经听到过有些学生的导师非常认可自己的身份,但是他讲到实验室就是自己的家,学生在赞叹的同时也被吓到了,学生想了想自己做不到那么纯粹反而有些退却。所以,你可以谈得更实际一些。你也可以通过督促学术来推动学生进行生涯规划。如何让学生对当前从事的工作与未来的发展建立关联是值得导师思考的事情。比如,有些学生谈学术时,会很低落地说,成天刷试管、跟着别人跑,根本没有当初准备考研时想象的那么美好。当学生在当前的琐碎中感觉不到生涯发展的动力和意义时,导师及时的鼓励和积极回应,可以有助于他们看到希望。当然,你可以借助学校就业中心和心理中心的相关资源,建议学生去关注自己的生涯发展。如果能将读研期间的各种经历,与生涯发展这一核心主题建立联系,那么每个学生都有可能在读研期间找到自我的价值所在,面对抉择冲突可能也就没那么纠结了。当然,这需要多方的合作。

(本案例作者:刘艳)

案例3:想要藏起来的女研究生

优秀的工科女研究生雪莉“成功”将自己藏了起来,这次行动似乎并非她自主决定的,更像是无意间进行的一次不得不去做的冒险。隐藏结束后,她担心再次出来的自己会面临糟糕的事情,担心自己会被嫌弃,那么实际情况到底如何呢?如何理解她不与导师、同学联系这件事情呢?

【案情概要】

雪莉是一位工科女研究生，长相白白净净，看起来很柔弱，讲话的时候略微侧脸看着咨询师，时不时推一下眼镜，仿佛在看向远方。她怀疑自己的研究生还能不能读下去，觉得自己有些不正常了。所谓不正常就是在撰写论文期间，从实验室里消失了一个月。她彻底让自己消失了一次，电话基本关机，有时打开看到老师和同学的信息，也不回，只是看一下。实验室的环境令其头痛，她只有藏起来才能按照自己的思路进行工作。在论文完成之际，她前来寻求咨询。在她眼里，实验室里的人都很有能力，实验也都很顺利，唯独自己工作效率低，实验总是失败，在这么优秀的团队中，感觉自己很差。她感觉不到自己的价值感。家族重男轻女，家道中落的环境，令其备受冷落。小时候谨言慎行，怀揣梦想，想要做到男孩子那样，于是一直违背自己的喜好一路读到工科研究生。而在她内心深处，一直希望自己像爸爸一样有才气，她跟爸爸都很爱音乐和画画，她希望将来可以从事与艺术相关的工作。从小到大，她一直都保持着很优异的成绩，她说自己很擅长考试，知道别人想要什么。

【来访学生心声】

我从小生活在一个大家族中，家里有爷爷奶奶，叔叔婶婶，还有我们家。听奶奶说，我们的家庭以前在省城很有地位，后来因为不知道什么原因，全家从城市就搬回了农村。我出生的时候，我们就住在农村。关于家族的衰落，我是从邻居小孩那里听来的，好像家人跟村里的人关系不怎么密切，大人们说村里人都在取笑我们家，我们家不会跟村里其他人一起说说笑笑。小孩子们也跟着大人，说我们家很奇怪的，也不常跟我玩。家里面讲得最多的是家里某位亲戚多么厉害，曾经在京城当官，还被授予牌匾什么的。我们家里的小孩从小就被教育要努力。当我们表现好的时候，家里所有人都会知道，会被挂在嘴上称赞很久，好像整个家庭都变得有希望了。当我们表现不好的时候，没有人会注意，好像你犯了很大的错误。

我们家在家族里也算是比较奇怪的。首先，爸爸不像叔叔那样有出息，他成天喜欢在家里搞点写写画画的东西，没事拉拉二胡。奶奶对妈妈要求严格，妈妈主要管家里的厨房，如果哪天做的饭他们不喜欢，或者没吃完太浪费了，奶奶就会责怪妈妈没用心。妈妈很小心，尽量每次准备饭菜时都会问大家想吃什么，但是又没人搭理她。十几年她就这么做下来很不容易，我在家会帮帮她择菜什么的。妈妈对爸爸也好像不满意，喜欢唠叨他不务正业。爸爸一般不作声。不过，最让爸妈有压力的，可能还是我。听说因为我是一个女孩子，出生后奶奶都不怎么抱我，还会对妈妈很凶。叔叔家是两个男孩，奶奶说他们可以传宗接代，振兴家族都靠他们了。说起来，还是爸爸对我最好，他虽然不怎么宠我，但是也没有像其他人那样对我另眼相待。小时候最高兴的事就是爸爸画画的时候，给我一支笔，让我在那儿随便画。爸爸还教我二胡，我小学时候还代表学校去参赛。上大学后有好几年没好好拉过了。小时候，我心里一直有个当画家的梦，懂事之后明白，自己应该像叔叔的孩子那样，做对家族有好处的事情。我一直学习很努力，好像也很擅长考试，平时也不突出，一到大考就会跑到一二名。叔叔的两个儿子一个比我大一岁，一个比我小两岁，后来婶婶还让他们向我学习呢。现在，他们大学毕业后在当地工作了，只有我跑到离家很远的这里来读研。高考选专业的时候，爷爷奶奶还有叔叔都支持我选择有前途的专业，爸爸问我有没有自己喜欢的。我看了妈妈一眼，她看着远方也不说话。我当时就想着，要考一个有前途的专业，像男孩子那样为家族争光，妈妈也可以不用那么累了。听说这个学校工科很好，我就读了。

大学第一个学期，我不像其他同学那样参加社团，我不太喜欢跟一群人在一起，会很不自在。还好可以泡图书馆，泡着泡着学习成绩居然跑到年级前几名，我都没有想到。就这样获得保研名额，在本校本专业继续读研。我本科开始就在导师实验室里帮助师兄师姐做实验了，导师他们对我都很好。这次我说想自己学习几天，导师很爽快就答应了。虽然在实验室待了有好几年了，但是跟大家相处时我还是很拘谨。我只是把导师要求做的事情做好，不愿意像他们那样一起打打闹闹。大家玩的时候，我一般很少讲话。没事更愿意待在宿舍。这些年过下来好像也还好，就是快毕业这段时间，我一开始跟导师请几天假，没想到后来待了一个多月。

有时候也很想跟人聊聊，希望有个人可以了解自己的一切。也有男生追求过自己，我不知道他为什么会喜欢我。我没什么感觉，开始觉得有个人在身边也不错，但他总是要一起吃饭出去玩，太亲近了我又想保持一段距离。我想远离的时候他又受不了，后来干脆分手了。我好像跟人太亲近会很紧张，不知道做什么好，一个人反而还自在些。

跟老师请假之前，我实在是有些承受不了了。眼看着组会时别人都有进展，我好像一点看文献的心思都没有，心里很乱。没有人知道，也没有人会帮助我。我只要一个人静一静就可以了。虽然在别人眼里自己还不错，实验室里的人不管比我大还是小，都跟我开玩笑叫我“雪姐姐”；但我自己知道上研究生以来，我已经有些力不从心了，本科时候让我学什么我还能学，搞研究还要自己有想法，搞很多实验，常常失败，自己感觉自己有些没用，不配待在这里，真想把自己藏起来。后来在宿舍，我硬着头皮让自己什么都不想，在宿舍心理压力小一些，倒是把论文初稿写出来了。现在我还没有正儿八经去过实验室，我也不知道怎么去，想先来心理中心听听老师的看法。您说我这样是不是很奇怪？

【导师团看法】

一、导师A的观点

“如果她很喜欢艺术，我们的教育培养系统应该在前期就帮到她，找到她喜欢的方向。这一点我国教育系统恐怕现在还达不到。到了研究生阶段，导师的任务就是按照自己擅长的研究方向培养学生在某个领域的研究能力，你进来是工科生不可能帮助她成为艺术生。”听起来，这位导师对于雪莉的梦想，从导师身份的角度有些爱莫能助，但他作为一名教育者，仍然在考虑如何让教育系统成为一个人性化的筛选机制，能够帮助个体成为她自己希望的样子。

针对雪莉实验中的挫败感，这位导师谈到实验失败是非常常见的事情。他带领的工科课题组中确实男生较多，也比较欢迎男生。为什么呢？在这位导师眼中，男生的耐挫力更强，沟通起来更容易一些，实验不成功，那么重新再来，给些指导男生再去做就是了。指导女生如果用同样的方法，会有些吃力，他感觉女生的确会敏感一些。也许工科是一个体现性别差异的领域，但当老师想起课题组的不同女生时，发现女生也有比较好沟通的，于是考虑到了性格层面的特点。

他以一个在他眼里性格敏感的女生为例来谈他的观点。这个学生在原来的学校排名第一，进了课题组就没有那么明显的优势了。能进这个课题组的学生都比较优秀，差异没那么大了，原有的优越感消失了，心里肯定有落差，这个时候特别需要自己调整心态。面对这种必然的变化，导师认为不谈比谈更好，当然他会跟学生讲“能来到这里，代表着你们都是最优秀的学生，你们每一个都很优秀，但是我不会给你们排一个高低出来，你们都是我的学生，我对待你们，对待你们的科研，或者平时对待你们，我会一碗水端平。我不会说，你表现好一点，我给你关注多一点，我一直跟他们说，只要你是我学生，我都会一视同仁”。针对由比较带来的优越感缺失，觉得自己不如别人，导师认为在这种竞争的大氛围里，导师的态度很重要，要做到一视同仁，一碗水端平，否则会造成心理失衡。

导师谈到，也有另外一种观点，认为在差的学生上可以少花些时间，导师把主要的经历投入到前30%的人身上即可。这位导师认为这么做会出大问题，其实每个人都一样，从家长的角度来看，你都会认为自己的小孩子是最优秀的。不管你有一个或者两个，其实，每一个你都认为是最优秀的。但是，如果有一个比较讨你欢心，你就把主要的精力都投在他那里，必然会造成心理上的失衡。尤其现在大氛围都很强调竞争，对学生分出个三六九等。我们作为导师要特别注意不给学生贴上这样的标签，不要因为学生的成绩好坏就区别对待，要注意这样的区别给学生带来的伤害。成绩不一样，按成绩给予不同的机会，但是给予学生的关爱是同样的，在这个层面上不要去衡量谁多谁少。

导师A的观点触及雪莉问题的一个核心地带：你获得关注是因为你做得好，还是一个孩子本来就值得获得她需要的关爱。这一点在培养塑造人的过程中特别重要，在后文中会进一步详述。

二、导师B的观点

导师**B**首先考虑到了师生沟通的层面。她去寝室工作有没有跟老师说一声？回去之后效率怎么样？去寝室是去玩还是去工作？该导师认为去寝室本身不是问题，主要看沟通是否做到，以及工作状态是否保持或者有所改善。了解到她在宿舍待了一个月，导师并不知情会有那么长时间时，这位导师考虑到该生的性格，需要考虑她的人际关系是怎样的状态。

成长经历对于其性格的影响，也成为导师B分析该案例的一个角度。怎么了解她的性格呢？这位导师提到了几个观察的视角：1.在实验室中是否受欢迎？即性格中的乐群性如何，愿意参与一般的人际关系吗？如果在人际方面有矛盾，作为导师可以出面协调。2.性格内向，只是想一个人安静地写东西。如果这样该导师认为非常可以理解，“我觉得我写东西的时候也不想见人，但是我会告诉老师，跟导师沟通清楚，取得导师理解、同意和支持。同时仍然保持其他沟通方式。比如，我会跟导师说我这个星期都在写东西，我会去到图书馆，或者我就在我自己房间里，因为我以前在美国做博后我最后一篇论文就是自己在家里写的，我不喜欢去实验室，我觉得实验室太吵了，但是我会说一声，这样老师同意了，然后每天都写，然后邮件交流有什么问题。这个我觉得在哪里应该没有关系，主要是她没有说清楚”。相比于听话，充分的沟通和知情也是导师所需要的，本节的个案在这一点上是担心大过行动了，这位导师还列出了沟通的细节。

关于学生好像消失了这样的事情，这位导师也谈了自己可能的做法。肯定是首先要找到她在哪里，在做什么。现在实验室有个学生也是这样子的，她就突然消失了，不知道去哪里了，也没有做事情。一般一个星期开一次组会，如果看不到学生，肯定会问清楚的。导师也有监管学生的责任，像自己的孩子一样，孩子要是一个星期不回家爸爸妈妈也会着急。只是有些学生怕老师，不愿意跟老师汇报自己的一些情况，这也是可以理解的。对于不太主动的学生，你平时就要尝试经常跟他接触。通过日复一日的交流取得学生的信任，让他不要怕你，有什么事情愿意跟你说，性格再孤僻的人也会有朋友的，你说是不是？他总会有需要交流的东西，那你就争取成为他愿意讲话的那个人就好了。这么做导师肯定是需要花费比较多学术指导之外的时间的，但这不正是导师需要花费精力的地方吗？

“以心换心”的确需要时间来滋养，但收获的也是最坚实的信任。导师们发现，当导师把学生放在孩子的角度来考虑的时候，总是能够找到充满关爱的对待方式。学生不再只是一个被指导的对象，也是被园丁呵护的小苗了。这位导师还提到了她所坚信的一个人性基本面，那就是“她总会有交流需要的”。一个导师如何理解人性会十分影响他的处事观。如果像这位导师那样，相信人总是需要交流的，并且认为无论多安静的学生，别人总是可以争取成为他最想讲话的人，那么交流的坚冰就有可能打破了。反过来，如果认为一个人就是不想讲话，无论自己怎么做都不会有效果，那么你的接触行动就会早早结束。这个案例特别考验一个人的人性观，你认为人性总是朝向善意、信任、关系和积极的吗？

【咨询师分析】

一、僵化的自我发展

基于人心理的复杂性，心理学这一学科并没有统一的原理，关于人性也未有统一的看法，于是形成了不同的分支流派。其中一支流派被称之为“人本主义心理学”，它特别强调人性本善。所谓的善是指人所具有的一种渐趋完整和适应的潜质。这一流派的创始人之一罗杰斯，曾经仔细地观察过他家地窖里的土豆。地窖的通风口可以透进来一丝阳光。他发现所有的土豆一旦发芽，嫩芽的头一定都是朝着那一丝阳光的方向长的。虽然在阴暗的地窖中养分不足，但是时机到了土豆就会发芽，有阳光它们就会去跟随。对人性而言，只要条件合适，人总是希望尽最大努力发挥自己的潜质，尽可能调节自我适应环境。“完全成为一个人意味着要经历成为这个星球上最敏锐、最有责任、最具创造力和适应力的生物之一的复杂过程。平衡与尽可能满足所有需求。参与复杂的自我调节活动。”[84]人总是倾向于从依赖走向独立，倾向于发展、分化和合作关系，“人是值得信任的”。依据这一理论，那些觉得独立和与人共处比较困难的人，一定是遭遇了不合适的对待，让他们无法再信任自我机体自然的调节机制，无法参与和观察自己的体验，而是总想控制自己的体验。因为他们的自我被不信任和伤害，他们只有在狭小的控制感出现时才会觉得安全。自我变得僵化，令他们无法相信自己内在的感受，而是相信外在的价值评价，自我处于低自尊和低价值的状态。

雪莉的经历鲜活地印证了该理论表达的内容。这里先梳理一下雪莉成长过程中遭遇的不合适的对待方式，这一点从她的描述中你一定有所觉察。从大环境来看，她的家族受到周围人的歧视，她的小家庭又在整个家族中不被看好。年幼的雪莉在分辨能力尚未成熟之前，就感受到了大氛围中毫无理由的不接纳感。小孩容易将外在的信息内化，这本是他们超强学习能力的体现，但是当外在环境中出现负面的信息时，他们也会将“你们很奇怪、你们没本事”这样的外在信息内化为“我不够好、我不受欢迎”。从雪莉的家庭氛围来看，她的出生就渗透着“不欢迎”的信息，本来是一位老人固执的重男轻女思想和家道中落带来的重重遗憾，但言谈间传递给这个孩子的却是“我的性别不受欢迎”，甚至“都是我性别的错才让母亲受苦”。这种自我伤害的念头，在有些孩子那里是不会被言语化的，这些感受只会在她们的眼神中、做法上以及情感中纠缠，形成一些实质性的自我伤害或者补偿性的行为，比如雪莉特别努力成为家族中男孩子的样子。她看着母亲那忧伤的眼神，她内心深处长久积累的苦楚与母亲的苦难融为一体，她只想到要为母亲分忧，那一刻她的高考志愿不是她自己的，而是这个家庭走出苦难的希望。在雪莉心中，获得家人平等的关爱是需要奉献自我的。

二、被藏起来的真实自我

接下来，再看看雪莉成长过程中经历的合适的对待方式。一个孩子心灵的敏感会比成人理性的计算更为清晰，她明确地知道谁给她带来“好”的感受，并且她会把那些好，当作生命中最宝贵的礼物留在心底，需要的时候拿出来激励和抚慰自己。对一个孩子而言，你不需要特别把自己认为好的东西给他，即所谓“宠爱”。你只需要允许他做他自己就可以。那些被特别宠爱的孩子并不一定喜欢他受到的宠爱，并不一定顺利地成长，他可能会无法现实地看待自己和外界，无法独立，同样也就无法充分发挥自己人性中的自我调节机制。雪莉的爸爸在她眼中并不特别爱她，但是不被家族看好的爸爸对女儿却从未有过另眼相待，父亲并没有把家族和自己的压力投注在女儿身上，父亲以自己的方式承载着家族给他的压力，沉浸在自娱自乐的艺术世界，独自拥有一方清净天地。在父亲眼中，女儿的样子就是她自己，她想画画，他就给她纸和笔，她想拉二胡，他就陪她练习，她要读大学了，他问她你喜欢什么。父亲并没有特别嘱咐过女儿什么，父女之间进行着无言的交流，雪莉感受到的爱流淌在每一道笔触和音符当中。在她心底，艺术的世界是她能感受到的被爱的世界，她怎么会不向往那里。也许，正是她生命中来自父亲的这股暖流让她得以有力量一路向前，在关键的时刻发挥出自己的最佳水平，在学业上可以过关斩将，成为家族中走得最远的孩子。所以，咨询师看到的雪莉并非处于病态，她只是需要从小时候无意接受的错误信息中走出来。她的心底感受过适合自己需要的对待方式，她拥有一个被接纳的自我，但是这个自我是被藏起来的。对于年幼的雪莉而言，或许会常感困惑，为什么他们那么讲她？那么被爸爸支持的自己在别人那里怎么会成为麻烦？小孩子没有办法辩证理性地分辨这些，只好将这两部分分隔开来处理。稳定真实的自我藏在里面，脆弱敏感的自我露在外面。

三、藏起来才能激活的能量

雪莉担心自己把自己藏起来那么久有些不正常。那么，这里也会对这一担心进行分析。首先要明白，藏起来只是雪莉的外在行为表现。这一行为是一把双刃剑，它一方面给雪莉的学业带来正面的影响，另一方面又会给她的人际表现带来负面的影响。导师和同学可能会对她有各种不利的推测，而面对他人的眼光正是她不擅长的。在别人面前做自己有困难，所以她担心这一次任性可能会让她显得有些不正常。这一份担心的主要困难是藏起来之后如何面对。"任性"并非她常用来示人的一面，她常带的人格面具，即用来适应社会的自我状态是安静且正常的，不会有任何意外的，且总是能满足他人的要求。与人格面具相对的是一个人人格中的阴影面，阴影面常常代表一个人内心中被否定和不被接受的部分。也许，在雪莉的人格深处，她更希望任性地满足自己，但这一声音常常处于被压抑的状态。面对完成毕业设计过程中的挫败感，光靠人格面具的能量已经不足以支撑，在实验室里，她的内心状态已经无法安静地进行，也就无法满足毕业设计所需的节奏了。这样的时刻会激活阴影力量，雪莉人格中充满力量但是被否定的部分被发动起来，她能考虑的事情变得有限起来，无论如何找到能做毕业设计的地方就好，当时其他的问题都顾不上了。从外在看来，雪莉把自己藏起来；实质上，她的心灵正在发生裂变和能量的积聚爆发。这样，读者就能理解，雪莉何以能在宿舍里一个月交初稿了。被藏起来的她，带着人格阴影面的能量，处于动力十足的状态。等到初稿上交之后，她惯用的人格面具回来了，她开始注意他人，她开始十分担心自己是否正常，是否能够读完研究生。

四、重塑人格面具

这个时刻她来寻求咨询，与其说是希望咨询师帮助她解开迷惑，不如说她是来寻求确认的。我这样做可以吗？会被理解吗？我可以做些满足自己的事情吗？她的人格面具中能够融入一些自我的元素吗？作为咨询师，所采取的最主要的做法有两点。第一点是正常化她的做法。详细了解后对她的需要表示理解，在那个特殊的时刻她做出了有利于事情进展的选择。导师团的观点实际上也是在做正常化。这就告诉导师，如果你聆听了学生真正的需要，并且表示理解之后，会在很大程度上化解学生的紧张和焦虑。正常化是人们在生活中常常做的事情，也是的的确确能够产生效果的做法。光正常化可以化解情绪上的压力，但是无法完全澄清雪莉的谜团。咨询做的第二点就是重塑人格面具，这一点是通过讨论现在如何跟导师、同学沟通实现的。现在事情已经发生，如何让导师了解实际发生了什么并且争取获得理解，如何跟同学解释，都是咨询关注的重点。雪莉选择用邮件的方式跟导师沟通，这样她觉得可以减轻面对面带给她的压力，她觉得只要导师觉得没问题了，同学们肯定会理解她的。最后还要推进人格层面的成长，雪莉需要明白这一事件的发生只是她人格成长的一次机会，个体觉得不对劲的时候往往是需要拓展自我认识的时刻。雪莉可以把藏起来看成是一次秘密的修炼，通过应对这一事件，雪莉开始学会在人际关系中平衡自我和他人的不同需要，开始可以看到自己的独特性并且依照自己的独特轨迹来发展自我。下一次有类似的需要，雪莉也许就可以像导师B提到的那样进行充分的沟通，并且保持自己独立思考的空间了。对于工科和艺术的分歧，雪莉也有所领悟了，她了解到艺术对她而言，不仅仅是一个专业的选择，它还意味着跟他人和深层自我的联结，保持这个梦想让她有机会在成年后探索不同层面的自我。也许，将来雪莉可以找到一条将二者结合的道路，由此消除分歧。

【小贴士18】人格面具

人格面具一词来自希腊语 persona，本义是指演员在舞台上扮演某个特定的角色所戴的面具。在荣格分析心理学中它是一个从众求同的原型。人格面具是基于个体应对外界而存在的一个体系，具有统合性、独立性和整体性。人格面具对于人的生存来说也是必需的，它保证了我们能够与人，甚至与那些我们并不喜欢的人和睦相处。它能够实现个人目的，达到个人成就，它是社会生活和公共生活的基础。人格面具在整个人格中的作用既可能是有利的，也可能是有害的。如果一个人过分地热衷和沉湎于自己扮演的角色，如果他把自己仅仅认同于自己扮演的角色，人格的其他方面就会受到排斥。像这样受人格面具支配的人，就会逐渐与自己的天性相疏远（异化）而生活在一种紧张的状态中，因为在他过分发达的人格面具和极不发达的人格其他部分之间，存在着尖锐的对立和冲突。例如：如果对人格面具过分看重，那么它的发展就必然以牺牲人络结构中其他组成部分的发展为代价，从而对心理健康造成危害[85]。

五、必要的回避

最后还需要关注的是雪莉的性格特征。结合第二章第一节个性探秘当中弗洛伊德流派的观点来看，雪莉人格中的超我力量强大，自幼便清楚家族的要求，明白自己应该怎样做，高考应该读哪个专业。本我的需要仅在与父亲相处时得到一些满足。作为女孩子需要从父亲的世界中走出来认同母亲才能形成明晰且符合社会规范的身份感。父亲常遭受家族和母亲的否定但又选择不与家人沟通，雪莉深深被父亲的世界所吸引，同时父亲的世界又缺乏保护的力量，这就导致雪莉牵扯在父亲和母亲的世界之间，向往父亲世界的同时也怀疑，好奇母亲世界的同时也保持距离，甚至反向认同男性的角色，认为应当担当家族的重任并且保护母亲。雪莉的自我协调超我与本我的复杂冲突甚为吃力，从而出现了回避这样的防御机制，表现出来就是不太与人接触。对雪莉而言，暂时的回避是必要的，甚至是关键的，它帮助雪莉应对了最需要完成的学术任务。超我的能量也来自本我，当超我运作积极时，本我的部分会受到严重压抑，本科时候的雪莉几乎不再碰二胡，将所有的精力都投入在学习专业上。毕业设计时，压抑的状态反弹，雪莉无法像大学时候逼着自己做论文，论文靠逼自己是逼不出来的，它需要身心合一的创作状态。这时的雪莉放下了超我的部分要求，才能在宿舍里将毕业设计完成。

【案情追踪】

在八次的咨询过程中，有趣的事情发生了。雪莉开始尝试着跟她觉得比较亲切的师姐沟通，师姐虽然不免跟她讲了一堆道理，但是并没有完全否定她的做法,反而主动表示有困扰可以跟师姐讲。她一边听着道理,一边谋划着自己的行动方案,接下来跟导师怎么说。因为在咨询室里做了角色演练,雪莉跟导师也一五一十讲了自己的真实心情,导师自然报以理解,并且还跟雪莉约定了一个请假制度,这样当雪莉有特别的需求时就可以通过请假跟老师说明,而非偷偷行动又很担心后果了。不过对于在实验室里面如何自在起来这件事情,雪莉说她自己还需要一些时间来适应新的感觉。

【谏言导师】

在个性探秘一节就曾对导师提出过建议。如果你想了解你的学生是否足够成熟,是否能够适应良好。你需要了解:他是否足够看重自己的独特性,看重自己的成长背景、想法和做法,同时又能尊重别人的想法和做法;他是否能够较为自然地表露自己的情感,同时能够倾听并理解他人的情感;当遇到跟自己不一致的信息或者自己的判断明显出现纰漏的时候,他能否及时察觉,并且放下固执,充分开放自己的感知,去调整自己的行为;他做过的事情当中,他是否一直在朝着建设性的方向思考问题。

雪莉是怎样的呢?她对自己的独特性并非不看重,但有些压抑和忽视;她更为看重他人而非自己的想法和做法;对于在他人面前表露自己的情感,雪莉显然感到紧张,她让自己尽量少卷入人际互动当中,这一点从她导师提供的几个事件中可以很容易看得出来;当她发现自己完成毕业设计有困难时,她无法及时寻求帮助,也没有跟导师沟通自己的想法,而是找了一个借口请一个星期假;当实验出现挫败时,对于开放自己、接受经验教训从头再来,她心有疑虑,难以尽快调整状态。挫败感影响她的自我认同,反而让她觉得别人都很优秀,就自己不行,这一点很难让她有心力去进行建设性的思考。因此,雪莉这样的学生需要导师在人格的层面给予更多的关注和帮助。

那么,如何让雪莉更胜任自己的研究工作,同时还能在读研期间更好地获得个人成长呢?我建议导师考虑如下几个方面:

一、勤加察觉

在面试、组会和聚会等各类场合,你都有可能通过我们提供的观察视角来仔细了解你的学生。雪莉的导师很细心,对于她在组会和聚会中的两次表现记忆犹新。

二、深入了解

如果你发现了雪莉这样安静且有些回避行为的学生，妄加猜测、自怨自艾或者惊慌失措大可不必，雪莉这样的学生一向将自己的功课完成得很好，在学业上他一般不会让导师操心，因为他们有一个强大的超我，知道什么应该做好。你唯一需要担心的便是什么样的情况下产生的压力对他而言会有些无以复加。去了解这一点，你可以选择邀请他面谈，或者邮件等电子通讯的方式也比较合适。面谈时，你可以选择询问他一些开放式的问题，比如“最近正在做些什么？做到哪里了”，避免带着太强的目的性以及给予太大的压力，比如“你那个项目怎么样了”，因为他们自己完全知道自己哪里做得不够。如果你觉得需要给予纠正，也可以采用较为温和的语气给予建议，供其参考。只要他们的工作仍然在承受范围之内，他们就一定会把工作做好。但是一旦超出压力极限，可能他们的回避行为就会成为最后的出口。

三、鼓励尝试

涉及人际互动的过程对他们而言多少都会有些压力感。但是就像前文中所谈的，他们也希望能够有个可以聊的人，只是顾虑重重。所以，如果在聚会活动中，你发现他又要离开时，你可以陪他一起出去走走。也许，对这样的学生而言，一对一的谈话会比一对多更放松一些。在陪伴过程中，你可以真诚地邀请他参与，并且鼓励他多尝试不同的机会。你的鼓励会给他们很大的信心，也许他们某一次真的就站出来了，导师的话对他们而言很重要。

四、分享减压方式

任何的小团体或者一对一的分享，都能给个体的压力感带来缓解。对于因为较高的自我要求而产生过多压力感的学生，你可以主动分享自己的娱乐和放松方式，让他们意识到权威者生活化的一面，这样可以打破他们不必要的幻想。

（本案例作者：刘艳）

案例4：山一样沉重的毕业论文

本案例描述了一个面临毕业论文的压力而陷入了抑郁状态的研究生，该生从外校保送过来，当以往的学业优势、能力优势和性格优势一一被当下的论文压力击得粉碎时，人生活着还有意义吗？“压力山大”的他最后恢复了吗？毕业了吗？

【案情概要】

研三男生王强，近一个月来，不修边幅，不想外出，也不想找人交流，偶尔会有“活着真没意思”的想法，有过自杀想法，但不会实施，因为家里就他一个孩子。究其困扰的原因，原来是面临毕业，毕业论文的工作量无法达到导师的要求，且导师给予的指导也不多。尤其是近一年来，他每天睡眠 5—6 小时，晚上多是 12 点从实验室回宿舍，即使这么努力，实验进展还是很不顺利，他不敢主动找导师沟通，担心实验结果不理想，导师看不起他。平时导师找他也少，偶尔问一下进展就不了了之，因为导师总以为他肯定有能力完成论文。他一个人在并不喜欢的学术领域里遨游，很累很苦。本应在 3 月份毕业，现已延期至 6 月份，但因毕业论文仍达不到要求，晚上经常失眠，白天不能集中注意力投入学习，觉得生活很绝望，这样下去恐怕要延期到 9 月或 12 月、甚至退学了，如果一直延期或者读不下去要退学了，目前已找到的工作肯定也保不住了，如果工作也没了，那么一切都完了，这二十多年的努力也就白费了……

【来访学生心声】

毕业期到了，我很辛苦地去找工作，还好找到了一份，虽谈不上很理想，但也可以给自己交代一下了，暂时减轻了找工作的一大压力！但毕业论文的压力又来了，而且毕业论文，我一直努力工作了一年，每天都是 12 点从实验室回去，每天睡眠 5—6 小时，我扪心自问，我也应该算是努力的啦，但为何论文迟迟不能达到导师预期的要求，实验结果总是那么不尽如人意。在这个过程中，导师也给不了实际的指导与帮助，只能自己一个人在浩瀚无边的学术领域中遨游，快要被“淹死”了，但仍看不到靠岸的希望。难道真的是自己太笨了，不适合做科研，还是自己运气太差了，遇到了这样一个难搞的课题，做不出来任何成效，还被导师及同门师兄妹等嘲笑，尤其是受不了导师那鄙视的神情。

我刚入校读研时，是从一所重点院校保送过来，成绩优异，活动能力强，拥有很多奖励和荣誉，所以导师对我抱有很大的期望，总认为我能够做出更好的科研成果。我从研一就开始投入研究工作，但一年级处于科研适应及学习阶段，并没有确定明确的课题，第三学期导师指定了一个研究课题给我，我欣然接受，但只有我一个人做这个课题，遇到困难或问题时找不到任何人帮助，找导师讨论，导师不是没有时间无暇顾及，就是泛泛指导并无实质帮助，第四学期实在无法进行下去了，再次找导师讨论，导师让更改课题，于是一年来又是一个人在一个新的研究课题里苦苦探索，本该3月份毕业了，但现在的实验结果并不能达到导师所希望的毕业要求，于是要延期至6月份毕业了。

最近一个月来，我心情抑郁，不修边幅，连洗头发的次数也减少了，不想外出，也不想找人交流，偶尔会有“活着没意思”的想法，有过自杀想法，但不会实施，因为家里就我一个孩子，晚上时间偶尔有头脑“发木”的感觉，有时会头疼，无法集中注意力继续写论文。如果这种状态持续下去，实验结果及写作思路都没有新的突破，再加上自我的精神状态在逐日下降，估计6月份也毕业不了。而且导师也明确对我说：“不要想着能蒙混毕业，现在有些研究生平时不努力，毕业前夕抱佛脚，这样的学习态度是不行的。从我这里毕业的学生，决不能‘水水’地毕业，必须要达到一定的工作量及论文要求……尤其是你，是从名校保送过来的，谁会想到毕业时竟会是这样的能力，你看看你们同校保送过来的某某师兄或某某师姐，他们为何那么优秀，有那么好的科研成果，你呢？要回去好好反思反思，一定要做出像样的实验结果才能写出好文章，才能毕业……”在课题组开会时，导师也会不停地强调，这次要杀一儆百，听着那话就是对着我说的，他对我们一贯严格，听说导师要劝一个硕博连读生退学，那个师兄已经延期一年了而且很难毕业，导师怎么可以劝退学生呢？毕竟在这里待了那么多年，导师太无情了，怎么可以这样做呢……在我的问题上，我也感觉很委屈，导师根本就不知道我付出了多少努力，也不了解我的实际工作，尤其是中间也没给予什么指导，一年级没有定课题，二年级确定了课题最后又换掉了，情况他都清楚的，现在论文达不到他的要求，他也应该负有很大的一部分责任，现在又威胁我说，做不出来就不能毕业，或者退学也行。他怎么能这样对待学生呢……想到此，就会忍不住哭泣，觉得一个人活着好痛苦，好无助，就像生活在一个黑洞里，看不到希望，看不到未来……

我是独生子，从小爸妈对我要求很严，期待很高。我的家庭条件一般，父母期待我出人头地，改善家境。我个性内向，从小听话、懂事，学习成绩优秀，父母引以为豪，偶尔学习成绩下滑，我也会拼命要求自己努力，一直以来保持着优异的学业成绩。我的朋友不多，但还算能和别人交往。尤其是大学阶段，我担任着学生会干部等角色，活动能力强，一直是佼佼者，最后以优秀的成绩被保送读研。可现在呢，我一败涂地，什么都很差劲，科研能力很差，毕业都有困难，因为焦虑科研，我曾担任的院研会干部角色也早就放弃了，感觉人际交往及社会实践能力也没有什么提高，现在勉强找了一份工作，很多时候也羞于告诉周围的同学，所以，研究生的生涯是彻底失败的，很想快点逃离这个地方，永远地逃离科研环境。虽有女友，但一直也不敢让她知道自己的处境，担心女友知道了自己的实情会更看不起自己……在导师面前，已经差到极点，颜面无存，而且被他看得很低了，他那么绝情也不会帮我的，也帮不了我……在父母眼里，也不敢让其知道详情，一是担心他们担忧，二是父亲知道了实情会更加严厉地批评我，他总觉得为啥别人都能顺利毕业？是不是我太不努力了？他们永远都无法理解我的困难，也帮不了我……生活这么苦，如果最后都这么努力了，还是不能延期毕业，那我就干脆把“命”赔给他们好了……

【导师团看法】

一、导师A 的观点

导师 A 认为：该研究生的努力方向或实验方法或许不对；现在的研究生多是独生子女，其抗挫折能力太低，一遇到困难就放弃努力是不可取的；而且研究生不理解科学研究的本质，在做研究的过程中，要允许有实验失败，要有学术精神。这一点需要导师从研究生一入学时就能够不断地灌输、引导，让研究生对一些应有的科研挫折都有心理预期，有相应的心理准备期或调试期，并对整个研究生阶段的学术生涯进行一个初步的规划，包括课题方向或安排的课题内容、希望达到的预期，以及达不到学术预期时的补救措施等，让研究生对自我的学术发展阶段及学术能力有一个清晰的认识及评估，以预防科研挫折让研究生措手不及、自信丧失，最终丧失科研探索的精神或动力。

二、导师B 的观点

导师 B 认为：研究生的论文进展困难或实验困难，导师应承担主要责任，在分配研究课题时，一是要征求研究生本人的学术研究兴趣，二是要考虑研究生本人的专业背景、学术能力及发展潜力，分配给研究生的课题要难度适当，并且要注重监督指导过程。一旦遇到研究生实验进展不顺利，要给予适合的指导；实在不能进行下去时，要允许更换课题方向，或者由课题组成员协同讨论、努力攻克难关；同时，课题组要有一个定期沟通、讨论交流的机制，不让研究生产生孤立无助的感觉，要让研究生知道这是一个科研团队在工作，团队成员之间会相互支撑，只要研究生投入足够的努力，毕业还是有望的。

三、导师C的观点

导师C在接受访谈时，就谈到了自己带领的一个延期毕业博士生的情况，在延期毕业的阶段，他担心学生心理压力过大，不愿找导师主动沟通，于是他会邀请该博士生在他办公室进行论文写作。该导师办公简朴，为了便于带领年青导师快速成长，他在自己十几平方的办公室里又专门设置了两个副教授的办公室位置，同时还留有一个办公位置专门给延期毕业的研究生。这样延毕生在遇到困难时就可以随时与导师或其他老师进行沟通，导师也能充分了解延毕生的论文进度和情绪状态。当阶段性的论文文稿写出来时，该导师就会拿着打印稿认真审阅，校改批注，然后找研究生一起交流，这样就保证了该博士生能够在预期的时间内毕业，缓解延毕带来的心理压力。看来，这样的好导师真是受研究生欢迎呢！

四、导师D的观点

导师D认为：该研究生遇到困难不找人积极沟通、交流；不能主动适应研究的氛围，是研究生自身的问题。因为研究生不能凡事依赖导师，什么都想他人代劳，或者有完美心态，什么都期待太高，一旦经历失败或没有达到期望的结果，就放弃自我，这是极其不可取的。

五、导师E的观点

导师E认为：对待研究生不能只用一个学术标准要求，本案例中的研究生一直强调论文不能达到导师的标准，那这个标准是否明确量化，是否对每个学生都适用？也是值得导师深思的。所以，导师也要根据研究生的实际学术能力适当调整对研究生的学术期待，很多导师会抱着“先紧后松、身心健康第一”的原则要求学生，对研究生进行正面引导，高标准导之、过程督之、结果达之，不能一刀切要求所有的研究生，只要能达到学校规定的毕业标准即可，不一定要完成实验室指定的超标论文要求。

【咨询师分析】

王强目光呆滞、表情沮丧地走进咨询室，因为是第一次咨询，有些不知所措，在咨询师的引导下，王强坐下了，开始倾诉问题。当咨询师了解到王强最近一个月精神不佳，活动能力下降，正常生活受到影响，偶尔有“活着没意思”的想法，且曾有过“自杀想法”等信息后，咨询师的做法是这样的：

首先，评估王强的自杀风险。在谈及何时有自杀想法时，王强自述小学五六年级时，一次上完奥数辅导班回家后很累，在休息，结果父亲以为王强偷懒不学习，被父亲打，心里很委屈，当时想过自杀，觉得活着没意思。在谈及会否实施自杀行为时，王强表示目前不会去死，因为担心父母，家里就一个孩子，必须为他们活着。在实验室和同门曾半认真半玩笑地谈论过自杀方式，同门说：你要挺不住了，我会陪着一起去死。但王强表示，那也就是说说而已，不会实施的，因为有类似苦恼的研究生不少，他觉得还是有人理解他的。经过如此评估后，咨询师认为王强并不会付诸实施，只是生活绝望时所致的极端想法而已，整个人较为理智，目前还是在积极寻求帮助，所以对王强比较放心。

其次，结合王强最近一个月的身心症状：睡眠不佳，精力不济，很难集中注意力，不修边幅，不想外出与人交流，有痛苦体验……评估为疑似抑郁症，于是建议王强去校医院诊断，以便于更好地帮助王强。王强去校医院评估为轻度抑郁，但王强拒绝用药，认为自己能调整或克服，因为问题的根源在于毕业论文，只要毕业论文有进展，那么当前的身心问题也就迎刃而解。咨询师也认为王强疑似抑郁的症状，以前从未有过，并无家族遗传，且有明显的现实刺激：可能要延期毕业并影响工作等应激事件而引发的心境低落，所以也能理解王强的想法，表示会和王强一起面对。但是为了确保安全，咨询师还是告知王强关于咨询保密例外的原则：就是在王强有过自杀想法或疑似抑郁症时，需要告知家长及院系老师重点关注，然后才能继续咨询。一开始王强认为：如果家人知道了会更着急，尤其是爸爸会批评死自己；咨询师给予理解及积极反馈后，王强表示同意。于是在院系老师及家长知情的情况下，开始了咨询。

再次，为更好地理解王强，咨询师进一步收集王强的个人信息，分析造成王强当下问题的原因。基于国内学者姜乾金的压力系统评估理论，应激（或压力）其实是多因素互相作用的"系统"。心理危机是"系统"失衡，以压力反应表现出来。他认为心理应激有关因素涉及应激刺激（即应激源或生活事件）、应激反应、认知评价、应对方式，以及社会支持和个性特征等许多因素。具体要从生活事件、认知评价、应对方式、社会支持、个性特征、心身反应六方面进行评估[86]。基于此对王强的应激因素进行分析：

从生活事件来看，当前毕业论文不能达到导师的要求、不能如期毕业是对王强影响最大的事件。基于此导致王强对自我的认知评价发生了偏差，王强认为：自己很差劲，什么都做不好，研究生生涯很失败，导师看不起自己……这一系列负面的认知评价让王强的身心遭遇巨大的反应：不修边幅，不想交往，行动迟缓，注意力下降，和平时换了一个人似的，并产生"活着没意思"的想法，内心极其绝望和痛苦……为此，王强采取的应对方式：一是暂时逃避写论文，不去实验室，二是寻求咨询师的帮助。第一种方式是消极应对方式，会让王强陷入更加无助的状态，因为论文写不出来，延期毕业的压力就更大，越是逃避越是陷入恶性循环；第二种方式是积极应对方式，会帮助王强缓解情绪困扰，调整认知偏差，并及时寻找应对压力的办法。评估王强的个性特征，咨询师认为王强的个性具有完美、求全、标准化的倾向，诸如王强从小内向、听话、懂事，学习成绩一直很优秀，担任学生干部，活动能力较强，又是重点高校保送读研，因此，对自我有很高的期待，但经历了两年的科研生活，并无科研成功的体验，从一开始的信心百倍、到后面投入无果，屡次与导师沟通无效后，担心毕业论文写不出来，耽误毕业，于是陷入“习得性无助”的境遇[87]，即觉得自己无论如何努力都完成不了毕业任务了，于是开始情绪崩溃，身心患疾，放弃努力……

评估王强的社会支持系统，身为独生子，父母对王强较为关心，并引以为荣，但父母对王强从小要求严格，有时并不能很好地理解王强，也不能很好地与王强进行沟通，为此王强不愿意让父母知道自己的详情，也尽量回避与父母的沟通。王强认为父母知道了，反倒会起反作用，一是会让父母担心、焦虑，二是会招致父亲的指责、批评，这会让王强更加受挫；作为学院学生干部，辅导员还是比较了解王强的，也愿意给予王强更多的帮助。王强的导师对王强也抱有很大的期望，因为王强是重点院校保送来的，也有非常优秀的师兄师姐作为楷模，所以，导师认为王强是能够出色完成科研任务、顺利毕业的。当王强的科研结果一而再、再而三地不能让导师满意时，导师开始怀疑、批评、甚至指责、贬低王强，认为王强不够努力，不求上进、不能高标准要求自己，所以对王强较为失望，导师原以为以此方式会激励王强，会让王强更加投入做论文，却不曾想这种方式给王强造成更大的心理负担，导致王强不敢面对导师，想要回避导师、回避实验室，甚至一想到导师严厉的言辞就会泪流满面、委屈自责……有时还会厌恶导师，觉得导师没能给予很好的指导，没有尽到导师的责任，想要“揍”导师，发泄内心的不满或怒气……导师本应是最能够给予王强指导的支持者，但在这里却成了王强想要回避、逃离的“心魔”……

总之，全面评估王强的压力系统后，咨询师认为，王强目前的能力、资源不足以应对强大的论文压力，因此，会导致身心症状。这也是个人遇到重大压力后的正常反应。依据加拿大心理学家汉斯·薛利（Hans Selye）于 1930 年提出的一般适应综合征（general adaptation syndrome，GAS），包括三个阶段：报警阶段（Alarm）、抵抗阶段（Resistance）和疲惫阶段（Exhaustion）。报警阶段是指在一个短暂的生理唤醒期中，躯体能够有效行动并做好准备。如果应激源仍然保持，机体则会进入抵抗期。抵抗阶段是指机体可以忍耐并抵抗长时间的应激源带来的衰弱效应。疲惫阶段指若应激源持续时间长或持续强度大，机体则因资源消耗而进入疲惫期。王强在经历了漫长的报警期与抵抗期后，现在即将进入疲惫期，因此，咨询师要尽快介入帮助王强，否则后果不堪设想。

最后，鉴于以上原因分析，咨询师采取的咨询方案如下：

一是倾听、共情，表示理解王强，愿意和王强一起面对问题。通过普遍化原理让王强意识到这个阶段不少研究生都会遭遇这种问题，有很多人和他有一样的困扰，从而让王强能够去正视问题，接纳自我。

二是协助王强分析压力产生后的“不合理认知观念”，通过认知疗法帮助王强去辩驳不合理的观念，从而客观地认知自我；尤其是一些核心的自我观念，需要长时间的觉察、辩驳才能得以缓解或改善，告知王强不要着急，不要追求完美，要学着接纳生命中的不完美，形成良性的生活态度；同时，帮助王强挖掘正向资源，通过回顾王强的成长历程、回忆一些让王强感觉自豪、骄傲的成功事件或满意事件，让王强看到自己身上曾经存在的优势与价值，增强克服困难的信心。

三是面对论文压力产生的负面情绪，教导王强学会正确认知情绪、正确进行情绪调控的方法，以及一些身心放松技术，让王强试着在生活中去觉察自我情绪、接纳自我情绪、调控自我情绪。当然，也可以通过情绪的 ABC 理论，让王强了解情绪、认知与行为结果的关系，通过合理情绪疗法，让王强能够接纳当下的自我，恢复平静的状态。

**【小贴士19】情绪的ABC 理论**

情绪 ABC 理论又称合理情绪疗法，是由美国心理学家艾利斯提出来的。他认为，人的情绪不是由某一诱发性事件的本身所引起的，而是由经历了这一事件的人对这一事件的解释和评价所引起的。ABC 理论中，A 是指诱发性事件；B 是指个体在遇到诱发事件之后产生的信念，即他对这一事件的看法即解释和评价；C 是指由这一事件引发的个体情绪及行为的结果。人们通常认为，人的情绪和行为反应是直接由诱发性事件 A 引起的，即 A 引起了 C。ABC 理论则指出，诱发性事件 A 只是引起情绪及行为反应的间接原因，而人们对诱发性事件所持的信念、看法、解释 B 才是引起人的情绪及行为反应的更直接的原因。同一事件，积极的人会产生积极的观念和看法，消极的人会产生消极的观念和看法，进而会影响到情绪和行为结果。如果经受同一事件的个体产

生了不正确的认知和评价，由此产生了错误信念（又称非理性信念，不合理信念），那么就要针对不合理信念进行矫正。依据ABC理论，分析日常生活中的一些具体情况，发现人的不合理观念常常具有以下三个特征：一是绝对化的要求，二是过分概括化，三是糟糕至极[88]。

四是面对压力源——论文写作，积极寻求应对方法，一是积极寻求导师的帮助，寻求实验室同门的帮助，积极与他们讨论实验过程，讨论论文进展；二是制定论文写作计划，按时间节点有条不紊地开展论文研究，进行论文写作；三是合理设定论文标准，基于自我能力及毕业取向，适当调整入学时对自我研究生涯的定位，不要求全、追求完美，毕业才是硬道理。

五是强化王强的社会支持系统，一是如何与父母沟通，二是如何与导师沟通，三是如何与辅导员沟通，四是如何和实验室同门沟通等。在本案例中，咨询师作为重点个案上报学院，通过辅导员告知家长、并联系到王强的导师，让导师给予重点关注，让导师了解王强的真实情绪感受和王强对自我的认知评价，并告知导师与王强沟通的原则及注意事项，让导师对王强进行有效的指导，以缓解其压力源。

总之，在咨询过程中，咨询师采取理解、共情、接纳、肯定、支持等人本主义的咨询态度，陪伴王强一起共渡难关。基于合理情绪疗法和认知行为疗法，咨询师让王强学会面对、处理自己的负面情绪，矫正自我的不合理观念，强化自我价值，找到自我调适的行为方式，优化王强的社会支持环境，避免新的刺激源，协助王强找到积极应对压力的方法，并持续坚持下去，相信一定能够改善结果。

【案情追踪】

在持续咨询十次后，该生延期三个月毕业，并成功应聘，进入了一家企业工作。只是，该企业的岗位需求与王强的专业毫不相关，这也是他读研遇挫、对所学专业失去信心的一个体现，于是，毕业之际，他毫不犹豫地换了企业，开始了新的职业之旅。

【谏言导师】

作为导师，研究生学术指导的直接负责人，可从以下几个角度多关注此类学生：

一、以人为本的态度来理解学生

明白每个学生都是与众不同的，对学生不能一刀切，不能一个标准要求，也不能期待太高。在具体指导的过程中，不能过度指责、批评甚至贬低、侮辱学生的人格；毕竟考入或保送过来读研的学生，绝大多数还是追求上进的，他们并不是不投入，也不是不想高标准要求自己，而是因为他们在科研过程中屡次受挫后才变得看似有些“不上进”或“不敢高标准要求自己了”，对此，导师要能够觉察到学生内心的变化，并因势利导，给予学生心理上的关心，给予科研技术上的指导，让其逃出“习得性无助”的境遇；另外，导师不当的教导方式会适得其反，比如拿来访者与“别的优秀的师兄师姐进行比较”等，不仅会让学生产生更深的自卑感，还会让学生对导师产生对抗情绪，因为他们觉得导师不能理解他们的痛苦，不能看到他们的努力与投入，不相信他们是“好学生”，从而会导致自暴自弃，一蹶不振。

二、以差异化的方式来指导学生

导师要明白学生的知识背景、专业能力、科研潜力及发展兴趣等是有差异的，因此，导师在面对不同学生遭遇的不同问题时要能够因人而异，因材施教，进行差异化指导。比如，如果学生对科研方向或所做课题较为困扰，导师不妨陪伴学生一起探索，找到有价值的研究课题；如果学生对导师分配的研究课题不感兴趣，不妨和学生一起讨论，适当时候可以更换研究课题；如果学生缺乏研究兴趣，就要积极引导，尤其是导师要能以身作则，让学生看到科研的乐趣或“甜头”；如果学生是研究能力欠缺，就要能手把手地进行指导，要让学生能够明白难点及突破点在哪里，并给予机会充分锻炼该类能力，可从基础的或简单的研究做起，避免让学生受挫，或者当学生受挫的时候，能够给予心理上的指导，让学生明白科研的过程本就不是一帆风顺的，要具有越挫越勇的科研精神，找到突破困境的方法；最后，对于进行学术研究实在有困难的学生，在兴趣引导、能力指导上导师都已尽力了，但仍不能继续投入学习的学生，导师可以允许转专业、转导师甚至退学等，要坚持以育人为第一、学术为第二的研究生培养理念，尤其是要注重生命第一的原则，要让学生有自主选择的权利。本案例的王强显然是研究能力欠缺，导师又缺乏应有的指导所致，因此，导师差异化的过程指导就显得尤为重要，而不能一味地一刀切，最后导致学生进入困境。

三、以适度的规划来引领学生

任何严重心理问题的产生都不是一蹴而就的，因此，面对有学术困扰的学生，导师不妨从研一时就开始重点关注，而不至于到研三才来“亡羊补牢”。所以，从一入学导师就要注重引导学生的学术兴趣，尤其是研一阶段，很多学生雄心壮志、充满干劲，如果导师能在这个时间点给予学生更多的学术指导，让学生能够入门，那么接下来的科研过程就会相对顺利；研二阶段，导师如果能够保障学生已经投入科研课题，着手毕业论文的设计等准备工作，并开始撰写学术论文并尝试投稿，学生对论文压力的焦虑感就会降低；研三阶段，因为很多学生面临就业压力，或者为了就业需要花费时间和精力找工作，导师对此要能够理解，并给予支持，同时，这个阶段如果学生的毕业论文已进入收尾工作就比较理想，不至于面临双重压力而产生时间紧迫感及自我无能感。因此，导师在指导学生的过程中，要注意把握学生的研究节奏，以适度的规划来引领学生。这是在导师访谈过程中个别优秀导师的切身体会，也是他们多年来带领不同研究生的经验总结。

四、以规范的制度营建学术交流平台

在研究生导师的访谈过程中，发现不少学术困扰问题严重的学生反映，导师的指导方式存在问题，要么没有规范的学术交流平台，要么互动沟通机制很薄弱，因此，作为研究生导师，营造开放的学术交流的平台与畅通的互动沟通机制至关重要。比如，定期课题组研讨例会，定期或不定期的个别沟通指导，开设导师公开接待日等，让有困扰且不敢主动找导师沟通的学生有更多选择的权利；此外，沟通方式也可以多元化，除了面谈外，电话、邮件、短信、微信等均可以。将学术研讨例会与定期或不定期的沟通机制形成规范的课题组管理制度，营造良好的学术交流平台，促进学生学术能力和综合素质的提升。

五、以关爱的心态营造学术互助氛围

在研究生的个案问题咨询中，发现很多受到学术困扰的学生，多是单独作战，即一个人做一个课题，加上导师指导不足或者个人无法找到同伴进行讨论等，导致研究课题无进展，自己陷入科研苦海之中而无人帮助……鉴于此情况，导师不妨在课题组内建立“传帮带”的互帮互助氛围，即由年级高的师兄师姐指导或带领年级低的学生一起做科研，或者针对同一课题可以安排给几个学生结伴进行研究，形成以某学生为主、团队支撑、协同科研的互帮互助氛围，以缓解学生孤军作战、屡战无果的心理危机。让学生看到导师的良苦用心，看到导师确实在关爱学生，从而激发学生面对科研困境的动力。

（本案例作者：梁社红）

案例5：不喜欢的专业怎么读

本案例描述了一个外校保送过来的研究生，本来对研究生生活抱着美好的憧憬与期待，但是一进入实验室环境，走近科研生活，发现自己一点都不喜欢这个专业，内心深处产生了巨大的落差与冲突，她该怎么办？未来的发展该何去何从？

【案情概要】

研一女生王静，外校保送过来读研，近两个月来生活很不开心，经常以泪洗面，原因是不喜欢被保送的专业，不适应实验室的学术氛围，觉得自己毕业后也不会从事该领域的研究工作，所以十分苦恼，想过要退学，也想过换专业或换导师，但两条道路似乎都很难走得通，但是在本专业学习、在实验室这么待着，实在太痛苦了。目前的困扰也不敢让导师知道，担心导师知道了一是会看不起自己，冷落自己，二是更不能确保顺利毕业。本以为保研过来，会有个全新的生活。但没想到这个专业自己一点都不喜欢，学习没动力，没目标，经常胡思乱想，心情低落，想到未来更是迷茫，不知道该何去何从。

【来访学生心声】

新学年开始了，我来到了保研学校。一是庆幸自己如愿保研，二是希望研究生生活有个新的开始，心情能够愉快起来。开学两个月，明显不适应新环境，觉得每天都在煎熬。原来研究生的培养方式及生活状态和本科阶段有很大的差异，除了上课外，大多数的时间待在导师的实验室里，而且需要打卡，记录每天在实验室待的时间。我一点都不喜欢我保送的专业，而且做实验中要接触很多化学物品，听说有毒，尤其是对女生未来生育可能造成一定影响。所以，十分痛苦！不知道接下来两三年的研究生生涯该如何度过。

入学两个月了，我的导师仍在国外，和导师交流的机会几乎没有，随大流地上课、待实验室，感受着实验室的学术氛围和人际氛围，整个人都像热锅上的蚂蚁一样，被煎熬着，天天度日如年，每天给妈妈打电话，一打就是一个多小时。妈妈除了安慰外，也在积极想办法，想着能否帮我调换专业或调换导师，虽然做了一些努力，但希望渺茫。我也想过要退学，可咨询了一些老师及朋友，他们的建议都认为退学这条路不可行，让我继续适应环境，觉得过一段时间就会适应了。可这段时间到底该怎么度过呢？我一点都不喜欢这个专业，我的男朋友也不在身边，看着别的同学成双入对地一起学习、一起休闲……可我呢，天天一个人，男友也帮不了我，我被困在这里，觉得日子很苦很苦，不知道未来的方向在哪里，不知道天天该干什么，要做什么。天天像行尸走肉一样，心情抑郁，寝食难安，经常失眠，胡思乱想，精力涣散，这样下去，感觉整个人都要崩溃了……

我是独生女，生于南方的一个小城市，家庭经济条件一般，父母关系不太和谐。父母虽是自由恋爱结婚，但婚后关系并不和谐。曾几度闹离婚，但母亲迫于家族压力没有选择离婚，然而，母亲一直看不起父亲，两人关系十分冷淡，在一个家里，却形同陌路。家里的经济主要是靠父亲微薄的工资维持，母亲因身体不好，年轻时就失业在家，而且一直心境低落，觉得命不好。母亲把全部的生活期望都放在我身上，对我无微不至地照顾着，希望我学业有成，找到好归宿。我从小乖巧、听话，学业成绩优秀，但性格内向，朋友很少。初中时会有同学欺负我，我无力回应，也不想告知母亲，怕母亲担忧，于是我忍着，慢慢地，我习惯一个人的生活，不和任何同学交往，只关注自己的学习成绩。很多同学都说我孤僻，其实我也想交朋友，但不知道怎么交到朋友。高中后，我认识了现在的男友，他对我特别好，我们的关系一直维系着，但美中不足的是我们始终分隔两地，但是有了男友对我的理解和关爱，我也感觉不那么孤独了。读了大学后，我的成绩始终名列前茅，最后被推荐保送读研。本以为读研后，会是一个新生活的开始，可谁知世事竟如此不如人意，我读了一个自己不喜欢的专业，我无法学习这个专业，我一刻也不想在这个实验室待着，我该怎么办呢？

我从小就知道学习、考试，想着以后会按部就班地参加工作、找男朋友、结婚生子，虽也向往这种普通的生活，但现在觉得这几年研究生的日子很煎熬，无法继续下去了…… 经常以泪洗面，觉得无法面对父母，面对周围人，更无法面对自己。男友天天安慰我，我觉得我就是他的负担，我也担心有一天他不再喜欢我了……

曾梦想成为一名小学老师，教小孩子，不曾想被保送，想着也是一件值得庆幸的事情，但谁知研究生的科研环境是自己特别不喜欢的，不知道怎么度过这三年的生活。男朋友又不在身边，专业也不喜欢，天天待在实验室就像待在监狱一样；不去实验室又担心导师知道了，对自己评价不好；也担心师兄师姐知道自己不去实验室，打小报告，对自己不满，给他们留下不好的印象，那以后在实验室就更难混下去了。难道就这样熬下去吗？也不知道能不能顺利毕业，即使毕业了，也肯定不找本专业的工作，那现在的日子不是在浪费时间吗？想过要退学，但觉得可惜了，父母包括自己似乎都不能接受，换专业或换导师的可能性太小，如果一边应付本专业、一边寻求自己喜欢的专业并积极投入相关喜欢专业的社会实践或兼职工作中去，又觉得自己的时间及精力都有限，兼顾不了，而且导师、实验室也不允许自己在外面消耗大量的时间，所以，日子真的太煎熬了……

【导师团看法】

一、导师A的观点

导师A认为，如果研究生没有投入足够的时间和精力，来充分了解本专业，对本专业的认识停留在表面上，或者说对该专业的认知很肤浅，导致部分研究生看不到在本专业发展的前景，失去了对本专业的兴趣，那么导师要做到以下两点：一是要强化对本专业兴趣的引导作用，要让研究生看到在本专业的发展前途，甚至树立本专业领域的榜样，激发研究生对探索本专业的兴趣和斗志，因此，良性引导至关重要。二是要鼓励研究生的“职业学生”精神，作为职业研究生，在有限的读研时间内，就要以完成学术任务，锻炼科研能力为主，不论是否喜欢本专业，都要适应环境、调整心态，完成这一特定阶段导师给安排的学术任务，实现研究生培养所应具备的专业能力，争取成为一名合格的毕业生。其实读研不仅是为了获取研究生文凭，更重要的是培养一个人的专业能力和综合素质；因为很多能力或素质是可以迁移的，对以后选择其他专业工作也是有利的。因此，研究生阶段就好好完成本专业的科研任务，提升相关专业能力或综合素质；待研究生毕业之后，再探索感兴趣的专业发展方向，而不是在读研期间就见风使舵，三心二意，最后顾此失彼，这才是作为研究生的职业学生精神所在！在导师访谈中，有两位导师都提到了作为研究生的“职业精神”，无论是否喜欢本专业，既来之则安之。既然成了这个专业的一名研究生，就要在这有限的两三年内把研究生的“职责”做好，做好一个研究生的“本分”，只有当下的专业做好了，未来的职业发展才能更加广阔。

二、导师B的观点

导师B认为，如果有些研究生在初步接触本专业后，遇到了困难或挫折，无从突破，觉得不能胜任本专业的学习、研究工作，从而产生厌倦、甚至放弃的心理，这时导师要及时进行干预，如果能按研究生毕业的时间节点来对研究生进行循序渐进的引导与指导，那将事半功倍。比如，一年级先引导研究生对学术的兴趣，并指导其如何做实验、如何写论文等，让研究生有学术进展，能体验到小的成功，有学术胜任感非常重要。如果研究生到了二年级，对科研还没入门，则导师要允许研究生在完成基本科研任务的情况下，寻求更喜欢的专业去探索、去实践，甚至要及早和研究生讨论在本专业或其他专业发展的职业生涯前景，征得研究生同意后，协助研究生做在本专业或其他专业发展的职业生涯规划，因此，导师要以开放的心态面对研究生的职业生涯发展或选择。其实研究生未来在本专业发展当然很好，但跨专业发展也不错，只要有利于研究生职业发展的，导师还是会抱着理解、宽容、支持的态度对待的。

三、导师C的观点

导师C认为，如果研究生具有明显的职业发展偏好或个性特征，不喜欢本专业的学习，或者初步接触后，仍不能适应、胜任在本专业的学习，那么学校可以允许研究生转换导师、转换专业或者退学。比如有的学院尝试半年或一年的导师轮换期，然后让研究生决定到底选择哪位导师，选择什么研究方向，抑或是选择退学。当然在此过程中，学院负责研究生工作的老师适当介入沟通、干预是非常有必要的，要让研究生知道，真正的调换导师或专业方向，也并不是像想象中的那么美好或容易的，要能预知到可能的困难，并有相应的应对方法，方能万无一失，而不至于掉入“这山望着那山好，到了那山也不好”的误区。同时，学院甚至学校也要有相应的调换导师或调换专业的管理制度，让研究生看到其可行性。

【咨询师分析】

王静中等个，大眼睛，皮肤白皙，面容清秀，忧郁的眼神让人心生怜惜，稍有点驼背、瘦弱的身材让人不免叹息，她到底怎么了？生活中遇到了什么困难？虽然王静第一次提到刚保研过来，不喜欢本专业，不喜欢实验室环境，不知道未来的出路在哪里，一脸迷惑的她不能适应新环境、新角色，感到痛苦万分，但也许这只是表象问题，而实际上的深层问题是：王静的个性受到家庭环境的影响，一直感觉不快乐，感觉生活是苦的……无论她多么努力，多么有成就，都掩盖不了她内心的阴郁，而这种状态已经持续好多年了。经过几次的咨询后，王静慢慢讲述了她背后的家庭故事……

原来，王静的外公在她三个月大的时候去世，其母亲心情抑郁，这种状况持续了五六年。在此期间，王静的父母经常吵架，母亲想要离婚，但王静的外婆坚决反对。为了孩子，为了维持一个完整的家庭，母亲同意了，再不提离婚的事情，但从此患上了抑郁症，失业在家，而且和女儿同居一室，和父亲形同陌路人，很少言语。又过了几年，外婆也去世了，母亲觉得整个生活都完了，抑郁更严重了，但为了孩子，还得好好活着……在这样的环境下长大的王静，个性敏感、焦虑、内心充满了冲突，但也充满了能量。

从依恋理论来分析：王静三个月的时候，母亲因外公去世而患抑郁，可见王静在幼年并未得到很好的照料，是一个被忽略的、没有情感反应的、不受欢迎的"小孩"。王静幼年的生活环境充满了"争执"与"不安"，青少年的生活环境则充斥着"冷漠"，也夹杂着"关爱"，比如父母早年争吵不断，后来同住一套房子，却分房而住，形同陌路。王静初中与同学交往遇挫后导致很长时间的"自闭"，精力投注于学习上，所以王静学业成绩一直很好，这也是王静的资源与能量所在。

【小贴士20】依恋理论

依恋理论最初由英国精神分析师鲍尔比(Bowlby)提出，后经 Ainsworth 的发展，将婴儿的依恋关系分为三类：

①安全型依恋，这类儿童在他们感到安全的时候，能随着自己的冲动去探索周围环境，在他们感到不安全的时候，能自然从联结中寻求安慰，尤其是，不管在与母亲分离时多么难过，与母亲的再次联结让他们几乎瞬间就得到了安慰，而且很容易继续去玩耍。

②回避型依恋，这类儿童对母亲的离去或回来都表现得无动于衷，只是不停地探索着周围环境，他们这种明显缺乏痛苦的表现其实是一种防御性的适应。这类儿童接受陌生人的安慰与母亲的安慰没有差别。

③矛盾型依恋，此类儿童对母亲的离去表示强烈反抗，母亲回来，寻求与母亲的接触，但同时又显示出反抗，甚至发怒，不能再去玩游戏。也有儿童完全被无助、悲苦的状态所压倒，以至于无法直接地接近母亲。

然而，在实际工作中还发现一些儿童的行为不符合以上三种类型的任何一种，且这些儿童曾有被虐待与被忽视的经验，于是，又发展出另一依恋类型：混乱型依恋，此类儿童对母亲展现出冷漠。在 Ainsworth 的最初研究中，安全型依恋儿童约占 65%，回避型占 21%，矛盾型占 14%。后来的研究发现，混乱型不安全依恋约占 4%。Bowlby 认为，不安全依恋类型是相对稳定并长期保存的，但是，它可随周围环境的变化而变化。

依恋理论认为，早期亲子关系的经验形成了人的内部工作模式，这种模式是人的一种对他人的预期，决定了人的处世方式。内部工作模式会在以后的其他关系、特别是成年以后亲密关系和婚恋关系中起作用。大量的研究表明，早期亲子依恋的质量会对个体的人格和心理产生重要的影响[89]。

从客体关系理论来分析，王静十多年和母亲同居一室、同睡一床，导致不能与母亲实现很好的“分离”，考入大学后，王静一直与母亲保持着密切的联系，比如每天1小时的电话等，这让王静感受到母亲温暖的同时，也时刻体验着母亲的“不幸”生活。母亲觉得生活是苦的，一直不快乐，虽有看过心理医生，但心境并未有太大改善，这会导致王静有一种自罪感，并以同样的方式——抑郁、心境恶劣等症状来保持与母亲的步调一致。王静6个月左右，正常要经历与母亲的“分离-个体化”阶段，但现实却没有实现与母亲的正常分离，也没有发展出独立的个体，尚处于与母亲的“共生”阶段，潜意识似乎期望在情绪上和母亲维持高度同步的状态。时刻感受着母亲的苦，感受着生活的苦，与母亲分离焦虑、与男友分离也焦虑、不能独立做选择，遇到困难无法克服。

【小贴士21】客体关系理论

客体关系理论(object－relations theory)是心理动力取向的人格发展理论，主张人类行为的动力源自寻求客体。马勒(Mahler)的客体关系模型认为，三岁前与母亲或主要照顾者之间的互动对日后所建立的关系有深远的影响。往后生活中的客体关系，均源于儿童想寻求跟母亲再度联结。至于心理发展，可以想成是个体在区隔自己与别人时的演进方式，分为四个阶段：(1)正常性婴儿自闭：在出生后的前三四个星期，此时婴儿反应的对象是生理紧张，无法区隔自己与母亲；(2)共生(symbiosis)：出生后第三个月至第八个月，此时婴儿非常依赖母亲，似乎期望着在情绪上和母亲维持高度同步的状态；(3)分离-个体化历程：始于出生后第四或第五个月，幼儿在此阶段体验到与重要亲人的分离，但仍会投向他们以确认此种经验，并寻回舒适的感觉，在依赖与独立之间感到矛盾；(4)对自我与别人的认识：通常要等到幼儿满三岁才会形成，此阶段幼儿能更完全地了解自己，并逐渐稳定地开始意识到自己与别人是分开的，会开始与外界建立关系，而不会恐惧失去自己的个体感。Kohut认为，人们健康的最佳状态是，能同时有独立与依附感，一方面以自己为荣，另一方面又能把别人理想化。成熟的成人有一种基本的安全感，此安全感植根于自由、自足与自尊的身份感，他们不必完全依赖别人，也不必害怕被封闭或遗弃[90]。

王静的父亲在其成长过程是个缺失的角色，虽人在身边但发挥的作用甚少，王静不能认同父亲的角色，父亲在事业上发展属于失败者。在家庭关系上也属于失败者，他既不能为家庭提供宽裕的经济条件，也不能从情感上给予妻子及女儿很好的支持，在家里，他是孤独的，也是值得同情的。在和女儿的关系上，王静提到高中分科，父亲强行让其学理科，让王静放弃喜欢的文科，遭到王静的不满，但王静无力反抗，只有服从。还有一次，父亲高兴陪同王静一起买衣服，父亲竟然要求王静买他喜欢的样式的服装，而不管王静的喜好，也不听从王静的意见，最后因意见不合导致衣服没买成，不欢而散。这是王静提到为数不多的父亲带给其的印象。可见其父亲的个性是有些控制型的，但控制无力时又没有好的处理方式，所以长久一直与妻女处于“冷战”状态，就像果心已经烂透、但外表好看的烂苹果一样。看似一家三口，让人羡慕，但其实已处于“分裂”状态，摇摇欲坠……

再来看看王静的其他重要关系，一个是男朋友，高中同学，可谓青梅竹马，谈了五六年，目前在外地读研究生，经常过来看望王静。但王静却始终觉得男朋友不在身边，帮不了她什么忙，特别羡慕身边在一起的男女朋友。觉得别人家的恋情都是美好的，自己的恋情怎么这么“苦”。对男友特别依赖，也经常向男友倾诉内心苦恼。有一次男友说：既然羡慕人家同城恋爱的，不然就分手吧，成全她…… 她听了又哭成泪人似的，觉得男友要抛弃她了，感觉这段恋情一点都不安全。当周末特别孤单的时候，王静也不会前往男友学校去找他，虽然两地相距仅一小时高铁路程，但王静担心周末外出，被导师知道不在实验室不好，好像有什么东西捆住了自己的腿脚，动弹不得，和男友的距离总是遥隔千里……

另一个重要的人际关系，就是王静的导师。入学以来，导师一直在国外，眼看着两三个月过去了，与导师从未谋面，导师只交待一位师姐带她，其他什么都没谈及。一次导师回国开课题组会议，给另外两个同级的本校保送生都安排了科研任务，唯独没有分配任务给她，她就认为导师不喜欢她，担心毕不了业。一周后导师主动找到了她，并给其安排了一个课题。这才让王静打消了自己胡思乱想的念头，但是自己不喜欢所学专业，也不能脱离不喜欢的实验室环境，仍然不快乐。尤其是现在的生活没目标，也没特别感兴趣的事情做，浑身攒着力气却无处发挥，所以苦恼不断。

还有一个交往频繁的人际关系，就是王静的师姐。入学以来，天天跟着师姐在实验室，师姐经常管着王静，带王静一起做实验，王静讨厌实验室环境，也讨厌做实验，内心非常委屈，但不敢说出来，只有唯命是从。后来在咨询师的鼓励下，终于向师姐表达了自己的真实想法——不喜欢所学专业，也不想读博，过来读研也就是想体验一下研究生生活，硕士毕业就要工作了，而且工作也不想从事这个专业。这么表达之后，师姐就不再管她了，但王静一下子又觉得导师不在国内，师姐也不管自己了，自己能毕业吗？于是再次陷入了痛苦之中。

总之，王静是一个心理上没有长大的女孩，从情感上依赖妈妈，依赖男朋友，有很深的自卑感。王静一直通过补偿的方式——用学习成绩证明给别人看：自己是优秀的。当考大学、保研等目标一一达成，但得到的却不是自己想要的生活目标时，更加感觉到生活是苦的。因此，在咨询过程中，咨询师的具体做法如下：

首先帮其分析症状的性质及其问题的成因：王静受其母亲抑郁多年的影响，幼年未被很好地照料，早年在父母争吵的环境中成长；初中人际交往遇挫，呈现部分“自闭”倾向，形成人际交往障碍；高中学业压力导致睡眠障碍；虽顺利考入大学，但过得并不快乐；保研读书，本是值得庆幸和喜悦的一件事，但因不喜欢所学专业，而导致迷茫彷徨，无所事事，陷入抑郁状态。回顾其个人成长经历及症状表现，诊断为“恶劣心境”，即长时间弥漫的不快乐的情绪状态。分析其问题成因后，发现家庭问题是王静从小到大一直以来的困扰，其家庭生活是不幸福的，其母亲的人生是苦的，命是苦的，王静的命运也是苦的。王静对改变家庭氛围无能为力，于是陷入深深的抑郁之中。咨询师与王静商量后，提出短期咨询目标：让王静接纳自己、认同自己、提高自信心；长期咨询目标：改善王静对人的依赖性，逐步实现与母亲真正意义上的“分离”，推动个体独立成长。

其次给予情感支持，成为王静的好的客体。一开始咨询师更多地呈现了一种母亲的角色，给予共情、理解、支持和鼓励。让其适应新环境，告诉她这是每个研究生都会经历的“适应”阶段——从关注学业成绩到适应科研环境，成为独立的研究个体。然后，咨询师承担起父亲的角色，改变其不合理的认知观念，比如实验有毒、影响生育，女孩子不适合搞生化实验等；并给予学术生涯指导，让王静对该专业的学习不排斥，不让王静觉得“没人管”；最后，基于职业生涯发展理论，让她明白自己所处的职业生涯发展阶段，和她一起探索职业发展方向及各种可能性，鼓励其多接触社会，多与人接触，开拓自己的眼界，让王静从自己的小圈子里走出来，让生活变得丰富起来，带着好奇心开始自我探索、尝试，然后再慢慢发现自己真正感兴趣的东西。这就是人生的一部分，鼓励她她是可以做到的。

再次，教会王静摆脱“恶劣心境”，以及调节“坏情绪”的方法，学会情绪管理，改变旧的自我认知——自己无法掌控自己的命运，经常被动地被分配。比如，情绪低落时，可以选择改变环境，回避刺激源；也可以选择直接面对“坏情绪”、感受“坏情绪”，从中悟到“坏情绪”带来的“身体信号”和“内部声音”，接纳自我；还可以选择改变自我认知，发现自我优势资源，认可自我，在此基础上，感受自我的力量，带着创伤继续成长。

最后，让王静学会积极主动与他人沟通。当遇到权威人物时，王静表现出不敢表达、不愿与其沟通的情形，担心暴露自我不足后遭到对方贬低，或者导致关系恶化，不敢面对冲突。王静主动沟通的对象就是其母亲、男友、咨询师，都是照顾她的角色，表现出很强的依赖心理，因此，面对权威人物，比如导师、师姐等，要尝试积极主动沟通，敢于表达自我真实想法，遇到困难及时求助，而不是闷在心里，一个人解决。即使沟通没有达到理想结果，也要一个人去承担，继续努力，直到沟通满意为止。最重要的是，在主动沟通、表达自我的过程中，学会独立做决定，独立承担后果，实现真正意义上的与母亲的分离，成为单独的个体。

【案情追踪】

相继四个学期断续咨询二十多次后，该生持续低落的情绪状态有所缓解，并逐渐适应了研究生的科研生活，生活方式也开始丰富起来，最后如期毕业。但是面对工作，她毅然坚持自己的选择，调换了专业发展方向，找到了她认为比较喜欢做的事情，这对她是一个很大的挑战，由此也看到了她三年来的成长与变化！

【谏言导师】

作为导师，招到不喜欢所学专业、不适应实验室环境的研究生的情形也时有发生，有些时候，一些研究生表现得比较明显，敢于公开让导师知道，也明确自己的发展方向；但也有一些研究生隐藏得较深，不敢让导师知道，担心导师知道了对自己的毕业不利。因此，作为导师，如何走进研究生的内心深处，给予研究生的职业发展一臂之力呢？

一、明确导师的角色定位

俗话说：一日为师，终身为父。作为导师，研究生的直接负责人，研究生生涯的陪伴者，首先要承担起研究生父母的角色，要能把研究生当作自己的孩子一样去呵护、去培养。遇到本案例中的研究生，在情感上，要能像父母一样给予理解和包容，要让学生敢于“亲近”导师，尤其是对一些家庭不和谐、有过创伤经历、个性内向偏执的学生，他们在遭遇学术困难、职业发展迷茫时更容易激发问题，呈现出来的身心症状也更为明显。导师对待这类学生更要小心翼翼，在入学时给研究生做一对一访谈，了解研究生的家庭背景、生活经历及个性特征尤其重要。其次，在学术上，要给予明确具体的指导，给研究生讨论课题、表达自我想法的机会，不要高高在上、权威压倒一切，尤其是不要给研究生造成“导师忙自己的事情，没时间管研究生”的印象，像本案例的研究生，尚未完成“个体化”的独立阶段，如果导师很长时间不管不问，就容易让研究生胡思乱想，自尊受挫，影响学习及发展动力。

二、打造互助关爱的氛围

研究生学习生涯中，除了导师是最重要的他人外，研究生的同门师兄弟/姐妹也是较为重要的他人。如果导师在每一个课题组或实验室内部，建立“传帮带”机制和定期交流沟通机制，比如除了定期的学术交流会，还可以开展生活沟通会、户外主题聚会等，在学术上指导研究生，在生活上关心研究生，在情感上支持研究生，打造出互助关爱的氛围。那么研究生入学后，就会感受到大家庭一般的温暖，遇到困难就容易表达，在大家的鼓励与支持下，克服困难的勇气就会倍增。本案例中的王静就特别需要课题组的“关爱”，不仅是专业上的指导，更多的是情感上的理解与支持，当王静把真实的职业发展想法告知师姐后，如果师姐采取的不是“不管”的态度，而是能够理解她的处境，继续关心她，支持她，那么她也不至于陷入“无人管”的痛苦境地。本案例中如果导师知道了王静的真实情况，能够从一个“过来人”的身份给王静以开导，那王静也许能卸下思想包袱，打消对该专业发展的负面想法，然后，轻装上阵。

三、允许职业探索与调整

研究生在被保送或者选择考研专业时，有时候未必了解该专业的研究生涯，也不清楚该专业的未来发展。因此，作为导师，在研究生入学之际，有必要开展专题讲座：一是介绍该专业的发展前景，引荐该专业领域的成功榜样。二是引导研究生在本专业发展的兴趣，激发研究生在本专业发展的信心。三是开设和专业相关的职业发展讨论，协助研究生分析各自的优劣势，树立未来职业发展方向。四是允许研究生在整个研究生涯期间，对职业发展有一定的探索或尝试，并做好事先规划，比如在第一学期，积极引导研究生进行学术角色定位；第二学期要指导研究生学术入门，奠定未来职业发展的种子；第三、四学期，结合专业发展相关的职业方向，给予实践锻炼的机会，让研究生体验相关专业岗位的工作内容，校正自己对岗位发展的认知；最后树立职业发展方向及岗位目标，找机会提升该职业/岗位发展所需要的必备技能。诚然，当研究生经过一定的尝试或探索后，发现不喜欢或不适应本专业的学习及发展，尤其是当研究生决定有新的职业发展方向或目标时，要鼓励其多投入时间精力，尽量做到两边兼顾，即一边兼顾本专业学习，保障顺利毕业，一边探索新专业，寻找实践发展机会；或者引导研究生先完成本专业的学习任务，然后再投入时间探索新的发展方向，因为在本专业学习的知识、技能很多时候是可以迁移到新的专业岗位上的，尤其是要指导研究生从人生的长远规划角度来看待专业学习和职业发展问题，帮助研究生度过专业学习与职业发展的冲突期或危机期，让研究生在理解、支持的氛围中度过研究生生活。

（本案例作者：梁社红）

案例6：自卑的优等生

本案例描述了一个因自卑情绪而把自己的学习搞得一团糟的研究生。该生一直很优秀，到了浙大发现大家更优秀，觉得自己比不上别人，逐渐放纵自己，最后无法完成实验，无法完成毕业论文。本该是参天大树，却成了长不大的小树苗。他是如何来求助的呢，最后结果如何？

【案情概要】

王亮一直是学霸级的人物，高中的时候，几乎全年级的人都认识他，因为成绩好啊。本科虽然是个二本，读得也是顺风顺水，考研几乎没有悬念，来到浙大一个数一数二的专业。可是生活不知道哪里出了问题，研二了，却完全没有动力写论文，内心无比焦虑。眼看毕业季到了，实验室同学都开始找工作，王亮也去面试了几家单位，拿到了几个 offer。可是自己每天窝在宿舍里面打游戏，打完以后又特别后悔，生活就这么循环着。他担心，这样下去是拿不到毕业证书的，工作也会泡汤。明明知道毕业论文也没有这么难写，可王亮就是没法拿起笔来。而且，最近女友好像对他的意见也越来越大，本来已经到了谈婚论嫁的年龄，王亮对未来却失去了信心，担心自己不能给女友一个好的生活。这一切没法跟导师讲，到了现在这个时候，还没有拿出像样的东西来，王亮每天都担心导师的电话、邮件，更别说见面了，躲在宿舍一大半原因是怕见导师。王亮希望咨询至少可以帮他把论文这个难关过了。

【来访学生心声】

我从一个不起眼的二本院校考到了浙大最好的学院攻读硕士研究生，是经过艰苦奋斗的。当然这里的同学也都很厉害，有的本科就在这里，有的从国内其他牛校过来。不过，所有这些都不妨碍导师对我的喜欢，我从农村出来，导师觉得我实在，做事可靠，读书又这么用功，一定能做出好的东西来。刚来的时候，导师毫不掩饰对我的喜欢，经常在实验室表扬我，我也觉得老师和蔼可亲，水平很高。可是，不知道从什么时候开始，我就怕见导师了，跟他谈话的时候很紧张。也不知道从什么时候开始，我不想去实验室了，也不想看书，常常躲在宿舍玩游戏，玩好以后全是后悔……这样下去我就担心毕不了业了。看到心理中心的宣传，我就想来心理咨询，我觉得咨询师大概可以帮我。

我比较好奇的是，为什么我不想看书，不想做实验了，明明知道毕不了业还是不想做。我也很纳闷，导师挺和蔼的，为什么那么害怕见到他。

我一直是个优等生，高中的时候更是学校的名人，读书好，大家都认识，现在的女朋友也是当年崇拜自己的一个同学。大学考得不是很理想，去了一个不知名的学校，好在读书还是无人可以匹敌，这多少给我的自尊心有了安慰。大家都觉得我考个知名大学的研究生一点问题都没有，最后如愿以偿。刚来浙大的时候，信心满满，觉得自己会在这里过得很好。可是有那么一点点担忧时不时会涌上来，骨子里，我是一个自卑的人。这要回到小时候，我家是出了名的贫困家庭，小时候常常被邻居看不起，到了小学还常常被同学笑话，我几乎很少跟他们来往。有时候，邻里之间发生冲突，因为家里穷，就不得不吃亏。父母都是很老实的人，每天忙于工作赚钱，也几乎没有时间陪伴我。奶奶和我在一起的时间比较多，可是如果我在外面被人欺负了，奶奶也常常无能为力。奶奶只能告诉我，你要好好读书，将来多挣钱，家里才会好起来。到了中学，家里的经济情况一如既往，贫穷成了我心里的一个死结，在别人面前抬不起头来。我能做的就是拼命读书。几乎没有什么朋友，也不需要有朋友，那些友情需要钱去维护，有时候同学说一起去玩，想着又给家里添负担，我常常是拒绝的，久而久之，变得独来独往了。对学习的全身心投入是有收获的，高中的时候，我考到县城里一个最好的中学，成绩变得很重要，因为高考的原因，在这里什么都得拿读书说话，同学也没有那么多时间去娱乐了。读书向来是我的特长，因为成绩好，暂时没有那么难过了，甚至还会让别人羡慕，全年级老师同学几乎没有不知道我的，这大概是人生过得最好的一段了。高考的时候压力太大，感觉所有的未来都在这场考试上了，虽然自己的水平没有问题，但是谁又敢保证没有意外呢。焦虑，常常担心自己发挥不好怎么办。可是最担心的事还是发生了，没有上一本。按照我的水平，上一本是绰绰有余的，可是就是没有如愿。上了大学，我再也不想用家里的钱了，靠打工攒足了自己的学费。在学校花的每一分钱都是精打细算的，小到每天吃饭花多少钱，大到能否为自己买一个篮球……有一段时间，我去餐馆打工，没敢让任何人知道，担心同学知道了，会看不起我，毕竟大学同学对我的家底没有那么了解。可是看到同学生活无忧，我那根自卑的神经还是会时不时地被挑动一下。自卑像个影子，好像一直都跟着我，只是在阳光下变得模糊一点，在夜晚又会变得清晰。好在读书不错，多少给了自己一点自信。

终于上研究生了，开始和导师相处不错，他好像挺好交往的。可是实验不是那么容易做的，讨论的专业问题也变得越来越难，常常会答不上老师的问题，而那些同学好像知道得都比自己多，自己从一个名不见经传的小学校过来，差距是摆在那里的。每每这种时候，我就会觉得，自己哪怕不吃不睡也赶不上那些同学，他们身上好像天生就有一股自信和傲气在那里。其实也没什么，看几篇文献可能就解决了。可是我觉得，这是自己的能力有问题，多年来的自卑让我把自己定位成是一个能力差、不被人喜欢的人。导师的问题常常令我很焦虑，看书的时候不能集中注意，一旦问题回答不出，还不敢问导师问同学，因为我觉得，他们肯定会认为这是一个很简单的问题，我去问，显得很笨。于是就这么拖着，不会的东西越来越多。导师自然是要批评的，这样就更不想做，害怕见导师，不去实验室。每次想看点书的时候，一想到自己能力那么差，便完全没有了心情。生活不知不觉发生了一些微妙的变化，导师看到我变得越来越生气，每次见面再也不能心平气和地跟我谈话。

生活中，我的人际关系也举步维艰。平时同学会请我帮忙做点杂事，比如收个快递、交个电话费之类的，我内心很不想做这些事，可是我从来都没有学过怎么拒绝别人，为了维持住与别人的关系，我硬着头皮帮人家做，心里的自卑让我觉得只有讨好别人，才能把关系维持住。可是现在自己状况这么差，没有心思去讨好别人，有时候就生硬地把别人拒了，过后特别后悔，觉得自己又断了一个关系。而一贯以来对自己的苛刻，让我觉得人活着真是没有什么乐趣可言。虽然，从经济条件来说，现在已经算很好了，可是多年节俭的习惯不是想改就改的。这些年来，学业中的矛盾不断折磨着我，我越来越不能安心做自己的事了。我觉得自己完全被自卑给困住了，动弹不得。这些事却无处可说，同学是不能让他们知道自己的底细的，家人自顾不暇，这些年他们几乎每天都在为生计奔忙，我也不想去麻烦他们了。眼看毕业就要来临，论文一直不敢交给导师看，怕他不给我通过。就这么拖着，整晚整晚都睡不着觉。最近去几家单位面试，更是觉得自己是个完全不学无术的人，没有单位会要像自己这样的人，好几次都想自己主动退出面试算了。

生活怎么就变得这么艰难了，我甚至都不知道自己身上哪里出了问题。最后一根救命稻草会在哪里呢？

【导师团看法】

一、导师A 的观点

“说真的，浙大的老师都是很不容易的，科研压力大，这么多学生要毕业，真是无暇顾及其他了。”据导师 A 所知，很多老师连自己的孩子都不太管得上，因为忙啊。所以，导师没能关注到学生的问题，也是可以被理解的。导师A 认为，如果其他有同学和老师关注到这个学生的这些状况，可以及时跟导师交流。尤其是同一个宿舍的同学，应该关心同学，不能太冷漠，这是做人的一种基本素养，绝对不能是事不关己，高高挂起的态度。要培养学生关心同学的素质。当然，这样导师也能及时了解学生，从而提供帮助。

二、导师B 的观点

导师 B 认为，学生出现这样的情况，导师也有一定的责任。毕竟学生不是一天之内就变成这样的，作为导师应该关注到学生的这种变化，主动找学生谈话，发现问题及时解决。但是导师 B 知道，有些导师只顾忙自己的事，校内的、校外的，很少主动去发现学生的变化。有些导师只是一味地叫学生帮自己做实验，学生出了问题，就批评，没有耐心和学生谈一谈，看看问题在哪里，如何改进，如何帮助学生。导师 B 觉得即使主要问题可能是在学生本身，但是一个导师如果是负责任的，能早点发现问题，就不至于会这样。

三、导师C 的观点

“学生出现这样的问题，导师确实也没办法，毕竟他不是心理咨询师，很多老师本身也不擅长沟通。有时候就算发现学生有问题，导师也不知道如何应对。比如，这个学生就是不写论文，催也催了，骂也骂了，他还是不做，导师确实也使不上劲，有时候只能看学生自己造化了。”

四、导师D 的观点

“我可能会批评学生，但是我一定会跟学生讲清楚，我对他的批评没有任何其他额外的意思。毕竟学生来这里读个研究生是不容易的，无论出现什么问题，做导师的都有责任把问题搞清楚，然后去帮助他。学生有时候跟自己的孩子是一样的，出现问题，是要接受批评的，但那完全是为学生好。”

五、导师E 的观点

“如果学生躲着不见我，或者不愿意跟我讲，我会找他的同学了解一下情况，毕竟我看到的只是实验室的样子，生活中他是怎样的，我不了解，所以要去了解。了解该同学的情况后，才能对症下药，帮助学生回到轨道上来。”

六、导师F 的观点

“遇到这样的学生，如果我发现他确实有心理困难，但是我又帮不了他，我会找我们学院管学生的老师帮忙，他们比较了解学生，而且知道应该找谁求助。我也是通过他们知道学校有心理中心，所以找到他们，可以获得更多的资源，也避免了自己在处理这些事情上走弯路。”

【咨询师分析】

自卑心理，众人皆知。除了众所周知的坏处，它还有不少好处。从人类的发展来看，这种自卑感促使人类认识到自己的无知，才会不断地想要发展自身，改变生存状态，开拓生存环境。的确，人类文化的基础就是拥有自卑感。为了避雨盖起房子，为了保暖穿起衣服，为了联系便捷发明了互联网，人类采用群居的方式让自己变得更有力量。从个体的发展来看，每个个体的成长也可以看成是自卑逐渐被克服的过程。婴儿出生的时候，是最脆弱的，之后的很多年，都需要抚养者精心地照顾。儿童的成长，更是需要在合作中锻炼自己，如果没有这种合作，婴儿就会变得越来越悲观，产生很深的自卑心理。每个人的心中都有不同程度的自卑感，因为每个人都希望自己的力量能再大一些，生活能够再好一点。自卑心理会随着成长逐渐改善，但是，有些人的自卑随着成长并没有改善，这就可能会阻碍个体的发展，关于自卑心理的介绍见【小贴士22】。

【小贴士22】自卑心理

每个人的心中都有不同程度的自卑感，因为我们都想让自己的生活变得更好一些。可是，如果我们充满信心，用简单实际的方法去改变我们的生活，自卑感就可以慢慢消除。每个人都不会一生都存有自卑感，这样会使他难以负重，所以必须找到合理的解决办法才行。即使一个人失去了自信，不再想脚踏实地地努力以改变自己的生活，他仍不想被自卑感困扰，仍然时时刻刻想摆脱这种感觉。虽然他的目的仍是克服所有困难，但是他却不为之努力，只是寻求一种自我安慰，甚至强迫自己认为有优越感。但是，这种做法不但无法消除自卑感，反而会越来越强烈。因为他无法解决问题的根源，所以他走的每一步都在自欺欺人，生活中的问题也会紧紧跟随他，以至于压力越来越大[91]。

自卑的表现各不相同。比如在比赛场上，遇到比自己强的对手，一个人看到对手，后退了两步，说："我弃权，我不比了。"第二个人脸色苍白，手心出汗，可是嘴上却说："我没事，我不怕他。"第三个人瞪着对方说："我可以藐视你吗?"实际上，这三个人都很害怕，只是表达的方式不同而已，这和每个人的成长经历有关。上述案例中的来访者，显然是第一种，因为他独有的成长经历，当他被自卑感困扰的时候，他选择逃避来摆脱这种感觉。

从来访者的成长经历看，幼年的时候他是孤独无援的，整个家庭因为贫困而不被他人认可，父母无法起到保护孩子的作用，因为他们自己也没有发言权，孩子受到委屈的时候，只能自己扛着，把这些委屈放在心里。这样的孩子在童年是被冷落的。他们很少得到关心和帮助，当他们在生活中遇到困难，总会高估其程度，也不知道可以去争取他人的帮助。周围的社会是冷漠的，他认定整个社会都是如此。他无法相信自己，更别提相信别人了。如果对一个被人忽视，没人理睬的孩子进行观察，就会发现：他们从来没有与人合作的意识，无法与人很好沟通，仿佛与世隔绝。那么，这与成长经历的深层次关系又是如何呢？从精神分析的角度来看，这和母亲(或是担负着和母亲一样养育任务的养育者，比如奶奶，外婆等)最初与孩子间感情的建立有关，经验更多的是指感情的经验。在婴儿出生的时候，他需要感受到对母亲的依赖，继而这种感情逐渐扩大到周围的每一件事，他日益感受到被关心和照顾，他也逐步学会了去关心和照顾其他人，逐步获得周围人的尊敬和喜爱，世界可以是互助的概念就可以逐步形成，从而个体获得更大的自信。平稳发展的儿童，他们通常可以获得这种能力。事实证明，被忽视或缺乏支持的孩子，对人的依赖感是缺乏的，这也是他们日后自卑的最根本来源[92]。来访者曾经问咨询师："你为什么要帮助我，我不能给你带来什么，你花了这么多时间跟我咨询，你能获得什么呢？"在这个问题中，咨询师感受到来访者缺乏一种自己是值得被别人关心和帮助的最基本的信念，他认为自己是不值得被这样看到、被这样帮助的，多么令人心痛的问题。同时，他也无法体会到，他人的部分需求只是简单地来自于我可以为别人做一些什么，而并非一定需要物质的回报。自卑的人常常觉得自己不够好，不能带给别人什么，每个人都需要别人给予有用的回报，因此，当他觉得自己不能给别人回报的时候，就会怀疑别人为什么要帮我。

这里，还要从其他案例中再解释一下家庭的重要性。

有时候，家庭的影响看上去并不重要，父母影响以外的环境力量似乎更大一些。直到最近的研究发现"家族印记"。这并不是指生物学的印记，而是指暂时或重复发生在家庭内部的事件形成的印记。在一个长达30年的对76个家庭的追踪研究中，研究者发现家庭经历在儿童的人格中一次次显现出来。儿童的恐惧、焦虑、抑郁、行为异常、甚至成年后的精神障碍都突出展示他们的家庭经历。这些经历被内化，成为儿童的一部分。一个女孩从小被母亲所厌恶，在上小学的时候，她说："我是我能想到的最讨厌的东西，因为我对自己很不好。"成年以后，她变得孤寂而忧郁。父母在塑造孩子方面有着发人深省的力量[92]。在本节的案例中，来访者是被父母忽略的，父母的无能为力使得他们无法去保护这个孩子。整个家庭处在一种受歧视的氛围中。来访者在小时候受到委屈时，曾经跟奶奶讲(因为父母彼时在外打工)，奶奶只是告诉他不要在外面和别的孩子玩了，他们会欺负他。儿童内心付出艰苦的努力来理解他的家庭，他们运用可能的经验，寻找外在支持来建构自己的心理生活，应对困惑或痛苦。来访者发展好的方面是，他把大部分的精力投入到他认为重要的学习中，以此获得他人的认可，并获得了成功。而另一方面，他逐渐退缩，通过不和别人起冲突，或者回避交往的方式保护自己不被欺负。儿童对父母在各个方面的认同是令人吃惊的，包括父母的防御方式、主要心境等，这些方面对儿童的影响也是深远的。早期经验具有一定的决定意义和预测性意义。我们很难去判定其中的百分比，但是在这样的一个成长环境下，个体的自卑似乎是可以被看到的，也一定会被带到成年以后的生活中。

儿童感到痛苦的时候，基本上会采取两种方法来缓解：一种是把情绪和不安向外界释放,表现为问题行为,比如过度活跃或挑衅等;另一种是停止对情绪躯体化,把痛苦指向内心,表现为抑郁或焦虑等。上述分别被称为外化和内化[92]。从来访者的表现看,他显然是属于把痛苦内化的这一类人的。那么,童年痛苦的内化是怎样的?他们不会因为内心的问题和冲突,与老师家长冲突,他们宁愿把这些冲突指向自身,在情绪上表现为抑郁、焦虑和恐惧。其中的一种内化是儿童把挫折转化为对自我的贬低和压抑。他们学着把自己和痛苦隔离开来,他们在小的时候常常不知道人们彼此之间如何发生联系,别人为什么做这做那,自己什么时候该笑、该叫、该打招呼。父母与孩子的交流往往也是疏离的,父母不会表达自己,他们对孩子的回应往往是程序化的,缺乏感情。更多的时候他们忙于自己的事情,孩子常常是一个人和自己相处。家人之间彼此相爱,但是大家无法把这种爱表达出来。他们接收这种和他人的疏离,他们对外界控制不力,心理上空虚、无力。

前面提到,自卑似乎是人类的通病,但是为什么人和人之间的结果会不一样呢?有的人似乎一生都生活在自卑的阴影中,有的人却因为自卑,迸发出了潜能。一些人自卑的时候,更多是寻求自我安慰,甚至强迫寻找自己的优越感,逃离现实生活;另一些人自卑的时候,用简单实际的方法慢慢改变生活,自卑感就会慢慢消除。

自卑情结是什么?《自卑与超越》一书中提到:“当一个人碰到自己无法解决的问题,却深信自己一定能够解决。因为自卑感给人带来巨大的压力,就需要一种优越感来释放自己,但是这对解决问题无济于事。”[91]本案例中的来访者无法完成任务,不懂的东西越欠越多,他转到游戏中去寻求优越感,将真正需要解决的问题放置一边。他会避开困难,表现出犹豫不定,不知所措。那些广场恐怖或者人际关系恐怖的人,倾向于待在熟悉的环境中,外面太危险,他必需躲开。他们为自己筑起一道墙,过着与世隔绝的生活。他们会尽力维护自己的这种状态,获得优越感,但是不改变自己的处境。在某一次的意象中,他看见自己大概只有7岁的样子,很小,缩在一个角落里。无论是哪个学派,对一个人的健康发展来说,社会支持是非常重要的。但是来访者的社会支持系统是极度缺乏的。幼年的时候,家庭支持缺乏,小学和初中同伴支持缺乏。到了研究生阶段,来访者似乎又开始重复没有社会支持的生活,在最困难的时候,他不能跟同学讲,不能跟家里讲,更不能跟导师讲。如果早期的无支持状态是不可避免的,那么研究生时候的无支持状态完全是来访者的无意识重复,他的思维方式是自然而然地回避这些支持途径,因为他的人生经历告诉他,别人不可能帮到他。

当然，在来访者的经历中，还是看到了一些积极的力量。这些年靠什么支撑他走到今天，至少能在一个不错的大学读书。那就是他的个人能力，他会读书，他把所有的精力都集中在读书上。这样的一种补偿式刻苦发奋，咨询师在很多幼年有创伤经历的来访者身上见到过，比如家庭破裂的，比如结巴，比如被父母遗弃的……可见，苦难的经历并非总是坏事。在一些人身上，激发出了他们的潜能。所以在人生的前半段，似乎不能算太失败，因为在人生的前半段并不需要太多的合作，碰到的对手也还没有那么强。

人类生来就是有自卑感的，这种自卑感需要通过合作来消除。越是困难的任务越需要合作。来访者从小开始，几乎没有学习过如何合作，他生活在如此孤独的一个世界里，没有被关心和支持。研究生阶段，再靠个人的努力在学业上超越别人来获得优越感，打败自卑感，变得不那么容易。在人际关系中缺乏合作，让来访者举步维艰。追求优越感是每个人的追求，可是如果我们停留在自己的围城里面，那么这样的追求目标毫无意义。最好的办法是与人合作，与世界建立联系。每个生命都是从脆弱开始的，如果没有合作，就只能等候环境的摆布，人们必须在合作中锻炼自己。而促进这样的行为，必须是新目标的建立，否则就无法有新的行为建立。

由此看来，要消除这样的自卑感，必须帮助来访者建立合作。

首先，帮助来访者看到自己早期的经历把他困在一个自我单枪匹马奋斗的情境中，他很缺乏一种经历，那就是被别人支持，支持别人，获得成就感。

其次，在咨询的环境中，建立一种无条件的接纳和支持的氛围，让来访者从重建与咨询师的合作关系开始，开启与人的合作关系。

家庭对一个人个性的形成有着至关重要的作用，从这个案例看，来访者的自卑心理和从小的成长环境有非常密切的关系。可是生活不能重新来过，父母在养育过程中犯的错误也不可能重新被纠正。所以，来访者现实环境中的“重新养育”变得非常重要，咨询需要带领来访者发展出建立合作关系的能力，导师、同学的宽容和接纳也会极大地帮到来访者。

【案情追踪】

该来访者经过一段时间的连续咨询，内心逐渐变得强大，知道如何与别人建立平等的关系，也知道如何拒绝别人，更知道有困难的时候要及时表达和求助。最后，在导师和同学的帮助下，逐渐把实验补上，顺利毕业，到了自己心仪的单位工作。结束时，该生表示，咨询改变的不仅是现在的人生，更有未来的人生。

【谏言导师】

一个学生最后能够取得怎样的成就，除了智商以外，和个性有着很大的关系。每一个导师都希望自己的学生学有所成，能够在自己的研究领域有所突破。目前的人才选拔机制可以充分保证选到的学生是智商很高的，研究生培养的方向一直也是朝着学术水平前进的。但是个性的缺陷，可能会阻止一些学生在学术上的成就，作为导师如何去指导学生的这一部分呢？坦率地说，让导师扮演心理咨询师的角色是有点难，其实只要扮演好导师的角色就足够了。

导师如何在关键的时候拉一下学生，对一个学生的一生都是很重要的。曾经有一个导师，他的学生很有才华，但是有一段时间受到抑郁情绪的影响，不能接受投稿失败、实验受挫等打击。导师给他放假，希望他能够调整心态，还把他带回自己家里，跟他聊家常，希望他能放松下来。但是没有用，学生情况还是不好，导师再找到咨询师，发现是精神疾病的状态，后来导师帮助一起联系就医，最后学生顺利康复，在学业上做出很好的成果。这里可以看到，导师对学生的爱护帮助，对学生来说是多么重要，如果导师认为学生没有能力做科研，就随便搞个小课题让他毕业，一方面学生的才华无法施展，另一方面，学生的疾病也无法及时被发现。对于有心理困难的学生，导师若能发现并施以援手，结果就会不一样。

回到上述的个案中，可以看到，个性自卑的孩子，往往是深刻地受到了他所成长的家庭的影响，最大的影响莫过于父母或主要抚养者。而导师在很多时候除了是老师以外，在很多学生的眼里，他们更像自己父母一样的角色。导师如果能利用好这样的一个角色特点，也许可以帮助学生突破家庭的框架，在某些方面得到重新成长。

来访者最大的问题是因为家庭贫穷，受到他人的歧视，而父母又不能给予支持，他从小形成一种内化的机制，痛苦和冲突不能向外表达，不能建立有效的人际关系，无法向外界寻求帮助、建立合作、克服困难。长期的自卑，让他觉得自己是不被人重视和喜欢的，自己必须通过讨好别人的方式才能建立关系，但是这种讨好，来访者是心存怨念的，必定不能长久。

作为导师，遇到这样的学生，有以下几点可以做：

一、让自己变得更主动一些

自卑的学生更需要有别人主动的关心和接触。因为他们对别人的想法总是很不自信，担心别人不喜欢自己。所以，当你发现自己的学生总是回避见你，不妨主动安排一次谈话。即便你已经非常生气了，也要先听一听学生内心的感受。

二、用具体的解决方案代替批评

自卑的学生从小缺乏比较有效的指导，在遇到困难的时候，父母更倾向于多一事不如少一事，更多的时候，他们自己也不知道应该怎么办。所以学生在困难面前总是行为退缩。如果你能够给予具体的指导，让他一步步照着慢慢做，会充分建立起他的自信心来。也许你觉得，有些问题到了研究生阶段应该自己解决了，对他们来说能力是一方面，有时候阻碍他们向前的是他们的个性。你的引导是在个性上帮助他。

三、充分表达自己的想法

自卑的学生容易有负性思维，他们倾向于负性地揣摩别人的想法，当他们有这些负性想法的时候，就会阻碍他们和对方交流，而选择回避负性的事情发生。所以，不妨把你的想法说出来，充分表达你的想法，正面的，反面的，客观的。通常为了保护他们的自尊心，建议你从正性的评价开始表达你自己，以免他快速地被负性思维占据大脑，而完全无法听到后面的话。当然，你在表达正性想法的时候，也许他会认为这只是你虚情假意的鼓励，没有关系，如果你重复这样的鼓励，他也会变得不一样的。

四、不以自己的价值观批判学生

这样的学生，其性格缺陷的形成往往是很早期的，有些行为的重复早已脱离了意识的层面，而在无意识的层面自然而然地发生。导师们可能会觉得，你有困难跟我说就可以了，我没有那么可怕；或者，有的导师会认为天天躲着不见我，玩游戏，那就是懒，要多教育才行。其实每个人内心里面都有积极向上的一面，有时候他们无法行动，与品性无关。对自卑的学生来说，有时候批评可能是适得其反的。

最后想说的是，带研究生对导师来说确实是很不容易的，有时候需要导师把学生当成自己的孩子，绝不放弃。实验室对学生来说，可能是第二个家，这个家的氛围对学生的创伤也会有极大的疗愈作用。导师在学校除了教授知识本领，可能还需要扮演一个好的长辈的角色，营造好的实验室氛围，包容各类学生，帮助他们长成参天大树。

（本案例作者：祝一虹）

案例 7：如此指导

本案例描述了一个被导师外派其他老师指导的研究生的受挫经历，导学关系的困扰成了该研究生挥之不去的痛，被“正牌”导师“遗弃的感觉”激活了其幼年的创伤，经历了焦虑的无情吞噬，持续的抑郁-躁狂发作，该生是如何恢复的？她能否顺利毕业、找到工作？

【案情概要】

研三女生王丽，本科学业成绩优异，被保送过来读研。入学两年多来，始终不能很好地进入课题研究状态，对导师亦十分不满。原因在于一入学，王丽就被导师分配给一位外校老师指导，该老师与其导师是合作关系，但该老师的学历和资历背景相对较弱，不能满足王丽对科研指导老师的需求或期待，很多学术问题的讨论也是没有进展，导致两人的关系一度很僵。王丽虽对导师心有不满，但也不敢直言表达，最终导致毕业论文一拖再拖，有可能要延期毕业。因工作已找好，如果毕业论文一直做不出来，那么一切都将成为泡影。于是，王丽时而焦虑不安，时而抑郁低落，不知道该怎么办。她也曾努力寻求导师的指导与帮助，但每次沟通后，导师并没给予明确的论文指导意见，只会推荐她另找某某师兄或某某老师，这让王丽觉得十分苦恼。

【来访学生心声】

我出生在北方的一个农村家庭，从出生开始，我就注定在这个家庭里是不受欢迎的角色，因为中国社会“重男轻女”的传统，因为农村人的愚昧无知，我家里已有一个姐姐了，很自然地，父母亲、爷爷奶奶都期望要一个男孩，于是我就成为了家里的那个“多余的”孩子。又过了两年，家里有了弟弟，于是家人所有的爱都给了弟弟，记得我四五岁时，有一次妈妈煮鸭蛋，只有一个，理所当然地留给弟弟吃，我当时也很想吃，于是在院子里、在街门口大哭大闹，闹得满村人都知道了。虽然时隔多年，但我依然清晰地记得我的那种哭诉声：“为什么呀，凭什么呀，一个鸭蛋就非要给弟弟吃，难道我不是人吗？你们干脆把我饿死算了，你们为什么生下我又这么虐待我呢？不把我当人看，为什么呀……”

我从小就看不惯村里人的所作所为，也看不起父母亲，觉得他们没文化、愚昧无知，父亲比母亲大十岁，母亲本不同意这桩婚事，但迫于外婆的催促才勉强嫁人了。因父亲家境贫寒，年轻时父亲在外地打工，但被人说有精神问题。后来回老家后，也一直没什么事情做，很多时候经济支撑还要靠母亲来维持，所以，父亲在我眼里很没地位。父亲所谓的“精神问题”，只是大家对他的猜测而已，因为他从未到医院诊断过，而且他自己也不觉得自己“有病”，我大学阶段看过一些心理学的书籍，感觉父亲疑似人格障碍，有被害妄想，因为父亲总觉得大家都想骗他，尤其是涉及生意往来时。于是很多年以来，母亲在村里开个小店，父亲仅是照看一下财物而已，很多事情都是母亲操持着。母亲觉得这都是“命”，怎么也逃不脱的“宿命”……

我上小学六年级时，因母亲和我的班主任产生一些冲突，母亲一气之下让我转学去外婆家读书，外婆家在镇上，生活条件好，我也喜欢接触新事物，于是欣然答应，后来几年里，一直寄宿在外婆家里。因为舅舅在外地工作，每年都会有两个月的时间接外婆过去团聚。当外婆被舅舅接走时，我就寄宿在同镇上的大姨妈家里。我因为学习成绩好，很懂事，也会帮着姨妈做家务，所以很受姨妈喜欢。但姨妈有时脾气暴躁，当我有些家务事做得不好时，她会破口大骂，我感觉很受羞辱，但自己必须学会忍着。我从小没有什么同学，也不会邀请同学来外婆家或姨妈家，很多时候都是自己一个人玩，虽然姨妈家里有个年龄相仿的表妹，但我们两个很少说话，也很少在一起玩。初中毕业后，我直接考入县里重点高中，开始住校，高三曾因压力大，呕吐头晕，去医院检查，却被告知去做尿检，检查是否怀孕了，当时觉得很搞笑，母亲陪同一起，也觉得不可能，因为我不是住校就是住家里，母亲对我的生活很了解，我也没什么男朋友，觉得很受屈辱，后来也没查出什么原因就不了了之。所以，我特别痛恨小地方的医院或医生，觉得他们太差劲，水平太低下，也感觉自己这样的经历很荒唐、很委屈、很耻辱。

高中毕业我顺利考入了一所重点大学，在大学里积极上进，学业成绩优秀，同时有一男孩追求我，但我没接受，觉得对方不够优秀，但该男生紧追不放，当大四我想要接受他时，却突然发现他与其他女生好上了，于是倍受打击，觉得那人就是个“伪君子”，行为太恶劣了。后来脸上开始起痘痘，对自己的外貌形象一下子失去信心，向家人要钱去治疗家人不给，导致我心情十分糟糕，不想外出交往，也不想学习，就一个人待着，觉得抑郁了，常被自己的经历、自己的命运所困扰，觉得生活很绝望。虽然大四得知被保送读研，但并不快乐。想想我自己的身世，自己的外貌，自己的能力等，觉得非常自卑。读研来校的那个晚上，不知为何痛哭了一场。

进入研究生阶段，更是颓废，没有目标，对科研任务没兴趣，整日浑浑噩噩，导师也不理不睬，因为一入校，就被导师分配给一个外校的老师（与导师有合作课题）带，而那个老师根本就指导不了我，和他讨论科研问题更是没有什么收获，很多时候讨论不下去，科研无任何进展，我不知为何导师把我分配给这么一个老师指导。加上自己的曲折经历，更加自卑了，觉得从前的我孤陋寡闻，现在到这个平台上，又无所作为，根本不配名校研究生的身份，于是抑郁、焦虑，最近一年，面临毕业就业，更是焦虑不安，虽然前段时间找到了一份不错的工作，但觉得该公司不知看上了自己什么，觉得自己一无是处，而且如果不能写出论文，保障顺利毕业，那么到手的工作估计也没了。一想到此，不免焦虑、紧张……

最近几周，经常心悸、失眠，无法集中精力学习，一到实验室开始坐下来写论文，就心跳得厉害，而且内心有一种声音冒出来："写不出来，写不出来……糟糕透了，一切都完了……"总想要逃离实验室，无法控制自我，这个时刻我就要换上运动鞋去操场跑步，然后会慢慢平静下来……我也曾去医院检查，被告知焦虑、抑郁，并让服药治疗，我觉得自己快要变成"神经病"了，生活很绝望……

关于论文也曾找导师沟通过，但导师总觉得我能写出来，一开始对我要求极高，而且用带有"威胁"的口气告知我，如果不能达到要求就要被退学，听着听着我就烦极了……后来导师看我确实有困难，又安慰我会写出来的，但什么指导也不给，只是把我推给他人，让我有困难找那个合作的老师帮忙，找同门的师兄、师弟帮忙，他是我的导师，他为何这么对待我呢？所以，沟通了两次，我也不想见导师了，觉得他根本就不会在乎我，即使我退学他也不会管我的……

论文找其他人帮忙，我觉得难以启口，也不知道该怎么请人家帮忙，或者人家凭什么会帮我呢？在实验室我是抑郁型的人格类型，平时很少和他们沟通，他们也不屑于理我，我也不知道和他们沟通什么，只觉得实验室很压抑……在实验室外面，我有一些朋友，在外面的朋友圈里，我显得外向而善谈，他们很多人都不知道我的苦楚，有些人甚至不相信我要延期毕业了，或者说一直毕业不了，可能要退学了。其实这两年来，我的心境一直很差，我也一直在自我调节，但一直不见好转，我觉得我快要崩溃了，形如行尸走肉一样……不知活着干什么。我父母也知道我的现状，也告知我，如果实在有困难，可以退学的。我一听到他们的唠叨，就心烦意乱，觉得他们没知识没文化，凭什么指导我，他们的人生都那么悲惨，我凭什么听他们的，于是就会在电话里骂他们，贬低他们……事后又后悔，觉得不应该这样对待他们，但是很多时候又控制不了……

【导师团看法】

一、导师A的观点

导师A认为，分配研究生给课题组其他导师带领是客观存在的现象，而且有其存在的合理性，这也是资源分配所致，无可非议；作为研究生，应该听从导师的安排，要理解导师的苦衷；当然遇到问题也要找导师积极沟通，而不能一味逃避、对抗、甚至消极怠工；毕竟课题组其他老师身上也肯定有值得研究生学习的地方，研究生要懂得尊重老师，并虚心向老师请教，不能盲目自大，或者以身份、资历等外在条件来评价老师的科研能力及指导水平。俗语说：三人行，必有我师。毕竟老师是师长，有着研究生不能比拟的优势，研究生要抱着学习的态度积极向老师请教，和老师沟通，不可带着敌对情绪。该案例中的研究生，明显对分配的指导老师不满，对导师的指导也不满，带着情绪做研究，肯定出不了成果，而且会损害身心健康。

二、导师B的观点

导师B认为，研究生是独立的个体，名义上的导师要分配研究生给其他老师指导时，要事先和研究生进行充分沟通，讲清楚其中缘由，并征求研究生的同意，同时保障监管全过程，并对结果负责；尤其是当研究生的论文进展不顺利或与分配的指导老师沟通有障碍时，要能够及时出来调解，并给予研究生妥当的安排，而不能不管不问，让研究生自生自灭。即使研究生的问题很严重了，也不能放弃研究生，诸如扬言要研究生退学或者逼迫研究生退学等，这样的做法会伤害研究生的自尊心，并进一步导致导学关系的恶化。该案例中的研究生总是觉得导师把她推给别人，导师不在乎她，觉得很委屈、不公平，面临导师胁迫兼推让的指导的方式十分痛苦，所以，导师要能够尊重和理解研究生，在其困难的时刻给予及时的、到位的指导，表明重视她的态度，而不能推而了之。

三、导师C的观点

导师C认为：研究生不能太过于依赖导师，认为什么都要导师亲力亲为，把所有的责任推给导师，导师的职责就是引导入门，入门后还要靠研究生自行去探索，承担不顺利的过程，甚至不理想的、失败的实验结果，且不能一味责备导师，让导师给出具体研究思路或操作方案等，否则就失去做研究生的意义了。研究生除了要接受导师指导，向导师直接学习之外，也要学会与实验室同门及其他老师多交流、多沟通，要学会适应科研氛围及环境，遇到困难要尝试并自行面对问题、解决问题，不能事事依赖别人，要逐步培养其独立自主能力。

四、导师D及其他导师的观点

导师D认为，要把研究生当作自己的孩子来培养，进行差异化指导。要注重培养研究生的三种能力：科研思维分析能力、科研写作能力、专利申报能力；要平等对待学生。以培养学生成才为第一目标，出科研成果是副产品。还有的导师倡导"师傅带徒弟"的理念，在导学关系中要去除功利关系，对研究生进行个别化指导，按时间节点，设计阶梯式步骤与管理方法；也有的导师认为，培养学生不能仅以学术为主，还要注重做人道理。研究生要尊重导师，尊重权威，但不能迷信权威，导师要注重培养研究生的自学能力，激发研究生的创新思维和创新意识。

在导师访谈中，不少导师一致认为：良好的导学关系需要导师和研究生双方抱有真诚的态度，要相互理解和体谅，导师要把研究生当作孩子一样鼓励、支持，永不放弃；对研究生要注意因材施教，要进行差异化指导；研究生要把导师当作师长一样尊重，尊重导师的决策，尊重导师的人格；遇到问题不逃避，不抵触，要能够积极主动找导师沟通，共同研讨面临的困境，找到解决问题的出路。导师在培养研究生的过程中也要承担主要责任，并切实负起主体责任来。

【咨询师分析】

在咨询师眼里，王丽是一个文静、善谈、有志气的女孩子，虽然一直在哭诉自己的遭遇，但她一直没有放弃对未来美好生活的期待，只是不太相信自己真的能够拥有美好的未来生活。这与她的成长经历有很大关系，从小王丽"女性"的身份角色不受欢迎，自我价值感极低。她以优秀的学习成绩来证明她的价值，谁知到了研究生阶段，学习成绩不再重要，科研又没有像样的成果，于是理想化自我一下子破灭，一方面导致对自我毁灭式的攻击，另一方面，又让她怨天尤人，感觉命运、导师等对她很不公平。

王丽从第一次咨询到最后毕业，持续了十多次。从一开始感受到小论文的压力、对分配导师的不满，到后来毕业论文的压力以及对导师本人的攻击；从一开始的侃侃而谈、痛苦不堪到后来的沉默寡言、不知所措；从一开始对咨询师的不信任、想要自我调节问题，到最后信任咨询师、听取咨询师的咨询安排，这其中，咨询师既感受到了王丽的委屈、愤怒和不满，也感受到了王丽的无助和脆弱，还感受到了王丽不屈不挠和生活做斗争的勇气和力量，咨询师特别想要帮助这个女孩子，很想给她一个臂膀，陪伴她度过研究生的最后几个月生涯。

结合王丽当前的身心状态——经常心悸、失眠，无法集中精力学习，一到实验室就焦虑，心跳得厉害，负面观念挥之不去，总想要逃离实验室，无法控制自我，痛苦不堪，评估其问题类型为疑似焦虑症。从专业角度，需要王丽去医院进一步确诊后，服药治疗，并辅以心理咨询。情况严重的需要告知家长及辅导员老师，给予重点关注。王丽在两次咨询之后，听从了咨询师的建议，到校医院心理门诊进行检查，被诊断为焦虑症，并开药治疗。吃药一周后，感觉情况好转，但并不想继续吃药，因为担心依赖药物，自己真的变成"神经病"了。咨询师劝导其服药治疗的同时才能继续为其进行心理咨询，王丽同意了。

以下基于心理学相关理论，分析王丽的成长经历，来更好地理解王丽的病因。

从人格发育水平看，王丽一出生在家里就是个"多余的"女孩子，是个被忽略的孩子，其自我价值感极低，其根深蒂固的内在核心观念是"我是不受欢迎的，我是不可爱的，没人喜欢我……"在生活的早年，父母对其的照顾极少，连吃个鸭蛋都是奢侈的事情，尤其是和弟弟比较起来，在家里更是没有任何地位。其早年的自恋没有得到满足，慢慢地王丽靠着自己的努力，想要证明我是很优秀的，与众不同的。于是，王丽非常勤奋地学习、也非常努力地表现出自己的聪明能干，尤其是到了外婆及大姨妈家里后，更是努力地、懂事地表现自我，默默地承担了一个成年人应该承担的家务活，遇到委屈和耻辱也只能一个人往肚子里咽。到了初中，甚至有个班主任非常喜欢她，把她当作干女儿对待，可见，王丽是非常有能量的，在外在表现上也很招人喜欢，在心理学上这叫反向形成——越是内心自卑，越是表现出强大的自我来掩饰内在的弱小。在不断受到外界好评的情形下，王丽的自尊水平有所提高，同时对自我的期待也非常高，曾一度认为自己很优秀，不仅皮肤白皙，长相漂亮，而且学业优秀，聪明能干，于是非常看不起农村出身的人，因此，王丽是非常矛盾的。当来到大学后，首先受到的打击是自己的外貌，当脸上开始出现青春痘时，王丽表现得焦躁不安，觉得理想化自我一下子破灭了；其次当有男生喜欢她，她又觉得对方条件差，拒绝后，在对方不放弃的情况下，想要接受对方时，却又发现对方有了女友，这说明王丽对人际交往界限并不清晰。在外貌受损和心理受伤的双重打击下，王丽早年形成的自我图式被迅速激活，再度陷入"我是不受欢迎的，我是不可爱的，没人喜欢我……”的负面观念中。随着研究生生活的到来，王丽显然没有做好心理准备，不适应外界环境，报考的导师将其分配给其他老师指导，加上科研没进展，让王丽再度陷入自我贬低中，负面核心观念加强：“我是不受欢迎的，我是不可爱的，没人会喜欢我，我是没能力的，我没有资格拿到名校学位，我不配过上好生活……”

王丽时而抑郁，情绪低落，会哭；时而又充满活力，兴奋。在实验室内外的人际交往表现不一样：在实验室中沉默寡言，不善交流；在实验室外面，她有着自己的朋友圈，而且表现得善于交际，呈现出分裂样的人格特征。王丽对人不信任，防御心理较重。一开始对咨询师也不够信任，经过几次咨询后，王丽才能够讲出自己的担心与顾虑，甚至一些不满。但有时候也觉得咨询师、导师等都帮不了自己，对别人都有一种鄙视的感觉，尤其是对爸妈，觉得他们无知愚昧，与他们的冲突很大，电话中总是不满，甚至挂断电话，有时也内疚、矛盾，但父母确实也帮不了她，她也改不了坏脾气。当面对毕业论文的压力时，她表现得时而抑郁、时而躁狂，抑郁时觉得活着没意义，自我贬低，觉得自己太差劲，甚至想结束生命；躁狂时想要骂人、打人，觉得世界对她很不公平，很愤怒。

从依恋理论来分析，王丽从小经历的是矛盾型依恋关系，对父母有一种既爱又恨、既想靠近又想远离的感觉，在遇到困难时亦会对导师产生类似的感觉，即把这种感觉“投射”到导师身上。王丽面对最大的压力源是毕业论文，写不出像样的论文，又对导师的指导不满，尤其是把她分配给其他老师，更觉得自我身份感很低，一方面觉得委屈、受到了屈辱，另一方面也开始贬低指导她的老师以及自己的导师。毕业论文是压倒王丽的最后一根稻草，而导师给予的指导又让她失望至极，从而对导师产生“投射”，认为导师不够重视她、在乎她，以至于不管她的死活，她认为她的导师是极不负责的，不应该把她推给别的老师，更不能用这种笼统的方式来指导她的论文；这正如她小时候也觉得父母是不称职的父母一样，她吃个鸭蛋都不让吃，觉得很委屈、很不公平。从小不被认同的“女孩”身份感，到研究生不被认同的“名牌研究生”身份感，让她无力认同自己，觉得不做出来什么科研成果就不配成为名副其实的“名牌高校研究生”，即使应付毕业或“水水”地毕业也不能原谅自己，不能接纳自己，因为这不能证明自己的价值！因此，王丽最大的冲突是理想化自我破灭后无法接纳自我的冲突，是对自我身份感认同的冲突，是对父母、对导师既依恋又对抗的矛盾型依恋关系的呈现，是对自我人生没有一个好的客体关系的遗憾，是对未来美好生活没有信心的表现。

分析王丽症状的成因后，咨询师采取认知行为疗法与支持性疗法并行，尝试从以下几个角度进行咨询：

一是和王丽建立稳定的咨询关系，赢得王丽的信任，让王丽放下防御，能够坦诚地把一些心理问题及其真实的想法告知咨询师，让咨询师更好地理解她。咨询师抱着无条件关注来访者的态度，与来访者进行真诚的沟通，最终获取了来访者的信任。

二是运用认知行为疗法，首先让王丽合理化自己身上发生的一切，理解、共情王丽，让王丽接纳自我，正确认知自我，矫正王丽对自我、对父母、对导师不合理的认知观念，诸如自己是不受人欢迎的；父母没知识没文化，没资格管她；导师不喜欢她，不重视她，把她随便推给其他人指导，同时她也贬低导师，认为其实导师也没什么水平等。然后和王丽一起讨论症状背后的意义和价值。其次，对能够有利于其写论文、改善其心理状态和身体状态的行为方式给予强化，诸如每天坚持两三个小时去实验室写论文，每天坚持跑步，放松，看喜欢的小说等。

三是采用支持疗法，陪伴其渡过难关。咨询师表示：无论发生什么，无论是否能够顺利毕业，咨询师都会愿意帮助她，同时相信王丽有能力面对，能够在预定时间内毕业。咨询师会一直陪着来访者到毕业，不会以任何借口丢下她不管。

四是运用积极心理疗法，帮助王丽发现自身优势资源，重拾对生活的勇气和信心。让王丽总结从小到大在学业、在个性等方面的成功事件或值得骄傲的事情，告知她自身所具备的优势能力。同时，告知王丽环境适应理论：从高中到大学，从大学到研究生，从研究生毕业到走向社会，王丽显然对每一个新阶段的变化有一种不安感，或者说对未来不确定的环境有一种恐慌感。然而，前面两个阶段的转换都已经适应了，所以接下来面临毕业走向社会的这个阶段，王丽也是可以慢慢适应的。只不过这个阶段面临毕业论文的压力源，面临新工作的压力源，需要王丽能够破除对自我身份的限制，或者调整对自我观念的认知，“相信自己是名牌大学研究生，有能力毕业、有能力获取好工作，有能力、有资格拥有美好生活……”

【小贴士23】积极心理疗法

“积极心理学”一词是由马丁.塞里格曼（Martin Seligman）创造的一个术语。他对传统心理学将焦点放在病理问题的探索上提出质疑，认为心理学应该更关注健康、幸福、成功及那些美满的生活。积极心理治疗（positive psychotherapy）就是基于积极心理学的理论基础，致力于人类自身的积极力量，提倡用一种积极的心态来面对个体的心理或行为问题，并在此基础上通过激发个体自身的内在积极潜力和优秀品质来使个体获得健康和幸福。积极心理治疗认为：传统的心理治疗强调缓解痛苦和病理问题，但它并不一定就能带来乐观、希望和快乐；能消除消极影响并不一定就能获得创造积极改善的技能；但是，获得积极改善的技能可能会很好地降低或消除消极影响。所以，如果治疗是以幸福、治愈及提升为导向的，那么来访者就很可能摆脱他们目前的问题，并过上更快乐的生活[93]。

【案情追踪】

最后，经过十几次的咨询，在导师的直接帮助下，该生在延期3个月后毕业，并顺利进入了一家知名企业工作，仍然从事着本专业。由此可见，该生的“资格限制”和“能力限制”被一一打破。随之，该生的焦虑、抑郁-躁狂状态也逐步缓解。

【谏言导师】

作为导师，遇到这样的研究生，该怎么办呢？

一、导师要尊重、理解研究生

研究生无论是保送过来，或者通过统一考试过来，都付出了极大的努力，他们刚入学时都对自我抱着很大的期望，都想好好努力，大干一场，以争取优异的成果，顺利毕业。然而，研究生毕竟是弱势群体，导师掌握着在校研究生的学术命运，尤其是，有些导师课题多，应酬多，对研究生的指导就相对较弱，所以，把招来的研究生分配给有课题合作的其他老师指导也就在所难免。但是本案例中，研究生被分配给外校的老师指导，而那位老师的资历及专业能力显然不如自己的导师，这就会给研究生带来负面的影响，认为自己没有跟上好导师，学不到什么东西，甚至会自哀自怨，哀命运不公，怨导师不好，在和分配的导师沟通不畅、讨论无果后，就开始自暴自弃，破罐子破摔，拖到毕业季，论文遥遥无期，内心压力无比巨大，于是爆发心理疾病。所以，导师要给研究生安排指导老师时，要提前沟通到位，要充分征求研究生的意见；转换导师后亦应定期保持对研究生的关注；并允许其对分配导师的投诉，当发现师生关系不够顺畅时，要能够及时介入，调解关系，以确保师生关系融洽，保障研究生的论文进展。

二、导师要承担起研究生求学期间的"重要他人"的责任

导师作为研究生在求学期间的重要他人，尤其是当导师遇到依恋关系较为不安全的研究生时，导师的一言一行都会引起研究生的敏感猜疑，所以，导师要慎言慎行，多鼓励和支持，不要让研究生产生"被嫌弃""被抛弃"或"被推开"的感觉，这会激活研究生的早年创伤经历，强化研究生的不合理的自我观念，直至摧毁研究生的理想自我，使其无法承受现实压力。当研究生压力过度时，其内在集聚的能量要么指向内部，攻击自我，抑郁自杀，实现自我毁灭；要么会攻击他人，打人骂人，甚至发生极端暴力事件。因此，导师在入学时要了解每一个研究生的家庭背景和生活经历，要密切关注研究生的个性、心理或情绪状态，学业及学术进展，对待心理问题严重或有心理疾病的研究生，更要特殊对待，避免成为他的刺激源，激活他的创伤体验。比如本案例中的研究生，导师了解实情后，要以调节其身心状态为主，辅以具体的学术指导。同时，要帮助其建立更广泛的社会支持系统，加强与其家长的沟通；在注意保密的前提下，必要时建立一对一帮扶措施，直接安排同学密切关注该生的情况；让更多的人能了解并帮助她。当然，直接推荐这类研究生寻求心理老师的咨询帮助也是上策。

三、导师在导学关系中要承担主要责任

本案例的研究生直接抱怨导师的内容就是被另派外校老师指导，并且质疑外校老师的指导水平，因此，导师要能够进行自我反思，在分配安排科研任务时，到底是以学生的利益为主，还是以导师本人的利益为主，还是二者均能够兼顾。作为研究生的第一直接负责人，导师要以培养研究生学术能力、综合素质等为己任，尤其是注重学生人格的培养，教会他们做事做人的道理，晓之以理，导之以行，千万不能徇私舞弊，把学生变成帮助导师完成课题或论文，或挣钱（商业化）的工具，还有甚者引诱学生学术作假，这些都是做导师的禁忌。我们相信，如果导师真的是站在研究生的立场上来安排学术任务、分配指导老师，并且对研究生的学术生涯有所规划的话，那么研究生是能够感受到导师的关爱的，是会理解并服从导师的安排的。己所不欲勿施于人，导师要能够切实为研究生在校期间的学术生涯负责，创造和谐的导学关系，最终实现研究生的专业提升和课题组发展的双赢目标。

（本案例作者：梁社红）

案例 8:不该发生的关系

聪明漂亮的林静跟导师发生了不伦的关系，短暂的甜蜜之后是长期的心灵折磨。林静有着不幸的童年和一直存在的混乱状态，空虚的她不断地寻找着刺激的关系来安抚自己，却一次又一次地让自己陷入痛苦的深渊。如何理解林静的心理特点？在这段不伦关系中，导师方面的原因有哪些？如何防止类似事件的发生？

【案情概要】

林静身材高挑，活泼外向，喜欢处处表现自己。也许是因为比较强势的性格，实验室的同学们对她并不待见，但导师却很欣赏她，博士入学后没多久，导师便经常在开会时表扬她，甚至外出开会时还会带上她。

天性敏感的她敏锐地捕捉到了导师对她的喜欢，比如导师跟她说话时总是充满温情和幽默感，导师还会在言语中有诸多的暗示。在导师不断地暗示之下，在犹豫与纠结之中，她最终与导师发生了性关系。她虽然知道这样不好，但情感上的渴望让她把持不住自己。这种亲密又疏远的关系维持了几个月的时间，这段时间对林静来说既甜蜜又折磨人。

没过多久，在压力之下导师向林静提出中止情人关系，并表示会有所补偿。这让林静痛不欲生。理智上她觉得应该中止这种不伦的关系，情感上她依恋导师，渴望将来有一天能够取代师母与导师结婚。当得知这个决定之后，林静觉得导师欺骗了她，她出现了自杀想法，希望通过自己的死来报复导师。

【来访学生心声】

我的家庭并不幸福。从小父母关系就不好，三天两头吵架或打架。母亲一直看不起父亲，经常会在我面前说起父亲的不是；父亲则不太回家，有时候是喝得烂醉了才回到家里，回家后闷头就睡，对我们爱理不理。妈妈每当这个时候，就会跟他大吵一顿，此时，爸爸会动手打她，有好几次我都担心妈妈会被他打死。妈妈平时也不怎么管我，很多时候妈妈要么在外跟人打麻将，要么就躺在床上，因此，我很小就学会了自立。在我上小学时，便学会了早起做好饭，吃好后自己去上学。

在我读小学三、四年级时，父母离婚了。离婚后我与父亲一起生活，母亲则离开了家乡，之后基本没有联系。父亲在离婚后结过几次婚，对此，我虽不情愿但也只能忍气吞声。父亲也不关心我，更多的忙于工作及消遣，很多时候我只能独自在家复习功课。我把大量的精力放在学习上，通过努力学习，我的成绩一直很好，小学及初中时的老师都很喜欢我。再加上我性格比较外向，长得也算漂亮，这些算是弥补了家庭对我的伤害。只是我的性格有些张扬，在人群中害怕自己被埋没，总是表现自己，慢慢地，有些同学不喜欢我，我的朋友较少。

高中时，我发现我喜欢上了一个男老师，他幽默，有男人的魅力，每次上他的课，我就听得特别认真。但当时我还不敢去向他表白，只是把这种喜欢藏在心里。读大学时，一次偶尔的机会我经人介绍认识了一个有钱的老板，没多久他便提出要包养我，我稀里糊涂地答应了。老板有家庭，我们俩人只能偷偷摸摸在一起。跟他一起的一年多时间里，我一直幻想着取代老板娘的位置，他虽然满口答应，但一直没有行动。直至最终他放弃了我，虽然我得到了几万元的补偿，但心里一直愤愤不平：那老板为什么没有放弃家庭？对我来说，钱是小事，我更看重的是他到底爱不爱我。

刚读研究生没多久，我就能从导师的眼神中看出他对我的喜欢。这让我异常欣喜，因为我也很欣赏他。他是学院里有名的导师，学术成果丰厚，而且颇具学者的风范。当导师单独带着我去参加学术会议时，我心里简直高兴坏了，我才不管之后会怎么样，只要他喜欢我就行！之后，我利用各种机会跟导师接近，比如去问一些论文的事情，或者帮导师报销财务，买票订宾馆等，我很快成了导师的秘书。我很享受被导师追求的过程，因为那让我觉得我很重要。虽然他的追求不那么浪漫，但他眼神中那种火辣辣的味道越来越重了。有一天他主动约我去他住的地方拿个东西，我心知肚明，就过去了，后来就顺理成章成了情侣。

开组会时，其他同学都不知道我与导师的关系，但我们俩却心知肚明。这种感觉真的很好，我有一种被特殊宠爱的感觉。我们俩经常在微信中聊天，说一些情话，那段时间，想起来都觉得很幸福。但没过多久，我慢慢地感觉到导师不可能跟我长久在一起，他只想跟我有情人关系，不可能跟他的妻子离婚。我见过他的妻子，一个很“正经”的女人，我能从她的眼神中看出她对我的怀疑。我对她很排斥，我觉得她年纪那么大了，根本不能给她的丈夫应有的照顾，而我可以。我不但能够在生活上照顾导师，还能在事业上帮助导师。我相信，如果我跟导师在一起，肯定会让他的学术成果更加丰富。

但没多久，我悲哀地发现，导师不可能跟妻子离婚而跟我在一起。当我发现这一点后，除了悲伤，还有强烈的愤怒。我觉得为什么自己年纪轻轻竟然还不如一个五十多岁的妇人，为什么导师不能放弃自己的妻子。一段明明已经没有了爱情的婚姻，凭什么还要维系下去？我对导师的懦弱感到强烈的失望与愤怒。为了挽回我俩的感情，我经常去找他，但他开始躲着我，出差也不再带我去了。我给他打电话也不接，他不接我就继续打，有一次一个晚上打了一百多个电话。这可能把他激怒了，他直接跟我提出分手，并问我需要什么条件。我当时心里真的很冷，没想到他竟然说出这样的话。

被他拒绝之后我心情十分低落，我经常在夜里饮酒，一遍一遍给他打电话，但他现在也不接我的电话了。我感到抑郁，我的脾气也越来越糟糕了，经常无缘无故地对身边人发火。有时我会产生强烈的愤恨，我想死给他看，我想通过我的死让他身败名裂。我知道这种想法很可怕，但不这样做，难解我心头之恨。

【导师团看法】

导师 A 很反感案例中导师的行为，他觉得导师与学生之间不应该发生这样的关系，因为在学生与导师的关系里，导师有很大的权力，这种权力不能被滥用，否则是对学生的剥削。导师可以犯错误，但绝不是这样的错误，这是底线，在导师跟女生相处时尤其要保持距离。他认为，作为导师，一定要认识到自己并不是万能的，只是在专业上得到了这个时代比较欣赏的那一部分能力，导师应该为这种时代的认可感到光荣与责任，而决不能因此失去自我约束。如果导师不去约束自己的行为，意味着会放弃已经拥有的东西。

导师 B 认为，导师不是普通人，对自己要有克制力，如果是共产党员的话，更应如此。他觉得这种情人关系只要有能力的人都可以做得到，而能做却不去做则反映了一种更高的精神境界。作为导师，应该去达到这种境界，而不是放任自己。他觉得导师也应该具有社会责任，能为营造良好的社会风气去做努力，而不是相反，去纵容这种不良的风气。

导师 C 则提醒说，跟女学生发生关系有很多潜在的风险，如果导师看不到这些风险，对自己是很不利的。比如，怎样跟学生的父母交代，怎样对自己的家庭交代，以及更关键的是，怎样面对被曝光之后身败名裂的后果。

导师 D 则采取了更人性化的态度，他说："如果女学生对我产生了感情，我会提醒她不要有这样的想法，我会告诉她不可能有这样亲密的关系。然后我会把她的精力转化到科研或学习上去，每次跟她单独见面时，我会把房门打开，绝不允许那样的事情发生。"这种人性化的处理方式，既不会让学生太受伤，又能让学生理智地面对现实，对学生的成长是有利的。

导师 E 认为，如果学生对他产生了感情，他不会特殊地对待这个学生，既不会刻意疏远她，也不会跟她很亲近，就像对待普通同学一样地对待她。他认为，问题的关键在导师，只要导师把持好自己，那样的事情就不会发生。

导师 F 也强调在这件事情上，导师要负主要的责任。为人师表，是做老师的守则，如果违反了底线，应该被一票否决。从预防的角度来看，对新来的老师要加强师德师风的教育。无论以后论文是在 *Nature* 或 *Science* 上发表了多少篇，只要有这方面的问题，在竞选职称时都是一票否决。在这种事情上一定要给每个导师树立一条牢牢的道德红线。

【咨询师分析】

有一类人，她们（因为这类人以女性居多，所以以“她们”指称）的爱情生活注定是不平淡的。平淡的爱情会让她们体验到强烈的不安，只有那些浓烈的富有戏剧性的爱情，她们才明显地感受到被爱。对于这些人来说，对被爱的需要像吸毒者对于毒品的渴望一样，异常的强烈与贪婪。但是，当她们真的被人痴情地爱着时，除了幸福之外又会产生强烈的恐惧。因为，过于亲密既会令她们窒息，也会唤起曾经体验过的被抛弃的感觉。不经意间，她们似乎在重复着一种命运——不断地证明，那个信誓旦旦说爱她的人，最终会离开她。在她们的爱情生活中，总是伴随着强烈的爱与恨。

一、林静的表现

从外表上来看，林静擅长打扮，说话得体，时不时显得风情万种。有时，她会卖萌，表现得像一个小女孩一样天真可爱；有时，她又显得很有控制力和操纵性。她既有诱惑力，又有控制性，她的情绪随时因为一些触发因素而产生强烈的起伏。

她在亲密关系中最大的特点是不能忍受分离又害怕亲密。在跟导师有暧昧关系的同时，她一直有一个交往了几年的男友，但两人的关系总是分分合合。每次她提出分手之后，过一段时间，她又会主动要求复合。她在情绪崩溃或内心极度空虚时，对男友是非常依赖的，特别希望男友过来陪她。但如果男友因为有事不能答应她，她就会非常愤怒，并威胁结束关系，经常以一种歇斯底里的口气说：“让我去死了算了，反正你们就是想让我去死。”有时，她觉得男友很陌生，对他根本没有爱的感觉，然后跟对方提分手，或者用难听的言语侮辱对方。所以两年的恋爱关系中，经常上演着冲突、分手、和好的戏剧。

(一)强烈的被爱渴望

林静内心对爱的渴望是很强烈的,这种爱的渴望更多地出现在年长男性身上。林静对男友不怎么上心,男友似乎只是她的备胎,是她情绪崩溃时求助的对象。她真正上心的,是那些比她年长很多的男性,所以,她在男友不知情的情况下,跟导师发生了关系。年长的男子之所以让她迷恋,也许是因为这样的关系让她更有安全感。至少,在与男友关系里那种被吞噬的恐惧会少很多,因为她内心里其实也清楚,导师是不可能真正跟她结合的。

她曾经做过这样的梦,从梦中感受到她的热情全放在导师身上:"我陪男友去看病,导师也在那边,像医生一样,但不确定是否是医生,我跟他讲话了,此时男友自然地消失了。我看到他(导师)了,我在正经地讲一些事情,他让我什么时候去找他。"在梦中,当导师出现时,男友便消失了,男友只是她爱情关系的备胎,她真正需要的,是像导师那样的男人,那样既不可能在一起,又存在强烈风险的爱情关系。这个梦也预示着,她对一个人爱的情感的易变性,当另一个人出现时,原先她爱的对象会自动地从她心目中消失。

(二)对爱的恐惧

林静对爱的恐惧与她的母亲有关。林静母亲的病态性格是不难发现的,小时候母亲经常会把林静一个人放在家里,而自己则出去玩了,很明显,她的母亲是一个缺少同情心的人。母亲非常看不起父亲,认为父亲没能力,懒惰又愚蠢,在她眼里,丈夫一无是处。在林静成长过程中,母亲与父亲出现冲突时,母亲经常会在她面前说"都是为了你,我才忍受了那么多苦,要不是因为你,早就跟父亲离婚了"。母亲这样的说法,加重了孩子的内疚感,破坏了女儿对父亲(或男人)的感情。

林静对母亲有强烈的依赖,当依赖不能被满足时,又会有强烈的愤怒。成长过程中,既爱又恨的矛盾心理在这对母女关系中充斥着。由于与母亲之间存在的强烈矛盾,林静会时不时地冒出割断与母亲联系的想法,想要摆脱"被母亲吃掉或毁掉"的恐惧。这成了林静亲密关系的原型,在她所有的爱情关系中,她都会创造分开的空间,比如,动不动就提分手,还会移情别恋。她很难跟一个人确立长久稳定的爱的关系,要么分分合合,要么出轨背叛。

(三)与父亲的情感纠结

刚出生时,因为她是女生,奶奶很不高兴,还要求爸爸把她送人,再生个男孩。爸爸同意了,是母亲的强烈反对才最终作罢。母亲在她很小时就经常跟她说起这件事情。这件事情带给她的影响是,她一直对爸爸这边的亲戚非常的排斥，对爸爸也充满着愤怒。由于这件事情的影响，她对自己的性别有着强烈的自卑。很小的时候，她就喜欢跟男孩子玩，男孩子敢做的事情，她照样敢做，她似乎为了证明，自己虽然是女孩，但不会输过男孩。

林静虽然跟自己的父亲关系不好，却在初中之后，一直喜欢年长成熟的男性，这又如何理解呢？由于跟父母之间糟糕的关系，林静内心一直缺乏安全感，而年长成熟的男性，就像是一个安全基地，能带来稳定的感觉。另一个原因是，年龄相仿的男性会唤起她想打败对方的冲动，这种冲动会阻碍她跟同龄男性深入的爱情关系，而跟年长成熟的男性则不会有竞争的愿望，而是作为可以深度依赖的对象(这种依赖她无法从父亲那边得到)。第三个原因是，年长成熟的男性跟自己的父亲很不一样，因为在她的心目中，一直觉得父亲是一个无能懦弱的、不敢担当的、只会发脾气的男人(这种印象也离不开母亲的影响)，她要找到跟父亲形象很不一样的男性，年长成熟的男性就成了不二的选择。

(四)冲动性的行为

林静看上去轻浮、迷人、难以捉摸和肤浅，她充满活力且不断寻求刺激。她很容易会觉得无聊，似乎从不会停止对关注的渴望和对刺激的追求，在团体中由于过分追求关注，过度突出自己，而让周围人对她排斥。她经常跟着感觉走，不经思考就冲动行动，而让自己陷入各种麻烦之中。其实她也知道，与导师的关系必然不会有好的结果，但她并不在意结果怎样，更在意的是那种刺激的状态。

有一次她在做饭，母亲不知道因为什么原因在旁边数落她，说她“什么时候才能懂事啊?”听到这句话之后，一下子把她的火点起来了，她用力地切菜，把母亲吓得以为她要切断自己的手指了。母亲赶紧制止了她，她之后冲出了家门，在外面放声大哭并大声咒骂:“为什么别人不会被骂，而我总是被骂”，“我要把他们都统统杀掉”。

在导师与她关系破裂之后，她在晚上连续打一百多个电话，她威胁要把这段关系公布出来，来一个鱼死网破。之后，她开始泡酒吧，参加各种比赛，通过疯狂的忙碌让自己逃避空虚感。在关系破裂的那段时间，她几乎每天都要用大量的酒精来麻醉自己，偶尔还会去网上约会，跟男人发生性关系。虽然喝酒与性滥交让她特别讨厌自己，但她仍然不自觉地用这样的行为来逃避孤独。

二、边缘人格障碍者的特点

根据林静的表现，她应该是一种叫作“边缘型人格障碍”的病人。害怕被抛弃，强烈的孤独感，冲动性的自毁行为（自伤自杀等），关系中的独断专行、自我中心，难以体验到亲密感，伴有强烈的空虚感等，是这些人经常会体验到的状态（具体的症状表现请参看小贴士【24】）。这些感觉一般人也或多或少有过，但对于边缘人格障碍者来说，她们会长久地受到这些痛苦的左右，而浓烈的爱情关系是她们摆脱这些痛苦的良药。不过正是这种对于强烈爱情体验的追求，让伴侣感到压力与窒息，并最终以严重的冲突，或者突然的结束而让关系破裂。此时，她们再一次体验到被抛弃的痛苦，并进行自毁性的行为来发泄愤怒。正如某作者提到的："对于这类人来说，生命的大多数时间都像是一列在无休止地狂奔的情绪火车，找不到明确的终点。对于那些与患者一起生活、深爱着他们或治疗他们的人来说，这趟旅行似乎都是毫无希望和充满挫折的。"[94]

【小贴士24】边缘型人格障碍诊断标准

边缘型人格障碍是指一种人际关系、自我形象和情感不稳定以及显著冲突的普遍心理行为模式[64]。始于成年早期，存在于各种背景下，表现为下列5项（或更多）症状[71]：

1. 极力避免真正的或想象出来的被遗弃（注：不包括诊断标准第5项中的自杀或自残行为）。

2. 一种不稳定的紧张的人际关系模式，以极端理想化和极端贬低之间交替变动为特征。

3. 身份紊乱：显著的持续而不稳定的自我形象或自我感觉。

4. 至少在两个方面有潜在的自我损伤的冲动性（例如，消费、性行为、物质滥用、鲁莽驾驶、暴食）（注：不包括诊断标准第5项中的自杀或自残行为）。

5. 反复发生自杀行为、自杀姿态或威胁或自残行为。

6. 由于显著的心境反应所致的情感不稳定（例如，强烈的发作性的烦躁，易激惹或是焦虑，通常持续几个小时，很少超过几天）。

7. 慢性的空虚感。

8. 不恰当的强烈愤怒或难以控制发怒（例如，经常发脾气，持续发怒，重复性斗殴）。

9. 短暂的与应激有关的偏执观念或严重的分离症状。

由于边缘人格者频繁地受到空虚感的左右，她们被迫做些事情来逃离空虚感，那些具有毁灭性或刺激性的事情，便能帮助她们解脱空虚的折磨。爱情或婚姻进入平淡期之后，往往不利于她们逃避空虚，此时，她们便会去找寻新的爱情，在婚姻中出轨、背叛是比较常见的。其他的行为，比如酗酒、滥用药物、暴食、疯狂购物、性乱交以及伤害自己，也频频被她们所使用。有些曾经跟边缘人格障碍者深入接触过的人，会有心有余悸的感觉，那种强烈的被控制感、被剥削感，以及吞没人的情感状态，以及动不动就发出的自杀威胁，让他们不寒而栗。

边缘人格障碍者还有一个特点是自我认同的不稳定，她们对于自己是谁，自己是怎样的人很难做出明确的描述，因此，她们渴望有一个稳定的人来帮助她们定义自己。如果能够找到一个稳定且持久的关系，她们便有一种找到陆地的感觉，否则，会有一种一直在海上漂浮的不安全感。边缘人格者可能在一些组织结构高度严密的工作环境中表现出色，助人型的专业人员，比如医生、护士、心理咨询师，吸引了不少边缘人格者前来努力竞争，从而获得力量和控制力[92]。正因为边缘人格者的自我认同不稳定，所以她们经常被一种自我会消失的恐惧所左右。别人过于的亲近，会让她们产生自我正在崩溃的焦虑，因此，她们会采取攻击或者远离来保护她们脆弱的自我边界。

边缘人格者惯用的心理防御机制是分裂。她们对人的评价，要么是天使，要么是恶魔；要么是英雄，要么是无赖。她们无法忍受矛盾情绪的共存，要么是一个好人，要么是一个坏人，不存在中间地带。“爱人和伴侣，母亲和父亲，兄弟姐妹，朋友以及治疗师，在某一天可能被奉为偶像和英雄，另一天可能会被彻底贬低和排斥。”[94]分裂是指针对某个人或事物的完全相反的态度（思维、情感）彼此共存而毫无知觉，也就是说，不能将积极与消极的思维或情感加以整合。正常人在恨一个曾经爱的人的时候，也能体验到对对方的爱，而边缘人格者在恨一个人的时候，这个人成了十足的坏人，完全无法感受到曾经是多么爱对方。

三、导师方面的原因

导师为什么会被林静吸引？导师为什么会没有把握住伦理的底线，做出有违师德及个人名誉的事情？

首先是导师个人方面的原因。该导师与他的妻子长年两地分居，这当然为这段不伦的关系埋下了伏笔。作为林静来说，她很善于嗅到导师在亲密关系方面的欠缺，因此有意无意地发出诱惑人的攻击。精神分析的实践发现，处于弱势地位的有些人（学生之于导师，下属之于领导），为了反转这种不利的局面，会采取性欲化的方式去诱惑处于强势地位的人，这既可以缓解对强势者的恐惧，也是一种表达对强势者愤怒的方式。在本案例中，林静先是主动地投怀送抱，之后又以公开恋情相威胁，柔情和敌意交织在一起。

导师方面的第二个原因可能是死亡焦虑。电影《月色撩人》曾记录了一个五十多岁教授经常跟他的女学生发生性关系，虽然最终不断被女学生抛弃，但这位教授仍然乐此不疲。电影后面提到了教授这些行为背后的潜在动机：对于死亡的害怕。作为导师来说，有不少已经是50～60岁的年纪，潜在的死亡焦虑会越来越强烈，通过与年轻女学生的结合，给予他们还是年轻有活力的感觉，幻想中克服了逐渐临近的死亡焦虑。当然关于导师个人心理方面的原因需要跟他细谈过才能知晓，这里就不展开了。

除了导师个人方面的原因之外，导师所具有的独特地位也为这种行为的发生创造了机会。在这个科学昌明的时代，高校导师自然成了时代的骄儿。荣誉、权力、金钱，甚至美色的诱惑无处不在。在这种情况下，有些人便飘飘然了，心理学的术语叫作"自恋膨胀"。自恋膨胀是有危险的，它会蒙蔽一个人的现实判断能力，否认可能存在的危险以至于最终摔跟斗。

人的本能驱力随时都在寻求表达，一般来说会有两种途径去表达，一种是升华的途径，另一种是直接的满足，这两种途径此消彼长。在一个人成名之前，由于外界条件的约束以及诱惑的稀少，一个有才华的人会选择安心于事业，将本能驱力投入到建设性的方向。当一个人取得一定的成就或地位之后(比如成了学术牛人、导师、明星、高官)，直接的满足途径更容易实现了。成名后有诸多的美女帅哥抛来绣球，有更多放纵变态欲望的机会，以及一种不同于普通人的文化气氛，导师每天会有一群学生相伴，成了年轻学子们顶礼膜拜的对象。所有这些都使得外在以及内在的对于本能欲望的约束力大大下降。因此，一些道德约束力本身不够，又存在着心理问题的导师就会在这种自恋膨胀的气氛下，放纵了自己的欲望。

【案情追踪】

虽然导师给予了林静一定的经济补偿，但林静仍然难以释怀。不过在与咨询师数次的陪伴与讨论之后，林静的愤怒情绪有所缓解，现实感恢复。她接受了现实，逐渐放下了对导师的纠缠，自杀想法消失，一段危机暂时解除。

【谏言导师】

正如在导师团中某导师的观点所说的，导师的荣耀只是时代赋予的，作为导师，要感恩这种权力而不能滥用它。处于优越地位的导师一定要有自知之明，并非自己有多么厉害，只是借了时代的光芒而已。这种平常心可以让导师放下自恋膨胀,脚踏实地地成为一名教书育人的好老师。

在当今时代的高校,受到导师性骚扰,与导师发生性关系的女生并不在少数,除了少数被曝光的以外,其余的大都选择了忍气吞声。有些导师也许会利用这种侥幸心理,时不时地突破伦理界限。但这种自私的行为却会给学生带来强烈的痛苦,如下面的例子:

老师看上去人很好,但有一次的经历让我心有余悸。那天他给我辅导论文时候突然过来抱住我,当时我穿了裙子,他还摸了我的腿。我有点害怕就说要走,老师留了我一下,让我坐在桌子的另一侧。我觉得应该没什么事了,就继续坐了一会。我既害怕又尴尬,尽量和平时一样说话,就当这件事没发生过。老师竟然站了起来,隔着桌子强吻了我,我一下子没反应过来,他还乘机摸了我的胸,并走过来紧紧抱住我。在惊慌失措之下,我匆忙离开了。之后的几天里,我一直睡不安稳,吃不下饭,心情很糟糕,也不敢跟别人说。我既不想伤害老师,也不想搞僵关系,但又觉得无端端地被老师欺负了,咽不下这口气。

在导师与学生的关系里,导师是优势的一方,这种优势如果变成了"优越感",那么就会让内心龌龊的欲望得以实现。但这绝不是一笔只赚不赔的交易,导师也会因此付出名声、事业及金钱的代价。每一位导师,都应把握好伦理的底线,决不放纵此类事件的发生。在学校层面,既应加强导师伦理方面的培训,也要建立严肃的处罚机制,真正做到对此类事件实行"一票否决制",充分保证学生的权益。

(本案例作者:俞林鑫)

案例 9:我是如何患上抑郁症的

同学眼中有些"浪漫"的安妮在研究生入学一年之后患上了抑郁症。她认为自己迟早会变成这样,常常一个人在宿舍掩被哭泣,无心学业和未来,想要结束自己的生命。安妮有强烈的自我认识的需要,但是面对自己的内心,她又有些害怕靠近。在本案例导师有机会看到一个生命如何一步步陷入抑郁的泥潭,同时本案例内容也试图传递给导师如何更好地帮助这样的一个生命。

【案情概要】

安妮研究生一入学就跑到了心理中心。她觉得自己无法适应在这里的读研生活。同时她又知道，自己在别人眼里除了偶尔有些“浪漫”的想法，其他方面表现都还好，积极乐观，生活丰富，有自己的理想和追求。一年之后她再次来到咨询室，她说她患上了抑郁症。她还无法告诉身边人自己的真实状况，当自己无力去应对社交和工作的时候，就把自己一个人关在宿舍里，躺在床上流泪。事实上，真正走近她内心的人很少，或者说在现在的环境里几乎没有。在她努力生活的表象背后，是极低的自我存在感和价值感。她这样描述自己：我来这里读研是因为父母喜欢我来，积极向上是为了同学们喜欢自己才去做的，参加各种活动是为了让自己显得不那么另类。她也尝试过主动去向男生示好，但对方总是一脸惊讶，回应说在他们的关系中没感觉到有恋爱的感觉。从小在父母那里，感觉不亲近也不被喜欢。父母总是很忙碌，童年记忆中总是会闪现不同的保姆的印象。安妮心里比较亲近的人是外婆，外婆半年前去世，她未能见到外婆最后一面。高中和大学她都出现过不同程度的低落期，当时也都去学校的心理中心看过。这一次她感觉特别严重。抑郁的风暴裹挟着她，把她之前的努力吹得七零八落。她开始食不下咽，无法安睡，严重的时候觉得自己什么都做不了，身体也动弹不了，只有眼泪止不住地往下流。整个生活好像换了一种颜色。她神色黯淡地说：“这一切仿佛早有安排，我早有预料事情会向这个方向发展。”

【来访学生心声】

我不觉得自己能像别人那样活着。特别难受的时候，我觉得离开这个世界比较好；还算正常的时候，我想过去流浪比较好；大学的时候，也曾打算过去农村支教，那应该也是我向往的生活。有时候跟同学聊起自己的想法，他们会说我“过于浪漫”。对我而言，这一点也不是什么浪漫，也不是在逃避什么，当我想到能够离开现在所拥有的一切，就会感觉轻松很多。我也知道现在只能想想，我不可能马上就离开，但是可以把离开当成自己努力的方向。我也很在意父母和导师的感受，我想如果我冲动而为，父母会很意外、会担心，导师那里也会很难办。

特别难受的感觉出现过三次。第一次是在高中，快要高考之前，那时压力也挺大的吧。我发现自己站在三楼走廊那里有跳下去的冲动，后来听讲座知道学校有倾诉小屋，有一天晚上就走进去了。我没有跟那位老师讲自己想跳下去的冲动，只记得那位老师说我的问题可能跟从小到大的经历有关。我也不太了解有什么样的关系，只是跟那位老师聊了几次学习啊，一些想法啊，就感觉好一些了。高考之后窝在家里两个月，看看诗集啊、《红楼梦》啊就过去了。大学入学的时候很开心的，父母也很开心。后来，我也不知道为什么成绩一直很好，大三获得了保研的机会就保送到这个学校来了。我当时还想留在原来的学校的，那里有我熟悉的一切，但是父母听到我有机会到离家近一些的学校读书就极力劝阻我留在那里。我们因为保送哪个学校还争吵过几次，后来我也不知道为什么，鬼使神差我就来了。现在想想，我也许还是挺在乎父母的看法的。大学一年级末的时候也出现过特别难受的感觉，当时发现身边同学要么在社团里风生水起，要么跟男朋友在一起，我常常一个人，一个很重要的比赛结束后，我感觉自己心里空落落的，什么也不想干了。当时也去了学校的心理中心跟老师聊，还去争取在心理社团里面做事，我们做了一些心理类的活动，我挺感兴趣的，也挺有成就感的，心情慢慢好起来了。我和那里的老师关系都很好的，真的不想离开。后来，到了新的学校、新的实验室，感觉再也不会有那么好的关系了，这里的人都很忙、很难交心。

这一年研究生读下来，我感觉自己什么也没做。答应导师要去看的文献，实际上都没做到。导师一再催，我就随便搞个什么 PPT 上交，自己知道是在敷衍，真的没学到什么东西啊。实验室里搞聚餐，我其实没脸去的，但是不希望自己太奇怪就跟着去了，坐在那里看手机。去年过年前，有段时间我给父母电话都打不通，后来回家才知道那段时间他们在处理外婆的丧事……（沉默良久，压抑着眼泪）我从小就喜欢听外婆讲《红楼梦》，就坐在她腿上，好温暖好舒服。后来又自己看书，她年纪大了眼睛不好，就读给她听。外婆是突然脑溢血去世的，家里说来不及告诉我，也怕担心我期末考试什么的，就干脆没跟我说。我认为他们应该跟我讲的，我都没能去送外婆。这半年我都不知道怎么过的。想到外婆就忍不住想哭，书上不是说亲人去世过一段时间会好一些的吗？我好像越来越差了。研究生读了一年了，老师让发表的论文，我无力去做。近一个月以来，注意力很难集中，浑身都没有力气，只想躺在床上，常常不去实验室不参加组会。半夜常常睡不着，干脆搬着凳子到楼道里面哭。一天吃不了一顿饭，叫外卖都很麻烦，体重降了十来斤。我知道自己这样子不对，很想振作起来。平时有跑步的习惯，有时候想到该去跑步，可好不容易下床就又没兴趣走出去了。我知道自己最难受的时候又来了，这一次特别严重，以前了解过这样的情况该去看医生。医生诊断我得了抑郁症，开了舍曲林，说可以做些咨询辅助药物治疗。

谈到成长经历。我记忆中跟父母在一起的时间很少，小时候特别希望他们能带我去公园，后来长大了也没去过几次。外婆有时候能过来带我，但是她身体也不太好不能经常跟我在一起，我们家找过不知道多少保姆来带我。我还记得有一位保姆，她特别凶。我想出去玩她不让，后来我硬要冲出门去，她就把我关在客房里，关了很久，后来我哭着哭着就睡着了。爸妈那段时间出差在外。我都不记得后来怎么出去的了。虽然不常在爸妈身边，但是我好像很了解他们希望我做什么。他们不让我看电视，我就不看，保姆看的时候我就得在书房里待着。当然，我也不是那么听话的，有时候特别想看的时候，就趁保姆在厨房做饭，自己偷偷打开不放声音看一会儿。听到有动静马上关掉电视做作业。邻居都让孩子向我学习，说我很乖很懂事，其实也没有那么好。我不觉得自己是一个好孩子，但是我知道怎么做一个好孩子。

【导师团看法】

一、导师A的观点

导师A从如下三个视角来理解安妮罹患抑郁症的过程。

第一，读研并非出于清晰的自我规划，而是碍于父母的希望。首先她自己没有意识到自己为什么要读研究生，对自己的将来没有一个明确的认识和规划。依据该导师的经验，学生选择读研的初衷其实有多种情况。有些考研的时候就很明确，我就要考到某某学校去，但是考到某某学校以后怎么样他可能没有想过，只是想着我要到某校去。考是考过来了，动力很强，但是毕业后的走向，需要伴随着读研和找工作的经历逐渐再去寻找，寻找过程比较烦琐，可能会产生压力。有些人是想好以后要做什么来到某校的，他很明确自己来这里要获取什么，在哪些方面获得提高，从一开始就意识到整体的规划，这种情况下读研的过程会更有目的性，未来走向也较为明确，读起来相对没那么繁琐。第三种情况更为糟糕，那就是可能来的时候什么都没有想过，只是周围人说你成绩这么好可以考个研究生，或者爸妈希望他再念点书或者回到家乡来，这样读研无形中会增加很多不必要的压力，因为这趟旅程并不是你有意识参与进来的。安妮的情况更像是第三种，她的选择“鬼使神差地就来了”，并未经过她充分的有意识的判断。听起来，她在大三时已经对自己和父母之间的不同看法有所察觉，但后来没有认真地去面对。可能她身上背负的压力太大了。比如说，从小一直就很优秀，父母希望她更优秀，在这个家庭的氛围中，她可能一直都有这种压力，就是父母希望她做什么她尽量去满足，她做得好就是为了让父母高兴，这样子有一点点迷失自我。所以，从小到大她可能都没有真正认识过自己，导致现在读研各种挫折也会比较多吧。

第二，亲密关系带来的精神支持突然间缺失导致其精神崩溃。好像自己人生一瞬间什么都没有了。这个案例中的来访者跟外婆是比较亲密的,跟父母不太亲密,本身也不太有自我,然后能够欣赏她和让她觉得高兴的人又没有了,她就觉得好像再接下来也没有什么意思了。她可能从来也没有想过她现在所从事的这个研究或者说将来可能从事的工作到底是不是她自己喜欢的,如果最后觉得真的不是她自己喜欢的,之前花了大量的时间成本,如果不念书了或者放弃学位,整个人生都浪费掉了。但是如果继续下去,她可能觉得未来又是没有什么出路的。

第三,对读研的学习方式认识不足,从而处于两难境地。很多学生从小到大在认识自己这方面是比较弱的,研究生阶段可能还比较迷茫。研究生阶段不像之前一样有人管着你,督促你,要你怎么样。研究生阶段可能就是导师给你一个课题让你自己独立去完成,遇到问题和老师沟通一下。有时候导师能给你建议,有时候还是需要靠你自己想办法去解决。读研特别考验一个人独立解决问题和沟通的能力。读研之前如果对读研期间的压力和困难没有考虑过,容易承受不住。

关于安妮隐藏自己患病的真相,并且表现得积极乐观,但是导师安排的事情又不能有效完成这一点,导师 A 提出了如下看法:

首先,现代人压力大导致抑郁患病率高。然后作为导师,如果你联系一个学生很长时间都没有什么反应,就需要考虑三个情况,第一个是他家里有没有出事情,第二个是他的心理和精神状况有没有问题,最后考虑他有没有好好学习,是否天天在外面游荡。总之,你需要尽快取得联系,跟学生进行沟通。首先要了解具体的情况,到底发生了什么事情。

其次,如果了解到是心理状态不好的话,那么至少应当建议他找找心理咨询。专业的咨询能够针对他的状况解决一些问题,因为导师大多没有专业的心理咨询背景,可能跟学生聊天会有很多时候抓不到特别关键的点。当然,大家也能理解,心情不好出现一段时间的抑郁也是很正常的事情。虽然说抑郁症也算是精神疾病的一种吧,但是,你不能就把他这个人定义成有毛病,贴上有问题的标签。这位导师认为,跟其他疾病一样,抑郁症早期介入干预很重要,至少对于缓解症状会有帮助。一旦错过前面比较好的时间节点的话,后期可能就没法挽回了,最后可能会出现非常极端的结果(如自杀)。所以,一旦觉得有抑郁的苗头,这位导师肯定都会建议他们去找心理咨询,如果心理咨询不行的话就去看精神科医生。这位导师特别注重不要给患病的学生增加病耻感,并且特别强调及时干预和转介到专业人士那里的必要性。

导师 A 认为从导师的角度,可以通过如下的渠道改善学生的情绪环境:

第一，多搞集体活动。科研压力比较大，大家如果都是整天埋头做自己的事情，同学之间本身交流沟通也不够的话，导师就没办法通过同龄人去了解哪位同学可能出现什么困扰。同学之间都没有沟通，那就更加不要说跟导师沟通了。一般来说，导师组织搞集体活动的话，学生基本上还是愿意来的。

第二，导师参与。不管导师是什么年龄层的，至少你自己也需要在忙碌的工作当中有一点放松。在这样的环境氛围下，你也不会像平时那么严肃，讲话比较随意，学生也比较放松，沟通可能会更流畅一些。如果你主动跟学生聊，他们一般也愿意聊的。如果说，导师搞集体活动，有学生都不愿意来参加，平时和其他同学交流也很少，那么就要重点关注一下是不是有点什么原因或者问题了。通过集体活动来增加师生之间的了解是不少导师的选择。

二、导师B的观点

安妮从活泼好动变得抑郁，让导师B想到了他曾经经历过的一个例子。这是他们学院招募来的一个职员，招的时候觉得他还挺聪明、乐观、很能干。过了一年左右他就经常说要辞职，别人都非常肯定他的工作，但是他自己稍微一点小事就哭哭啼啼的，他们后来求助了心理中心。导师B觉得可能这样的人有两面，在外人看来很乐观，但是他内心可能还是受幼年一些打击的影响，本身就是一个不太开心的人。导师认为安妮就属于这样的情况，她无法表现真实的自己，在外人面前总是表现阳光的一面，性格比较敏感。

导师的另外一个分析也是关于安妮读研的考虑是否成熟。她说她是为了父母高兴才读的，所以她自己缺乏内在的驱动力。其次，又换了一个新的环境，她对这个环境融入困难并且不太喜欢。再次，学习方式与本科又不相同，读研更强调独立性。如果导师也催得比较紧，那么在多重因素作用下可能就会容易患病。最后，从基因的角度来考虑，也许有些人天生就比较易感这类病。类似经历的人也不一定都得抑郁。

关于如何面对学生得抑郁症的情况，导师B做了如下陈述：

首先，据了解这种病确实挺痛苦的，也没有办法一下子解决，可能要多方面、多因素来解决。光导师一个人肯定也不够。这位导师了解抑郁症的痛苦和严重性，认为不能导师一个人来解决，需要多方面一起协作。

其次，导师方面会考虑减轻学生工作压力，工作中进行人性化的关照。不给她布置太多任务，让实验室的师兄师姐师弟师妹在平时的学习生活中一起去帮助她。是否继续学业要看具体情况，这位导师觉得还是要看她自己想要什么。

最后，需要在学生健康和毕业的硬性规定之间进行综合评定。读研究生本来就不是一件轻松的事情，关于毕业有硬性规定，学校不可能通过让学生学业轻松来减少患病率。这个问题当然导师可以起一定的作用，但是也无法完全负责。对于自觉的学生导师本身就不会给他太大压力，因为有毕业的要求在，导师只需要提供课题的方向和思路，备足经费，给他创造实验条件，他自己就会去做。对于不用功或者独立性差的，导师再施压也无济于事。学校的规定为外在推动力，学生的自我要求为内驱力，导师 B 认为作为导师需要协调这两个方面。

另外，导师 B 非常注重与学生的情感联结。常常以兄长的态度与学生交流，与学生建立起信任与开放的关系。学生的私事也愿意跟他交流。同时，他又很注意节制，与学生保持适当的距离，他就从来不会主动要求学生加自己微信，但如果学生加自己，自己也接受，说明这个学生愿意和导师交流。看来作为导师，即便是关怀，也需要考虑学生可接受的心理距离，以满足学生在沟通上的差异化需求。

【咨询师分析】

无论你如何推测抑郁的起因和病理，抑郁的真实模样都会超出一个人意识所能想象的范围，还没有哪个专业人士可以对某个人抑郁的脉络了如指掌。抑郁本身就是人性中的一种色彩，直到它的浓度超过了一个临界值，进入了可被诊断和治疗的范畴，它便成了一种病症。在专业人士那里，抑郁的诊断标准和分类本身也在不断变化，医生的诊治也是要依据病人对药物的反应不断做出调整的。如果推测和区分不能带来准确有效的治疗和更为深入的自我认识，反而给一个人的存在带来了限制和贬低，引来他人的另眼相看，那么这其中一定有过多的误解出现，那么你大可不必将这些推测和区分加诸到患者身上。抑郁症患者的自责很强，他们可以把任何与自己不相关的事情，理解为“都是我的错”。所以，请读者千万不要将本节分析的内容随意用在跟患者的沟通上，关于如何沟通咨询师还会在下一节给出建议；也请不要随意套用在自己身上，咨询师做出的任何分析只是为了更好地理解安妮这个案例，而不是说抑郁就一定来自于此。痊愈来自更深的理解，而非仅仅给出客观的答案。

关于安妮患上抑郁的过程，如下呈现的若干线索可以帮助导师进行理解。

一、家庭因素

家族史。“抑郁症是不能被遗传的，也没有什么遗传抑郁症的基因存在。”[74]咨询师在工作时会考虑家族当中是否有过抑郁病史，是因为在有抑郁症患者的家庭中生活，会让一个人继承对抑郁症的低抵抗性，“20%－45%的抑郁症归因于这一因素”[74]。案例资料中并未充分展示安妮父母的精神状态，但是她特别描述了一点，那便是外婆对《红楼梦》的钟爱。并非说热爱《红楼梦》的人更有可能抑郁，但有抑郁气质的人的确会喜欢较为浪漫和诗意的话语方式。这里或许是一个线索，让咨询师仔细询问她的外婆，甚至父母是否有抑郁相关的表现。

抚养史。家庭对子女的影响体现在抚养的琐碎细节上。子女出生后得到怎样的照料和安抚，成长过程中受到怎样的回应与陪伴，都会在成年后的人际模式中无意识地呈现出来。安妮有许多父母不在身边的记忆，更换保姆的记忆以及来自保姆的虐待经历。更换抚养人的经历会带给孩子强烈的不安全感，因为无法稳定地依附一个可靠的依恋对象。不安全的依恋模式，会给成年后的安妮在人际适应和建立亲密关系方面带来困难感。安妮在外人面前只能呈现阳光的一面，在心仪的异性面前无法表达感情，意味着安妮无法完全地信任他人，也无法自信地表露自我。她眼中的他人只能接纳她看起来很积极的样子，她无法在他人面前呈现自己的脆弱，因为内在的关系体验是不可靠的。强烈的依附需要同时伴随强烈的恐惧体验，所以在喜欢的人面前，她保持着令其感觉安全的距离，即便她内心有一些恋爱的期许，但是表现出来的神态好像只是一般朋友，对方无法从她的表现感受到她内心的期许。不安全依恋模式的个体患精神疾病的概率会增加，同时不安全依恋又会让她在需要支持的时候，获得更多的孤独体验，从而加剧她的抑郁情绪。

受虐待的经历会带来类似的结果。保姆以完全隔离的方式来惩罚她想要接触外面世界的愿望，幼小的安妮体验过被隔绝，哭喊也没有援助的经历。一个孩子的哭喊是他面临困境时最后的讯号，如果一直没有得到合适的回应，孩子会感受到强烈的被忽视，甚至被厌恶，无助和无力感。无助感是抑郁的核心体验。安妮本身就缺乏稳定的情绪回应者，也许之前就体验过无助感，再加上保姆情绪之下不合适的处理方式，更加重了安妮的受挫感。保姆的这一做法仍然印刻在安妮的记忆中，它一定不是第一次出现在安妮的内心世界中，每当她体验类似无助和被忽视的感觉时，可能都会引发她联想到最能记得的经历。通过描述这一经历，安妮得以传递她内心的核心体验，反映着她自我的低价值感。低自我价值感和自责，将错误归咎于自己，也是抑郁的核心症状，同时也会进一步加剧抑郁。

虽然安妮的情感需要无法总是得到合适的关注，但是她也不是总不能得到关注。在她取得好成绩的时候，会感受到抚养人对她的赞扬和鼓励。哪怕是有条件的关注，也可以滋养一个孩子的成长。为了获得滋养，一个孩子愿意放下自己原本的其他各种需要，而集中精力去做到可以获得关注的样子，从中获得某个方面的发展。安妮自己当然也需要获得知识上的提升，学习是孩子的天性，但是安妮也有其他的需要，比如使用家庭环境的权利感，愉悦自己的需求等。但是在她的记忆中却是保姆看电视自己做作业，偷偷看电视不是好孩子。安妮的自我无法协调那么多的需要，她只能偷偷干自己想干而认为不会获得积极关注的事，并且认为这样做也不好。她对于满足自己是有愧疚感的，同时也学会了表现出一副好孩子的样子来赢得大人的积极关注。安妮真实的自我是被深深隐藏的。这一点让她的导师和同学，甚至她高中的咨询师都无法知晓她真正的需要，她无法及时获得有效帮助。她非常喜欢大学的老师，是因为在大学老师接纳的态度里，她更可以感受到真实的自己，于是她在大学时度过了一段令她感觉愉快而难忘的时光。

二、生理因素

安妮已经去看过精神科医生。医生做出抑郁症的诊断，一定是在充分排除躯体疾病引起抑郁症状的前提下进行的。这说明，没有明显的医疗状况让她产生抑郁，比如甲状腺或荷尔蒙失调等。

治疗抑郁症的药物，主要是通过改变抑郁症患者大脑中的个别神经递质(5一羟色胺或多巴胺等)来改善抑郁症状的，但这一点并不意味着抑郁的病因在于神经递质。同样的药物对于不同的患者具有不同的起效方式，那是“因为大脑是一个非常高级的系统，所有的血液在进入大脑之前都要经过血脑屏障的严格过滤，才可以进入大脑。……如果大脑没有血脑屏障，那人工合成的多巴胺，无羟色胺，去甲肾上腺素都可以很好地治疗抑郁症，正是人工合成的这些物质无法进入大脑，才导致重度抑郁症治疗无效”。“精神病的神经递质的改变还只是科学假说。因为现在治疗精神病的药物都是在偶然中发现的，并根据这些药物的成分在反推理基础上的一种假说。这些神经递质的改变与临床的疾病并没有肯定的对应关系，也有许多相互矛盾的研究结果。例如治疗抑郁症的药物阿米替林在研发的初期是用来治疗精神分裂的，但是最终的结果发现对精神分裂没有效果，反而对抑郁症有较好的治疗作用。”[95]

抑郁不像炎症反应那样，仅仅通过某个血液指标来诊断和治疗。精神科医生会综合医学检查结果和外在症状表现给出诊断。抑郁症的诊断标准请参见第三章第二节。

三、心理因素

丧失。正如导师A谈到的精神支持一样，外婆的去世无疑是需要考虑的诱发因素之一。首先需要区分的是，哀伤带来的抑郁与抑郁症并不一样，现在诊断中已经将哀伤抑郁从抑郁症中去掉。如果安妮的抑郁仅仅是关于外婆去世的，而非生活、身体全面的崩溃感，那么还不能诊断她为抑郁症。丧失的体验都会给人造成很大的心理压力，但是对抑郁抵抗力低的人在处理丧失时显得更加无力。失去重要的依恋对象，意味着哀悼过程的展开。正常情况下，人会陷入悲伤、愤怒的体验，最后接受这永远的分离，将依恋对象的特质融入自己新整合的人格结构当中，再去建立形成新的人际体验。抑郁者无法顺利完成这一哀悼的过程，他们会停留在某个阶段，甚至认为这一丧失有自己的过错。无法亲自送外婆离开，无法在现实层面体验分离，也会阻碍哀悼的进行。半年了，在安妮心中还在否认外婆的离世，她常常想起要给外婆读书，她无法充分的表达她的悲伤。这无疑对她的抑郁是雪上加霜。

认知方式。“这一切仿佛早有安排，我早有预料事情会向这个方向发展。”这样的表达方式隐含着这样的可能，安妮心中会有一个较为固化的人生脚本，即“我理应得到现在这样的结果，我不值得过快乐的生活”。这是抑郁者较为普遍的认知方式，好像自己不配拥有快乐。抑郁者还会很容易沉浸在二分的思维方式中，比如安妮认为大学的老师都很好，而新的学校、新的实验室，不会有那么好的关系了。实证证明治疗抑郁有效的心理疗法为认知行为疗法，这一疗法认为让人抑郁的不是外在发生的事件，而是对于事件的反应中所秉持的信念。认知的核心信念有所松动，比如认为自己就是应该做到绝对的好孩子才可以得到关爱，那么情绪和行为自然就会有变化。所以，在对安妮的心理工作中，发现和检视自己的不合理信念也是要做的工作之一。

四、社会因素

角色变化。安妮在从一名大学生变为研究生的过程中，经历了社会角色的变化。导师们多从这个角度来谈，他们特别提出大学生和研究生学习方式的差异，其实也是在告诉我们，安妮需要调整对外在环境的适应方式，重新认识自己的角色身份。无论何种角色变化，都会产生压力体验，从而引发低抵抗力个体的抑郁体验。这一点在咨询中获得探讨也会对安妮有益。当然，实验室和生活中的一般人际交往中也在处理这部分的压力。

支持性资源。最后要谈的是安妮的人际支持。在她感觉越来越糟糕的这一个月中，大部分时间都是自己一个人在哭泣中度过的。这并非他人不支持她，而是她的人际模式和社会环境交互作用的结果。研究生群体的独立性加上安妮的自我隐蔽，让她更容易掩饰自己的痛苦，过度的掩饰让她无法及时获得有效的人际支持。结果，导师对于学术任务的强调也变成了压倒骆驼的最后一根稻草，在与导师进行的访谈中发现，大部分导师对于学生的抑郁情况都能给予理解，愿意在他们的职责范围内减轻学生的学业压力，但前提是他们对情况有充分的了解。安妮对于心理咨询的信任，让她最终获得了有效的人际支持。当然，在学校心理咨询中，像安妮的情况，心理中心也会和学院、导师、医院、家庭等各方建立起合作的工作模式，共同陪伴像安妮这样的学生渡过难关。

【小贴士25】抑郁症治疗支持联盟

作为一种心理疾病，抑郁症的康复与人际关系密切相关。从研究和实践的角度来看，建立有效的抑郁症治疗支持联盟是走出抑郁的重要一环。当然，治疗抑郁症首先要考虑的是药物治疗，根据抑郁症状的差异，常见的抗抑郁药物包括如盐酸舍曲林、罗拉、百忧解等，它们对改善病情是十分有效的，在咨询工作中接待的大部分抑郁学生在服药后症状都有不同程度的改善，相比于不服药，服药让他们的生活得以改善，可以保持相当的认知能力，从而保证病情不会让学业瘫痪。其次，在用药的同时需要建立稳固而有效的支持联盟。支持联盟包括跟患者有关的社会支持，对于在校学生而言，导学关系、同伴关系、亲密关系都是其重要的社会支持资源。支持联盟不仅有助于病人康复，而且能够起到预防抑郁症病程慢性化的作用。目前研究发现，在抑郁症病程慢性化的诱因中，心理社会因素最为重要，譬如童年的创伤经历，受虐待以及父母养育模式缺乏心理化功能，人际交往困难，负性生活事件如降职、离婚、亲人死亡等。支持联盟的成员需要对抑郁症有科学的认识，并且愿意倾听患者的内心感受，不对其感受随意进行评判、忠告和建议。对于不符合这些条件的成员，患者可以根据自己的承受能力选择减少接触。

对于抑郁症病人来说，像独身、缺乏生活依靠、住院少有家人探视、缺乏亲密关系、缺乏相互依赖等社会支持缺乏的情况，都将促使病情恶化。而家人、朋友、同事的精神支持，经常与其谈心，密切朋友关系，特别是伴侣之间的关心、尊重，将有助于病程康复。因为通过与好友的相处，可以改变不良认知和提高适应能力，有助于改善人际关系。可以说，社会支持是比物质帮助有效得多的“灵丹妙药”![96]

心理咨询师当然也是这个联盟中的重要一员，咨询可以协助患者调整抑郁认知模式、改善人际关系、获得对病症的正确认识以及及时沟通各方资源。咨询师与医生的合作也是联盟的一部分，学校心理中心与精神科医生的密切合作，协助很多抑郁的学生建立了充分的支持联盟。医院就诊时间比较简短，要在就诊时间里充分提供有效的信息也依赖支持联盟。患者如果在家里，家属亲友可以向精神科医生提供一些对患者观察认识的补充资料，对于在校学生而言除了家人，同学、导师、辅导员和学校咨询师都可能承担这一角色，这样便可以协助医生全面了解患者的病情以及治疗情况，做出更加正确的判断。

【案情追踪】

安妮抑郁发作之后，去医院看心理医生和到学校心理中心咨询成为她生活中的重要组成部分。导师实验室的同学也积极加入到对她的支持联盟中来，比如导师专门安排了学生参与协助安妮的实验研究，对于安妮无法有规律地到实验室这件事情老师并没有特别强调，而是常谈心聊天表达关怀，希望她能够在身体允许的情况下顺利完成学业。后期安妮也逐渐向老朋友敞开心扉，她发现知情的朋友愿意倾听安妮的诉说，当然也有不理解的朋友，不过安妮已经学会跟能够谈内心感受的朋友待在一起，获得自己需要的资源了，而那些无法理解的人她也不再自责认为是自己的问题。在安妮刚患病时，父母似乎受到了很大的打击，有些不能接受，认为安妮只是睡眠问题。与咨询师交流过后，父母逐渐改变了原有的看法，更新了对心理疾病的旧有观念，能够积极参与到治疗同盟中来，以至于一开始安妮认为父母身上发生的改变是咨询师让父母做的，后来才知道是父母自觉自愿去做的，安妮有些不敢相信但仍然很欣慰地接受了。最后安妮顺利毕业了，毕业时安妮的抑郁症状起起伏伏尚不稳定。在毕业两年之后，安妮来信告诉咨询师她的医生已经在给她减少药量了，她发现自己的注意力和记忆力都好过读研的时候，能够胜任她的新工作和新环境，而她眼中的世界也不再只是以前的灰色了。

【谏言导师】

在考虑如何对待安妮之前，有必要澄清一下安妮的抑郁症状。它主要体现在：1. 心情低落，近一个月来变得越来越悲伤；2. 兴趣丧失，原本喜欢跑步，现在下床都有困难；3. 活力下降，无力应对社交和工作；4. 饮食和睡眠变差；5. 自责感和低自我价值感，觉得自己读研一无所获；6. 有过并正在有自杀的念头。

一、表达关心、调动内驱力

作为她读研期间的重要他人之一，导师并不一定有机会了解上述所有的症状。但是在组会、实验室和聚会这类集体场合，最有可能表现出来的就是工作效率低下，但是又充满自责，不断给自己压力；常借故避免出现在集体活动中。如果你发现自己的学生有如上这些情况出现，建议你首先关心一下学生的身心健康状况，而非仅仅督促和表达不满。这一点也是咨询师采访的导师们所倡导的工作方式之一。铭记这一点，无论你是何种类型的导师，都有可能帮助你在学生那里表达你的关怀。对于已经具备了一定自我管理能力的研究生而言，他们常常需要的不是监督而是关爱。你的关爱可以充分调动起他们的内在驱动力，而督促往往只是一种外在的推动力。学习，尤其是“坐冷板凳”的学术研究，主要依靠的是学生内在的驱动力。

二、主动接触、诚恳表露

如果你从学生的外在表现上很难判断他是否存在健康压力，那么你可以尝试去跟他沟通。如果是抑郁症的学生，你尝试做出沟通的邀请很有可能被客气地挡回去。他们可能更愿意讨论一下学习，表露内心对他们而言特别困难。你当然可以从讨论学习入手。即便如此，你的邀请仍然是必要的。避免人际接触本身就是抑郁的一大特点，除非你去接触他们，他们主动来找你的可能性更低。你诚恳的态度和情感的表露在沟通中很重要，你可以这么讲：“最近一段时间，我看你有些没精打采的，几次活动也没有看到你，这种情况下，我比较担心你的情况。最近身体有没有不舒服的地方？”抑郁一般都存在躯体的症状，谈谈身体是大部分人愿意的。综合身体状况、精神状态和社交情况等，如果你怀疑学生可能处于抑郁状态的话，接下来就可以考虑介绍适合的医疗资源了。

三、避免判断、表示诚意

你需要避免以诊断的语气告诉学生，我认为你可能得的是抑郁症。在专业人员做出判断之前，我们都只是推测。你可以这样跟学生沟通：“你睡觉和吃饭都有些困难，身体也感觉比较沉重，做事情也不太有力气。这种情况，你自己以前出现过吗？你自己认为这是怎么了呢？”如果有过就诊史的学生，他们可能不会显得很诧异，但也不一定把自己的病史都告诉导师；如果以前从来没有了解过抑郁的学生，他们可能会很紧张，显得有些无所适从，或者随便给个说法。无论是哪种情况,你都可以继续表示你的诚意:"你看,我们在这里聊了这么多,作为导师我也挺担心你的身体状况的。据我所知,你这样的情况,需要到医院里去看看而不是自己撑着。"如果你手头上刚好了解一些当地的抑郁门诊资源,那你可以直接建议。如果没有,你也可以推荐他先去学校的心理中心问问看,心理中心一般都会做出合适的转介。

四、警惕自杀、直接询问

需要特别提醒的地方是,自杀是很多抑郁者存在的风险,也是抑郁者身边的人最不希望发生的事情。如果你带着诚意又很自然直接地向抑郁者询问是不是有一些自杀的倾向,你就是在很认真地表达你的关心,而非引发更为糟糕的事情。被询问的人也不会因为你问了,就无中生有地萌发自杀的想法,没有人会如此对待自己宝贵的生命,除非他们深陷痛苦。被询问的人只会因为别人真实的关心而感觉到放松,终于有人愿意在这个层面上跟自己讲话了。如果你很担心,那就直接询问对方"你是否想到过结束生命?具体怎么想的?今天出现过这样的想法吗?这样做过吗?"获得这些信息可以让你的学生获得更为准确的帮助。关于自杀风险的部分,我们在第三章第三节有详细的描述。

最后我们还需要做的就是与学生的家人取得联系。在这种情况下,家人陪伴就诊和治疗十分重要。当然,也许你会跟学院里的书记和辅导员共同来做这件事情。在学生获得合适的诊治之后,你的问候和支持将一直会是帮助学生恢复的重要资源。

(本案例作者:刘艳)

案例10:我优秀,我痛苦

小田从小是别人心目中的好孩子,但在读研期间经常出现的实验失败和论文发表受挫让他陷入了抑郁的状态。他的内心有怎样的特点导致他得了抑郁症?对于得了抑郁症的同学,导师又应怎样面对?本案例将深度讨论这两个问题。

【案情概要】

小田是一位直博三年级男生,最近两个月经常受到抑郁情绪的困扰,每天会很早醒来,起床之后心情低落,带着沉重的心情走向实验室。这两个月以来，他还经常出现自杀的念头。

小田在大学时成绩优异，还是学生会的主席，顺利地保送成为直博生。他的理想是毕业后继续从事科研工作，并能尽快评上教授博导。无奈的是，读博后的两年多来，他的实验一直不顺，论文也发不了。看到同实验室的几个同学在科研上走在了他前面，他心里只能干着急。一直以来因为成绩优秀积累起来的自信心一下子丧失了，他变得谨小慎微，不断地自我怀疑。而就在半年前女友突然提出分手。实验不顺利，恋爱又结束了，他受到了双重打击，慢慢地他感觉到自己变得抑郁起来了。小田在这种失落的心境下每天硬着头皮到实验室，但效率很低。由于害怕其他同学看出他的抑郁，他每天都要强打精神，尽量给同学们展现开朗活泼的表现。一直以来对别人报喜不报忧的他羞于向导师说明自己的情况，他害怕导师知道之后会轻视他。甚至他也不想让父母知道，怕父母为他担心。所以几个月以来，虽然心情低落严重，自杀想法频繁，但他都靠自己顽强的意志在支撑着。

【来访学生心声】

我在高三时就得过抑郁症，大概持续了一年时间，高考结束之后才慢慢地好起来。当时特别害怕高考会失败，有段时间成绩下降很明显，我心里很着急。当时主要是通过吃药缓解的，中间还休学了半年。所以今年 3 月份当我出现心情低落时，就很紧张，担心抑郁症再次发作。我回家休息了两个星期，慢慢地有所好转了，但 5 月以来，抑郁情绪明显加重了，我知道抑郁症又一次复发了。

我觉得我的心理问题可能跟母亲的教育方式有关。母亲是个比较强势的、好面子的人，从小如果我不按她的意思办，她就会对我大打出手。有时候明明不是我做的事情，但她都会加在我身上，我越是争辩，她打得越厉害。记得有一次妈妈发现她的账本不见了，就怀疑是我把它扔掉了或者藏起来了，并开始打我。我辩解说根本不知道她的账本放在哪里，但她就是不相信，而且打得更凶了，直接扇我耳光。直到几天之后，她自己想起了她本来放的地方并找到了它。事后，她轻描淡写地向我道歉了，但下次遇到类似的事情，她仍然是控制不住地大发脾气并进行身体攻击。

我从小就被母亲要求要做到最好，但得到的肯定却很少。她的口头禅是“如果你能把××缺点改掉的话，那你就更好了”，但即使我在某方面改善了，她会继续说另外的缺点。比如，她以前会说我没有朋友，反复地要求我跟其他小朋友去玩；到初中时我朋友多了起来，她又不高兴了，然后说我脾气不好；当我脾气变好之后，她又说我不讲卫生……总之，只要我有什么地方她看不惯的，她都会批评，我似乎永远都不能让她满意。

我从小就不知道什么时候母亲会突然发脾气。有好几次，我都不知道自己哪里做错了，母亲突然开始打我。我被打了之后，才知道是因为某个很小的原因，比如做作业时在发呆，或者在看其他的杂书，或者在看电视。现在，如果有人突然大声说话，我会立马很害怕，全身的汗毛都竖起来了，感到特别紧张并想逃走。在我小时候，这样的梦做过很多遍：我梦到自己走进一个山洞，我知道山洞里有怪兽，我尽量不让怪兽发现，但突然看到怪兽，它向我追过来，于是被吓醒了。每次梦到这个场景，我能感到强烈的害怕，场景中有一种即将死去的感觉。虽然我不知道怪兽到底代表着什么，但我能在梦中感觉到那种突然出现的恐怖。

也许是因为受到母亲严厉的教育，我从小就很懂事听话，小学及中学时成绩都很好，经常被评为三好生。因此，我经常成为周围人心目中的“别人家的孩子”，从小到大，周围的邻居们总是夸我。也只有在我成绩好的时候，母亲才会显得高兴些。我心里很高兴别人夸我，一心想努力学习以证明自己，继续赢得周围人的夸奖，继续让妈妈满意。我那时候学习有些变态，比如在考试前一个月，我会开始认真复习，甚至挑灯夜战，把每一次考试都当成了证明自己的机会。也许因为我的认真勤奋，我成绩一直名列前茅。但我内心压力其实也很大的，生怕会考不好。

我出现抑郁症，可能还跟我实验室里的一个师姐有关。师姐总是会给我提各种要求，让我做这做那，有时候又似乎是很关心我。我本身实验进展不顺利，心里很着急，又要帮师姐做那些事情，心里虽然很不情愿，但碍于面子又不敢拒绝。我怕拒绝之后她会觉得我太自私了，我怕她会对我很生气。其实我特别在意别人怎么看我，特别害怕别人对我生气。对前女友也是如此，女友一脸色不好看了，一生气，我就会特别地担心，会努力地讨好她。我总觉得，也许是因为母亲的影响，我对女生有一种微微的害怕，特别怕女生对我生气，对我不满意。

我内心总是在跟人比较。当发现导师在跟某个同学谈话时，或者其他同学表现好时，我就会担心老师会不会不喜欢我了，会不会不看重我了。导师让我承担了实验室的管理工作，因此我要做大量琐碎的事情，比如报销、核对、组织开会等，这些事情让我压力很大，同时也会觉得导师只是让我做行政事务，会不会导师不看重我的科研能力。读博两年多了，一直没有一篇文章发表，我觉得刚来时导师似乎是很器重我的，对我寄予了很大的希望，但现在导师似乎对我挺不满的。上次外出开会，她带了那个女博士去而没有带我，我心里很失落。

虽然我心里那么痛苦了，但我没有告诉导师，没有让实验室的其他同学知道。所以每天我要强打精神，尽量显得阳光灿烂些。但其实有时候我很不想说话，有时候也很沉默。当我看到周围有一个同学表现得很风趣幽默，能够让周围的女生笑起来，心里会很失落。我怀疑自己不够好，不能吸引到别人，心里很难过。

【导师团看法】

一、导师A 的观点

导师 A 曾经也遇到过类似的学生，因为实验一直不顺利，产生了情绪低落、学习效率非常低的现象，然后有了退学的想法。当时，他告诉那个学生说："你父母亲培养你不容易，你上浙大，一个大家向往的学校，你自己想到底为什么不想读了。我给你几个礼拜的时间，让你考虑这个问题。如果你对实验室有什么想法，或者对我本人有什么想法，可以跟我提的。"几个礼拜过去后，那个同学还是无法做出选择，导师就告知了学生的父亲，如实地反映了情况。后来父亲把他带了回去，休学了半年。休学半年后回来，那个同学的状态有所好转，继续开始学业。

二、导师B 的观点

导师 B 强调之所以出现这种情况，可能跟导师没有关心到位有关。他觉得应该要关心学生的科研进展，不能老是让他干杂事，因为学生毕竟是来学习知识，将来要毕业的。导师应该主动去询问学生的想法，不应被动等待学生来找老师。如果存在论文方面的压力，导师一定要有所作为。导师 B 说如果他的学生到了要交论文的时候还没出来结果，他就会把学生的所有事情全部停掉，然后一心一意督促学生写论文。导师 B 分享说以前也遇到过一个拖拉懒散的学生，到了快交论文的前一个月，仍然没有任何进展。他便让他坐在自己旁边的位子上，每天检查他的工作进度，在这种严厉的督促之后，该学生总算完成了论文。总之，导师 B 不会采取放养式的管理方式，而是心里一直装着学生。

三、导师C的观点

导师C认为导师不能只是抓学术，更要成为学生的良师益友。导师既要做学生的学习导师，也要做他们的生活导师。所以在开学的时候，导师C会花很多时间去跟他们接触，比如经常约学生去爬爬山，把一种健康的、积极向上的生活理念传递给学生。在新生入学不久，导师C还会介绍她的学生去看一下浙大的图书馆、浙大的建筑，熟悉一下这个环境，告诉学生怎样去获得一些资料、信息等。总之，导师C非常注重与她的学生建立良好的关系，既在学术上帮助学生，也努力成为学生的良师益友。

【咨询师分析】

当一个人不被重视、竞争失败、恋爱受挫时，或者更严重一点，一个非常亲密的亲人去世时，他会体验到或重或轻的情绪低落。大部分人情绪低落的体验不会太持久，往往能够在一段时间后(数小时到数天)自然地恢复正常，并重新体验到快乐的情感。但如果持续两周或更长的时间里，他一直被情绪低落的状态所左右着，并发现远离了快乐，疲惫感、沉重感、压抑感等不断地袭来，那么，他可能得了抑郁症。本案例中的小田在实验反复失败，再加上失恋的打击之后，逐渐地出现情绪抑郁的情况，并长久不能缓解，他的症状符合抑郁症的诊断标准。

一、对小田抑郁症的理解

精神分析家亚伯拉罕曾经指出，有些抑郁症患者在童年期往往遭受自尊方面的强烈打击，在当下面临自尊失落的情景，往往会唤起幼时曾经体验过的负面感受[97]。精神分析家比布尔将抑郁视为一种原发性的情感样态。他指出人有三种自恋需求：期望自己值得被爱、期望强大与优越，以及期望自己够好且慈爱[97]。当这三种期待成了言行举止的标准，然而自我同时也在想象或现实中认知到自己无法达到这些标准时，抑郁于是就产生了，这便是抑郁症患者感觉到无助、无能的缘由。

案例中的小田，一方面他的母亲从小对他过分严厉地教育，总对他提出过高的要求，并因为达不到她苛刻的要求而施加严厉的惩罚；另一方面，由于认真努力，他也一直是“别人家的孩子”并得到了大量的赞赏。他的自尊一直在“我很好”“我很糟”这两个极端中摆荡，容易因为失败而产生强烈的受挫感。

小田在成长过程中因为成绩好及行为规范，一直得到周围人大量的赞赏，但同时，他得到的来自于父母的肯定却是很少的。这样的孩子，往往符合比布尔所指出的三种自恋需求，一直执着于得到周围人的爱，渴望强大，渴望超过别人。这些人当外在比较顺利时，不太会得抑郁症，但一旦在竞争中落后，得不到别人的重视时，就容易被抑郁的情绪所困扰。小田正是在高三激烈竞争的情况下，因为对自己的成绩没有信心，几次考试没考好，情绪就低落了。读大学时，他成绩较好，而且是学生会的重要成员，同时由于组织能力强，人缘好，受到周围人的关注和喜欢，当时他状态很好。读博之后，虽然他的人缘照样很好，但由于对于科研竞争方面的落后，他担心导师不再重视他，严重地威胁了他的自尊感，由此导致了不断体验到情绪低落，同时，由于他害怕再次得抑郁症，反而增加了心理压力，导致情绪的恶化。

二、抑郁症的思维特点

我们来看看抑郁症者常见的思维特点，这些特点在小田身上或多或少地存在着。抑郁者与正常人的思维方式、防御方式、看待自我及他人的态度有着明显的不同[98]。主要表现如下：

（一）对自我的消极态度

正常人虽然也会因为评价或竞争的压力对自己有糟糕的感觉（当失败时），但大多数时候，他们对自己的态度是积极的、乐观的、欣赏的。即使产生了糟糕的自我感觉，也容易通过乐观的思考或一些应对方式重新恢复良好的自我感觉。抑郁症患者则容易苛责自己，认为自己有缺陷，不完美，他们认为自己不配拥有幸福，更多地出现糟糕的自我认知。

正如以下所举的非常典型的例子：

事件：某个课很难，大家都学不会。

普通人/正常人：这课怎么这么恶心啊，教授为啥这么安排啊，我受不了了，周末找学霸去问问，我不想学习啊。

抑郁者：为什么我完全不理解教授讲的东西……我以前明明不这样啊……为什么感觉自己越来越没用……这几个月/这几年一直是这样，人生真的好灰暗……

遇到挫折，正常人会把愤怒指向外界，或者寻找力量得到帮助，而抑郁症者则会激活自我苛责的模式——对自己很愤怒，也不去寻找解决的办法，或者求助于他人，让自己陷入抑郁情绪中无法自拔。

(二)抑郁现实主义

抑郁症者有一种叫作“抑郁现实主义”的认知特点，在某种程度上，抑郁者比不抑郁的人能更加客观地看待现实。正常人会以“玫瑰色眼镜”来看待世界——某种令人感到安慰的幻觉使他们免受挫折和绝望，而抑郁症患者却无须这种幻觉，这样虽徒增了悲伤却更智慧。

前不久自杀的高中生林嘉文在他“最后的话”中曾写道：“人活在世上，实在不该太把自己当回事，但只要人要赖活着，总得靠某种虚荣来营造出自我存在的价值感……”他说的并没有错，正常人需要一些幻想的东西让自己感到有希望、有价值，而抑郁者太过现实，把一切都看透了。爱情、友谊、亲情、信仰——生活中那些积极的东西，都会被他们强烈地质疑。

一个抑郁的高中生多年以来一直在思考“生命到底有没有意义”这个问题，多年思考的结果是生命没有意义，最终以自杀的方式结束了自己的生命。“生命有没有意义”这样的问题正常人是不太会去思考的，即使被要求回答，他们也能赋予积极的意义——这是对生命无常的一种乐观防御。抑郁症者很较真，他们一定要寻找到一个真理性的答案，而放不过任何的瑕疵。

非抑郁者有一种乐观的心态，他们相信未来是好的，人是友善的，将来自己能更有钱，更受欢迎，更健康等等，这些积极自我实现的预期既让他们感到有希望，又能让生活出现积极的变化。

(三)选择性提取负面信息

抑郁者会选择性提取一段经历中消极的部分。除非事情非常顺利圆满，抑郁者会有略微的高兴，只要事情有些瑕疵，抑郁者只会注意这些，并得出普遍性的结论。

比如，在亲密关系中，难免会有冲突、矛盾、差异，非抑郁者会更多地关注亲密关系中的爱、合作、付出、包容，而忽略那些负面的部分；抑郁者又一次较真，选择性地注意关系中负面的部分，并得出一些普遍性的结论——“他不爱我”“我们完全不合适，根本就不应该继续下去”。

“我在一次演讲之后感到抑郁了，那么我很可能只记得当时出现了尴尬的停顿、没有回答好问题之类的情景，而忘了演讲的绝大部分进行得很顺利。”相反，一个正常人会更乐观地评价自己的表现。有研究发现，在一次即兴的演讲后，被问及自己的表现时，非抑郁者对自己的评价要高于旁观者，而抑郁者对自己的评价低于平均分。因此，正常人能选择性提取正面信息，而抑郁者会选择性提取负面信息。

（四）自我参照

抑郁症者有一种放大自己的倾向，甚至认为自己是关注的焦点，害怕自己的缺点或错误被人看到。比如，在公众展示的场合，会认为所有的眼睛都盯着自己，自己犯的任何错误都会被下面的观众谈论。

抑郁者内部有一个严厉的批评者，在评价的场合会把这个批评者投射到观众身上，并因此经常有自尊失落的体验。

抑郁者还会有过度负责的情况。他们认为发生的不好事情自己都负有责任，而好事则缘于他人、运气或其他不能控制的因素。

（五）对拒绝特别敏感

拒绝会唤起抑郁者强烈的挫败感，会破坏他们的自我形象。由于儿童或青少年时期的丧失或创伤经历，抑郁者发展出了过分独立的倾向。他们羞于表达内心真实的需要，即使表达了，往往也是轻描淡写的，所以周围人往往会读不懂他们的内心需求。抑郁者之所以在需要时不会主动寻求帮助，便是因为害怕被拒绝。

一个男孩失恋了，他内心很痛苦，但没跟周围人说，因为他担心周围人会觉得这个事可能根本算不了啥，他选择自己去消化这些痛苦。过了几天，同寝室的一个男生也失恋了，该男生邀请大家一起喝“失恋酒”，大家一边喝酒，一边安慰他。从这里能看到这两个男生的差别，前者因为害怕被拒绝而羞于求助；后者则能以一种被大家能接受的方式来寻找安慰。

抑郁者能轻易地觉察到周围人赞成或反对的微妙暗示。对于别人的反对意见，非抑郁者可能会争论或不屑一顾，抑郁者会非常在意，并唤醒一直存在的自我苛责模式。

（六）对情感体验的隔离

因为对拒绝敏感，抑郁者羞于表达需要和情感，慢慢地，他们还发展出了一种对情感的态度，便是忽视它、否认它、隔离它。关于情感隔离的定义，请参看【小贴士 26】。

【小贴士26】情感隔离

情感隔离是对与特定想法有关的情感的压抑。在情感隔离者的身上，事件会被清晰地记起，而与事件相伴的情感则被压抑了。情感隔离在一些情况是很必要的。外科医生在做手术时，需要隔离那些害怕、厌恶等情感；战斗的指挥员如果无法隔离情感，那么将很难做出战斗的决策[99]。一个面对学生突然死亡的辅导员,他很冷静地把尸体运送回来,过程中没有丝毫的害怕。当面对创伤事件时,有的人会在当时相当冷静,头脑非常清醒,这种状态让他们能够相当好地应对创伤事件。情感隔离是理智化、合理化、道德化等防御机制背后的基本机制。如果一个人的主要防御机制是情感隔离,同时他会高估思想的价值而贬低情感的价值,那么这个人的性格结构可能是强迫性的性格。

当遇到重大的创伤,或者频繁地面对某些可怕的事件(如父母打架、被父母送养等),人会发展出一种对情感体验隔离的自我保护机制,以此来减轻伤害。在某些家庭里,让别人感受到你的情感是危险的,因为这会唤起别人的攻击或焦虑。比如,一个高考前焦虑不安的女孩鼓起勇气跟父亲说了自己的痛苦,说自己快要崩溃了,希望得到父亲的理解与支持。没想到焦虑的父亲攻击她说:"你不要关键时刻来给我玩这一出,你要崩溃了,我也要崩溃了。"所有这些情况,都会让抑郁者慢慢地学会屏蔽自身的情感,而后者当然也会加重抑郁的情绪。

由于抑郁者不让自己感受情感,反而容易出现情绪的突然转变。比如一个女孩突然觉得自己很沮丧、不开心了,却不知道情绪转变的原因。其实情绪的转变总是由没有被感受到的情感或回忆导致的,也许是人际关系中的一个小冲突,也许是一段记忆,或者听到的一句话。由于习惯性的屏蔽情感,抑郁者最常出现的体验是:"它突然来了,我突然变得如此低落,但却不知道为什么低落。"

有些抑郁者给人的表面印象是他们很看得开,很淡定,他们很少会表现出特别想要的状态。这是他们对于内心需要的过度防御,久而久之,他们变得麻木了。

(七)消极的归因方式

心理学家塞利格曼对抑郁者广泛存在的"习得性无助"进行了研究,发现抑郁者消极的归因方式。

抑郁者倾善于将坏的事情看作是永久的,而好的事情是暂时的;而非抑郁者刚好相反。当一个抑郁者遇到了坏事,他会想:"这下我全完了",而非抑郁者可能会想:"我能挺过去"。当遇到好事时,抑郁者会想:"我只是运气好而已",非抑郁者会认为:"这是我该得的"。

抑郁者会把坏事情视为普遍性的而不是特殊性的。他们会认为,"没有一个机修工是诚实的",而不是"那个机修工不诚实"。非抑郁者将坏事情视为特殊性的而不是普遍性的:"我今天感觉不舒服",而不是"我总是生病"。对于好事情的发生,两者的看法也相反。抑郁者认为好事的发生是特殊的,是因为运气好——“今天我数学考试我运气好”，而不是“我数学好”。

第三个方面是个体化。当坏事发生时，抑郁者习惯于苛责自己：“我什么事都做不好”“我总是出错”，非抑郁者不太可能接受这样的指责，而是会保护自己：“你的错误和我一样多”。乐观者认为他们能使好事发生，而抑郁者会认为只是运气好而已。

在抑郁状态下，永久性、普遍性和个体化的极端表达是“不管在哪，事情总是会变糟，都是我的错”。而较为乐观的思路是“事情有时会变糟，但并不总是这样，而且原因很多”。

【案情追踪】

小田在咨询师的陪伴之下，通过半年的心理咨询并结合药物治疗，抑郁症康复，科研效率明显提升。两年后博士顺利毕业。现在的他“吃得好，玩得好，对生活特别有信心”，咨询师为他的积极状态而感到高兴。

【谏言导师】

如果学生的情况已经符合了抑郁症的诊断标准，那么，光靠言语的说服只会耽误病情的康复，正确的做法是马上建议学生去医院或心理中心进行诊断，并进行系统的药物治疗与心理治疗。

一、如何与抑郁症学生相处

如果发现学生已经有抑郁症了，并已经在进行系统的药物或心理治疗，同时，他又在继续科研工作。那么，应做好如下几点：

（一）减轻任务压力。抑郁症患者的特点是对自己的怀疑、责备，以及严重的低自尊。那么，过量的学业压力以及由于不顺利导致的受挫感，会加重抑郁症患者的自我怀疑。

（二）创造包容的人际环境。抑郁症患者特别担心自己的病情不被周围人接纳，担心周围人看不起他。抑郁症患者对于周围人很敏感，周围人沉默了，生气了，他都会以为是针对他的，并因此而自责、难过。本案例中的小田，便是频频受到师姐的压力，导致长久淤积了负面情绪。

（三）做好长久干预的思想准备。抑郁状态并非马上就能缓解，抑郁症的平均病程约为四五个月。所以，不要认为仅仅一些关心的话或者鼓励，就可以帮助患者走出低沉的情绪；不要以为靠言语的说服就能有效。一般情绪健康的人是无法真正理解抑郁症患者的感受的，对抑郁患者的悲伤、绝望、无助、害怕，一般人很难真正体会到。

(四)鼓励抑郁症患者多动动。在强烈低落情绪的作用之下，抑郁症患者往往会有自我封闭的倾向，不喜欢出去，不想动，也不想求助，只是待在一个地方冥思苦想，甚至不想去求助医生。此时，应该创造机会鼓励抑郁症患者行动起来，简单的散步、运动、说话，都可能会改善他们低落的状态。在团队中，可以让热情活泼的同学带着抑郁症患者一起去散步、爬山，让抑郁症患者做些力所能及的简单活动，让他们感觉到自己在团队中的作用，减轻对自己的怀疑。

(五)监督抑郁症患者的治疗。抑郁症患者可能会抗拒寻求专业人士的帮助，但作为导师——研究生阶段的重要他人，不应该让学生放弃治疗，而应该通过毫不动摇的坚持与温和的鼓励，让他们最终能去接受专业的治疗。让抑郁症患者坚持治疗并不容易，由于药物副作用，如便秘、迟钝、记忆力下降、失眠等，或者由于康复的缓慢，抑郁症患者可能随时都想放弃治疗。但是，系统的药物或心理治疗，对于抑郁症患者的康复是非常重要的。

(六)不离不弃。当抑郁症患者陷入那种低落情绪时，周围人要表现出来的态度是：我永远在这里陪着你。

(七)多倾听，给予鼓励性的回复。如果抑郁患者愿意把心里话说给你听，那么你就安静地听着，给予简单的、鼓励性的回应。你的倾听会激起抑郁症患者表达的愿望，每一次的表达，均会慢慢缓解他们的内心压力。

二、对抑郁症患者不能说的话

家属或老师们经常容易犯的错误，便是想用一些正面的想法去激励对方，这会带给抑郁症患者最大的感受是不被理解。对抑郁患者“最好不要说的话”提示如下：

(一)经常给抑郁症患者打气。诸如说“你要振作起来”“没什么大不了的，想开点就没事了”。此类话语有可能给抑郁症患者造成伤害，因为他们会觉得你不理解他的感受，并因此感到悲伤、愤怒，以及更加的绝望。

(二)“你有那么多优点，还有什么好抑郁的呢?”“生活多么美好，为什么会想不开要自杀呢?”此类话语更加会增强抑郁的孤独与不被理解的感觉。

(三)“你不要整天不出去，应该出去旅游、运动、散步。”对抑郁症患者的要求，最好不要仅仅停留在语言上，如果可以，陪伴他出去旅行或运动，抑郁患者需要周围人推动他一下。

(四)“我不明白你为啥难受，哪里难受？不是都好好的吗?”“你这不是抑郁症，你是逼着你爸得抑郁症啊。”这种完全不尊重抑郁症患者内心感受的话语，会激化抑郁者的绝望情绪，把他们一步步推向悬崖，是很危险的。

（五）“你就是太脆弱了，坚强点就好了。”其实，抑郁情绪是非常折磨人的，与抑郁症抗争是需要极大的勇气与韧性的，那些扛不住的人可能会走向自杀，所以不能评价抑郁症患者太脆弱了。

（六）少说安慰性的话，抑郁症患者对此的感受是：“说得很好，但对我没什么用。”

三、对抑郁症患者可以说的话

对于抑郁症患者“可以说的话”提示如下[100]：

（一）“抑郁不是你的错，别自责，虽然我可能不太理解，但是你可以把你的感受说给我听，我会在你身边陪着你。”有人在身边陪伴，比“我懂得你的感受”更能让抑郁症患者接受。

（二）“我懂得你的不容易。”更重要的是加深对抑郁症的了解，进入抑郁症患者的内心状态，让这句话不至于变成空话。

（三）“听到你承受了如此多的痛苦，我感到很抱歉。”“我无法想象患病是什么样子，那必定是非常困难和孤独的经历。”这能带给抑郁症患者被理解的感受。

（四）鼓励性的话语：“抑郁症的发病终将过去，我们可以一起走出来。”“你想说什么吗？我很高兴听。倾诉可以帮助你。”“你想来个拥抱吗？（根据关系的亲疏）。”“有什么我可以帮忙的吗？”

（本案例作者：俞林鑫）

案例 11：我为什么活着

外校考来的工科男生明泰，一心想要通过自己的努力来改变自己和家庭的命运。他从小读书成绩优异，却从大学开始逐渐不顺，好不容易考上名校研究生，却在读研期间让生活变得一团糟糕。伴随着对生命意义的思考，明泰陷入了人生的死胡同，他该如何自救？作为他的导师又该怎么办呢？

【案情概要】

明泰来自农村，他有两个姐姐，父母年龄很大的时候才有了这个宝贝儿子。从小到大，明泰都得到了家里最好的照顾，也承载了家里最大的希望。明泰聪明而且勤奋，成绩还不错，两个姐姐都没能上大学，大姐甚至只是初中文化，因为家里的钱负担不起，明泰越发努力，一门心思只花在学习上，小学、中学很顺利，他考上了重点大学。上大学时明泰就有些吃不消了，因为竞争激烈，他无法继续名列前茅，明泰觉得辜负了家人的期待。明泰希望通过自己读书能够改变家庭的命运，所以他决定继续读研。辛苦备考两年，最终考上了一所更好的重点大学。

读研比大学还要辛苦，明泰还发现自己和同门比，不仅不能拔尖，甚至还跟不上平均水平，他总被导师批评不够灵活、创新能力欠缺等，导师还说明泰没有科研发展潜力。明泰越读越累，回想自己过去的二十几年，觉得自己一直那么努力，很少能体会到快乐，那么辛苦也不一定能够改变家庭的命运。生命的痛苦远大于快乐，生命的意义何在？自此，明泰脑海中常常会浮现出自杀想法，只是因为还有年迈的父母，便一直没有真的想去自杀。但明显，明泰不再愿意去实验室，更多时间都是一个人闷在宿舍里。这样的颓废持续了小半年，明泰越发疑惑：我为什么这样活着？

【来访学生心声】

从小到大，我都是内向而孤独的，不善与人说话，常常被父母说："这孩子只知道读书，怎么就不会一点人情世故呢？是不是读书读傻了？"可能真是父母说的那样吧，我只会读书学习，也喜欢读书，在书中，有很多人物可以陪着我，从书中我可以看到五彩缤纷的世界。

从我记事开始，我就只有一个人在家玩的印象，爸爸妈妈白天忙于家里的农活，晚上回家后要么看电视，要么也只说他们大人之间的事，对于那些邻里之间鸡毛蒜皮的事我也不感兴趣。两个姐姐大我很多，在镇上住宿求学，初中毕业就去了外地打工，所以我从上小学开始就只能一个人玩玩具、看书，一天下来也无人说话，有时候实在孤独，也会望着窗外，想想别人可能在怎样热闹开心。

我读书很用功，从小就是班级的第一名，这一点让我的父母脸上很有光彩，亲戚邻里也都说我将来是个成大事的人，可怎样才是成大事，我并没有概念。初中我考进了市里的重点中学，父母和两个姐姐供着我的开销，离开农村我越发找不到可以说话的人，初二那年，大脑中飘进一个想法："人为什么要活着？"于是乎就开始了对生命意义的思考，不过年少总是参不透生命的奥秘吧，当时想到人不管怎样都是最终一死，那么拼命地活着又有何意义？我的妈妈总说人生就是用来吃苦的，困囿于一个又一个难题中，把孩子养大，自己逐渐老去和死亡。此后两三年，我通过阅读哲学著作思索生命意义，不过想来想去也理不出头绪，只是平添了内心的痛苦，不过好歹还有一个“考好大学”的目标，所以埋头苦学，终于不负我努力，考上了一所211重点大学，是村里第一个考上重点大学的人，乡里乡亲都对我和我的家人称赞和羡慕不已。稍有遗憾的是，我没有考上我心仪的一所985大学，不过终究觉得我可以有希望去改变我的人生和我的家庭命运了。

只是进入大学后才发觉中学老师所讲的“中学再苦再累也没关系，上大学就一切轻松了”是一句多么大的谎言，大学的课业压力和竞争压力都很大，“微积分”听着很费解，周围的人仍旧很陌生，就连寝室的同学也不怎么说话，看着同学们的生活越来越丰富多彩，我却逐渐对很多事情都没有感觉和兴趣了，觉得人生无意义的想法越来越强烈，甚至有了“死”的念头。大二觉得自己要这么沉沦下去时，我给自己及时定了一个目标：考一所985高校的研究生，弥补当年高考的遗憾。接着又是很苦地开始备考的生活，痛苦但是充实，至少自己不会瞎想了。后来一切顺利，高分考取了心仪的学校。

研一开学，换了一个城市，换了一个新的环境，忙不迭地去适应，可状况连连，实验室里人很多，我总觉得没有自己的位置。自己的开题也很不顺利，实验数据怎么做都不理想，甚至在小组会上我被导师批评，没有科研创新能力，根本就不适合读研，我还能有希望毕业吗？还能有希望去改变家庭的命运吗？为什么我一直那么努力，却很少能体会到快乐，那么辛苦也不能去偿还父母和姐姐对我的付出？我生命里痛苦远大于快乐，而且还给亲人增添了负担，我这样的生命，到底意义何在？慢慢地，大脑中自杀想法出现得越来越频繁，若不是因为还有年迈的父母，怕他们太伤心，恐怕……唉……只能一声叹息！

此后，我的精神状态也越来越差，不再愿意去实验室，更多时间都是一个人闷在宿舍里。我也变得更加消极，食欲很差，每次吃饭之前都会问自己：“我为什么还要吃饭？为什么还要吃饭让自己活着？”每天上网也不知道干什么，刷刷微博，但从不发微博，看到微博里的自杀新闻，为自杀死掉的人可惜，但从内心深处却是理解他们的。有时候也会听听音乐，很喜欢张国荣，最喜欢的歌是《我》，歌里唱着“我就是我，是颜色不一样的烟火，天空海阔，要做最坚强的泡沫”，可是，泡沫怎么会真的坚强呢？

所有这些，我从来没有跟父母提起过，说了恐怕他们也不懂，还会让他们更担心。两个姐姐的文化水平也不高，后来她们分别嫁了人后，我与她们更是不知道聊什么。每次给家里打电话，妈妈总是叮嘱一些生活琐事，爸爸还是会跟我抱怨一大堆“人生不得志”的酒话。每次听爸爸讲他这一辈子的希望就放在我一个人身上的时候，心里都会猛地一沉，只能“嗯嗯”地回应一声，无法再说更多，我还有希望吗？还有办法实现他的期望吗？

室友见我状态越来越差，建议我去学校心理中心咨询。只是心理咨询真的会有用吗？

【导师团看法】

一、导师A的观点

导师A比较直接，他说：对于“人生意义”这个话题他无法提供一个真正的答案，“人生存在”的问题本身是一个“人的教育”问题，已经脱离了普通意义上的高等教育，不在研究生教育的范畴之内。他觉得案例中的男生之所以会问人生意义的问题，可能是因为成长过程中小挫折太多了，主要还是与学习有关，但又没有吃过人生真正的苦，抗挫折的能力没有真正发展起来。家长和老师在教育小孩的过程中不能只是关注学习方面，会让学生对于学习成绩得失心太大，在面临不能顺利毕业的挫折时就容易在想法上走极端。

二、导师B的观点

导师B认为：研究生由于年龄比较大了，人生的各方面都已经比较牢固，他们的人生观、价值观及生活习惯等不论好坏都已经相对稳固，很难改，我们只能防范、提防，或者跟他们多交流，发现学生不能适应研究生生活而情绪低迷时，邀他们一起聚餐、爬山，大家在一起聊聊，转换一下环境，可能就会放松不少。导师也要趁着开组会的机会，观察学生的状态，如果发现学生有比较低沉的情况，要留个心私下找他谈谈看有没有什么问题，是不是碰到什么困难，及时给他疏导，防范小问题累积变成大问题。当然，导师在危机预防上可以做的其实是偏少的，因为并不能太多去改变学生。对于能够改变的部分学生一般也愿意去找心理咨询师咨询，而不是找导师请教。

三、导师C的观点

导师C认为：对人生有所困惑，这个问题一般是很难有什么答案。因为每个人的回答角度都不一样。在唯物主义、大宇宙、历史长河的背景下，过多思考这个问题是很容易陷进去的，单个人的存在实在是渺小了些。所以在这个角度上来讲，其实我们每个人都会有人生意义的困惑。所以这就得看一个人是如何给自己开导的，是陷进去与绝对的人类存在的意义较劲，还是想办法去面对处理具体的生活难题。因为每个人的生活中都会有挫折,往往是挫折才有可能带来“生命无意义”的思考,假如他面对挫折的态度以及对事情的看法、处理方式都足够积极有力量,他能发挥出他的主观能动性,那他应该会觉得“活着是值得的”并努力去活得更好一些。

四、导师D的观点

导师D认为假如导师真的碰到这样的学生也不要太恐惧,因为有心理问题的学生能够到我们学校来学习是一件好的事情,至少说明他的社会功能还是好的。比如说案例中的男生,他是为了让生活更好才考上研究生,假如他没考上对他来说可能会更糟糕,现在至少还有可以帮助他的机会。导师可以在了解信息后去帮助他成长,这也就是老师的意义:教书育人。对于那些能教的好的学生,导师的工作相对简单,因为教不教他都能成才;正是那些存在一定问题的学生,如果导师能够把他教好,可能对导师而言是更有价值的。另外,该导师还认为如果有学生开始问“人生意义”这个问题,真的应该马上开始关注,主动去跟他聊聊,听听他关于这个问题的具体困惑是什么,有没有什么自杀想法。

五、导师E的观点

导师E在听到这个案例后,很认真地回答了“人生意义是什么”这个问题,他用了一种可能会更容易被学生理解的说法来谈他自己的人生观:他认为人生就像小时候玩过的街机游戏,到一家游戏厅里面买一些游戏币,投进去打一会儿,比如玩三国志可以选不同的人物去体验角色,比如关羽、张飞、赵云等。在游戏过程中很享受那种从头打到尾的快感,如果顺利的话,虽然最终的结局都是打赢BOSS,但是不同角色的故事脚本不同,每一局游戏的体验就会不同,再加上游戏过程中还可以与同伴合作,会比一个人玩游戏的感觉更好。当然,也有玩游戏失败的时候,反而会给自己更多的斗志,想着怎样可以提升自己的技能,也有了别样的乐趣。该导师认为人生可能与玩游戏类似,是一个以体验为主的过程,可以尽可能在可以尝试的范围中多经历一些。人生总结起来其实就是一个不断升级打怪兽的过程。当然导师也有点担心,用游戏比喻人生虽然会让学生更容易理解,但并不确定这样的说法能不能起到正面作用,毕竟现代社会认为玩游戏是一件不太好的事情,不过该导师还是认为玩游戏就像是人生过程中的娱乐放松,对于调节人生的压力与痛苦还是很有必要的,只是要适度就好。

【咨询师分析】

明泰是主动预约的心理咨询，他第一次咨询时，咨询师就观察到眼前这个男生很拘束，话很少，回答问题都很简短，几乎没有面部表情变化。咨询师感觉与他对话有些无趣，甚至有些费力。

因为明泰在来访者信息表上勾选了有自杀意念，所以咨询师首先要做的就是自杀风险评估。结合第三章第三节理论部分的知识，一般会有如下几条需要去逐条询问：

第一，自杀想法从什么时候开始有的？频率如何？

明泰自初中开始思考生命的意义，有自杀的念头飘出来过，只是后来因为中考、高考和考研提供了生活的明确目标，自杀念头得以抑制。进入研究生阶段后，因不适应和科研困难以及成长过程中累积的痛苦，近半年来有自杀想法的次数逐渐增多，最近一个星期会想得比较频繁。

第二，如有自杀意念，是否有考虑过何种自杀方式？请注意，一般这个问题都是笼统概括地提问，不应提到具体哪种自杀方式，否则会具有诱导性。

明泰说他在之前是没有想到自杀方式这一步的，因为在自杀想法那一步就会及时止住了。最近一周状态更糟之后，就想到了自杀方式，明泰看到微博上自杀的新闻里多采用的是跳楼，觉得跳楼可能是最方便的方式，只是他有些恐高，觉得自己可能没有那么大的勇气跳下去。

第三，如有想过明确的自杀方式，则进一步询问是否有选择过自杀地点和自杀时间，如没想过自杀方式，则不需要询问这个问题，避免诱导。

明泰说他有时候会想过就在宿舍楼跳下去，可是又担心这样会吓到住在这里的同学。他小的时候就不敢去死了人的地方，会尽量绕得远一点。

前三个问题都是关于自杀本身的，回答得越详细、越具体，风险程度越高。根据明泰对这三个问题的回答，明泰目前的自杀风险还是相对较高的。

接下来就要询问第四个问题：是什么支持着他没有去实施自杀行为，探问他具备的支持性资源。

明泰回答：在难过时常会想到死亡，躺在床上睡不着的时候更容易想，想到累了睡着了或者有其他的事情来干扰，就算熬过去了。当然也怕父母伤心，或者说怕父母没办法安稳度过老年生活。他放心不下的就是年事已高的父母，他们已过花甲之年，两个姐姐又都已出嫁，而且姐夫家的经济条件都不是很好，父母的赡养责任主要是在他身上的。如果他死了，父母该如何善终呢？所以每每想到这里，就会更加内疚和自责，不让自己继续沉浸在自杀的想法中。咨询师听到明泰对父母的牵挂后，会在心里稍稍松口气，这是对明泰而言很大的一股活下去的力量。

咨询师紧接着询问明泰，他的这些内心痛苦都有哪些？一般都是如何处理和应对的？在咨询中，一般都会优先关注来访者的感受，通过“感受”通道才能真正靠近一个人，理智层面的辩论并不能走心。

明泰说，在外表看来，他是一个不在乎外界看法的人，成绩优异，活得孤傲洒脱，可事实上他的敏感与自卑让他在不被人理解和接受时，或者在他达不到自己的预期时，都会产生很多痛苦和孤独感，在长期的孤独中逐渐去思考存在的意义，最终发出了“我为什么要活着”的生命之问。

咨询师表示理解，因为对人际关系的需要是人类的共同渴望，人常常是在关系中才得以确认自己并找到存在的意义。没有人喜欢真正的孤独。《简·爱》中有这样一个情节，当简被关在红房子里时，她一度自我怀疑，“大家都说我坏，也许我真的不好吧”。当没有人支持和理解时，我们大多数时候都是先自我怀疑，进而为了讨好别人而改变自己。如同他喜欢的歌词一般，“我就是我，颜色不一样的烟火”，他也希望能够被周边的人们全然理解和接纳。

第一次咨询快结束时，咨询师与其约定每周固定一次的心理咨询，并告知他咨询师的联系方式，约定在自杀意念比较强烈的时候一定要打电话给咨询师，明泰表示记住了并表达了感谢，同时，他也表达了麻烦了咨询师的内疚。根据心理咨询的保密例外原则，一般而言，心理咨询的内容和范围受到国家法律和专业伦理规范的保护和约束，未经来访者的许可任何信息都不能外泄，但是当来访者如有即刻的伤害自己或伤害他人的倾向，咨询师有责任采取必要的措施来阻止这种危险。所以该案的咨询师在与明泰协商后，在第一次咨询结束后就主动联系了明泰所在院系的辅导员，嘱其给予明泰重点关注，并建议通知家长来校，陪同明泰去医院做鉴别诊断，是否有抑郁症的可能性。如果患了抑郁症，需要先服药稳定心理状态后再进行心理咨询。

一周后，咨询师从院系辅导员老师处反馈得知，明泰的父亲来校陪着他去了医院门诊，被诊断为抑郁症，正在遵医嘱服药，两周复诊一次。

三个星期后，明泰再次主动预约了心理咨询，这一次他的状态明显好了一些，问及原因。明泰说，主要是以前觉得自己状态不好，最对不起的就是爸爸，最无法面对的也是爸爸，这次生病，爸爸陪着去医院，不仅没有责怪他，还主动对他说，不要读得太辛苦了，如果实在无法毕业，他拿着本科文凭也可以去找一份还不错的工作的，就这样子的他已经是爸爸的骄傲了。那为何又继续约了咨询呢？是因为他觉得自己个性当中应该还有一些东西是需要调整的，才不至于在以后遭遇挫折的时候陷入思维的死胡同，又掉进“自杀想法”的泥潭中。

这一次，咨询师给明泰科普了“生与死的四种基本态度”，认为人是同时具备生的欲望与死的欲望的，具体会因为生死推力与吸力这四个结构的变化而产生冲突，甚至失衡。

**【小贴士27】生与死的四种基本态度**[77]

自杀不仅是生之欲与死之欲之间的冲突而已，它可以显现在生死推力与吸力的四个结构上。生的吸力来自人正面互动经验所带来的感恩与快乐；生的推力与痛苦经验有关，而痛苦又是来自焦虑、挫折和压力。同样地，某些情感、信仰及渴望会凝聚成死的吸力；而其他的则凝聚成死的推力。四种生死态度都在不断变动之中，生死态度的平衡与否是决定是否自杀的关键所在。

生之吸力受当事人生活的影响，如在人际关系里所获得的安全感及关爱、支持及鼓励、自爱及自重、个人基本需求的满足及从环境中得到正面回馈。此外，生之吸力也受到个人风格的影响，如面对困难时的应对之道、个人自我的强度、所使用的防御机制及资源。例如当事人可用妥协来降低期望或接受批评来减轻挫折。这种应对机制可减轻因失败或与环境不和所带来的挫折感。一般来说，人格韧度及环境对他的支持程度奠定了生之吸力，而生之吸力能阻止自杀及自伤行为。

生之推力反映了当事人经历的痛苦与折磨，如生活里的无解题、所爱的人过世、父母离异、肢体或情感受虐、疏离和敌意，还有要求严苛、让人窒息的家庭，与同辈人及成人不满足的关系。孩子也会内化和认同自杀的父母，推动生之推力。人格倾向是另一影响生之推力的因素，如个性无法妥协、对自己严苛、超高期望、压抑情感、自我颓废、解决问题方式不妥、有缺陷、性虐待倾向、对自我看法偏负面，再加之病态及无用的防御机制会加深排斥生存的态度。这种态度反映个体与环境及自我冲突的严重程度，被视为引导个体自杀的动机与力量。

死的吸力具体表达为人相信死是更优于生的肉体和情感存在的模式。认为人所有的欲望会在死亡里实现，死后可以再复活。他们把死看成是人与宇宙、超自然力量，或与自然力量的结合。它受到个人经验、宗教及文化的影响。

死亡推力可能来自现实可怕的死亡观，使人认识到死亡是代表永远的结束或灭绝。死亡推力有阻止自杀的力量，即使有强烈自杀倾向的人也有明显的死亡推力。

在随后的咨询中，咨询师围绕"生与死的四种基本态度"评估了解明泰的生死冲突，加强生的吸力与死的推力，并减少生的推力与死的吸力。

随着咨询的继续深入，明泰发现，其实他身上也具备着很多力量：比如他是一个相对比较勤奋的人，以往的生活作息也比较规律，对于学习是具备胜任力的。以往也不全是他记忆中的那么痛苦，他很容易忽视快乐，比如他初中的时候给同学讲题，比如他考上研究生之后的三个月的快乐生活等等。而在人际关系上，也不是他最初描述的，没有人懂他的那般孤独，因为有一个很聊得来的女生，在彼此碰到问题的时候，可以相互吐槽和支持。在咨询的后期，明泰说他所感受的痛苦可能释放得比较充分，所以都觉得自己开朗了许多，内心的沉重的压力感也小了很多，尤其现在能与父母更多沟通了，并且在沟通中才了解到父母真正的期待：他能轻松一些去生活，能首先保证自己的生活就好，两个姐姐也并没有期待他能回报什么，而且姐姐们的家庭也并不是如他最初想象的那般糟糕。这些方面的认识很大程度上减少了明泰的"生的推力"，而他本来也是一个对未来就充满了很多期待的人，未来会吸引着他好好活下去。

值得一提的是，在其中一次咨询中，明泰明确地问了咨询师一个问题："你的人生意义是什么？"咨询师在了解其提问动机后，同意分享其人生观作为一个参考，但并不是作为标准答案。咨询师认为，在非常客观的角度上讲，人生就是没有意义的，或者很难在当下找到意义，所以对于人生意义，个体要做的不是提问者，而是解答者。不去思考"人存在是为了什么？生活是为了什么？"而是思考"我们怎么才能过一个快乐、充实的人生？"个体无法通过对"人生意义"问题的思辨，来解决现实的问题和困难；只有直面人生的痛苦与难题，才有可能真正找到"活着的动力"。所以说，人生意义的答案，有自我实现的功能。欧文·亚隆(Irvind. Yalom)在《直视骄阳：征服死亡恐惧》一书中提出了"波动影响"一词，指出我们每个人即使没有意识层面的目标或这方面的知识，也都会形成中心影响力，影响周围的人许多年甚至许多代。我们对其他人的影响会再传递给更多的人，就好像池塘中的涟漪一样一圈一圈地扩散出去，直到再也看不见了，即便如此，在微小的分子层面这些波动依然在传递着。[100]

明泰听完，表示这样的人生观没有很浓的鸡汤味，又不会让人太消极，给了他一些看问题的不同角度，他会认真去考虑如何给自己的人生赋予自己想要的意义，而不是像以前那样，背负着一个从出生时就有的夙愿——"改变家庭命运"。

随着咨询的进行，明泰提出一个新的问题：虽然知道要让生活快乐些，但是自己似乎并不能真正地放松下来去享受，比如周日的上午，他也希望像同学们一样没有内疚地睡懒觉或者看电影，但大脑中总有一个声音提醒他应该去写论文或者是背英语单词。咨询师发现明泰从小没有很好的玩伴，在如何打发休闲时间上并没有很多途径，以往他主要是看小说和发呆幻想。人一生都需要亲密关系，明泰一直未被很好满足的对于亲密关系的渴望随着年龄的增长是会逐渐增强的，像以往的看小说和幻想只能满足部分的需要，最终还是要通过现实的人际关系去真正满足。但明泰也提出他并没有很好的人际交往能力，他偏被动和压抑的个性常常会因为人际交往中的一些挫折而自动退让，让自己迫不得已得孤独着。咨询师围绕这一点工作了很长时间，从休闲方式的多样化、情绪的感受与表达、人际关系的建立与经营、人际冲突的理解和处理等等，明泰的生活开始有了多彩的颜色，也更加能融入实验室团队了。而咨询师和明泰也都明白了一个道理：人在关系中得以确认和存在，也在关系中获得快乐和痛苦，但不管风雨还是彩虹，人生因为“经历”而变得有意义起来了。

【案情追踪】

明泰的咨询持续了大约一年，这一年，他与父亲的沟通更多，与身边的同学的交流也多了起来，快乐的感觉也随之多了很多。明泰说他自己也没有想到，生活还是那些内容，学业仍然还是有难度，但因为将自己的人生与家庭的命运适当剥离开，并勇敢地去与他人沟通，自己内心竟然有了更多的力量，自然而然地也不会觉得人生无价值了。再之后半年的随访中，明泰告诉咨询师，他正在国外交流，出国之前办好了硕转博的手续，他要为自己读一个博士。

【谏言导师】

一、要重视那些常常独处、沉默的学生，主动关心以预防和评估自杀风险。

再次强调，没有人喜欢真正的孤独，很多时候，孤独都是无奈之选，其中也常常包含痛苦，而自杀也很容易成为一种回避痛苦的方式，但并不是一种明智的解决痛苦的方式。所以那些想要自杀的人一定会经过一个内心非常矛盾冲突的阶段，而这个时候外界给予的理解和支持就能帮助他渡过难关，继续生存下去。

在主动关心去评估自杀风险的时候，首先要保证的就是真诚而温和的态度，不去讲大道理劝说，而是在感受层面去靠近他，理解他。具体的操作方法可以参考第三章第三节的内容：“发现危机：自杀危机的预防与识别”。

二、生命教育是一件不易的事情，不能简单地用一种人生观去进行生命教育。更主要是能够去听懂学生的人生观,并对其进行生命的鼓励和支持。

如果有学生主动问起“人生的意义是什么”,建议不直接进行回答,而是尝试去倾听和理解他提问背后的情感和深层原因,假如学生非要导师直接回答人生意义是什么,可以告诉他,但一定要说明每个人认为的生命意义可能是不一样的,在导师观点中,有个导师形象说明了“人生就是一段升级打怪的旅程”,也许有很多人会赞成“人生体验论”,但也有的人会说这么体验过一辈子他觉得没价值,很痛苦,比如该案例中的男生,如果人生意义只是在体验上,他可能会更加想去结束生命。

(本案例作者:李娟)

参考文献

[1]张淑林，裴旭，方俊，朱玉春. 我国研究生导师聘任制的历史沿革和未来走向——以中国科学技术大学博士生导师聘任制改革探索为例[J]. 学位与研究生教育，2010(11)：17-21.

[2]胡守强. 论导师是研究生思想政治教育的首要责任人[J]. 学位与研究生教育，2011(12)： 48-52.

[3]教育部关于加强和改进研究生德育工作的若干意见[Z]. 教社政[2000]3号，2000-04-06.

[4]教育部办公厅关于进一步做好研究生培养机制改革试点工作的通知[Z]. 教研厅[2009]1 号，2009-09-04.

[5]教育部、国家发展改革委、财政部关于深化研究生教育改革的意见[Z]. 教研[2013]1 号，2013-03-29.

[6]教育部关于进一步加强和改进研究生思想政治教育工作的若干意见[Z]. 教思政[2010]11 号，2010-11-17.

[7]马建青等. 大学生心理卫生[M]. 杭州：浙江大学出版社，2003.

[8]朱美燕. 研究生心理健康教育现状调查分析与对策思考[J]. 黑龙江高教研究，2017 (3)：117-121.

[9]时昕. 为心灵辅导，为成长解惑[N]. 合肥工业大学报，2005，2(28)：430.

[10]秦涛，王艳. 新形势下研究生群体心理健康教育对策探析[J]. 研究生教育研究，2014(3)：28-31.

[11] 樊氏压力检测量表. 心理空间[OE/OL]. http://www.psychspace.com/psych/action－blogdetail－uid－1－id－2485.html

[12]彭聃龄. 普通心理学[M]. 北京：北京师范大学出版社，2010.

[13] 杨雪花，陈万明. 不同心理压力对研究生身心健康的影响[J]. 中国健康心理学杂志 2016，24(5)：758-761.

[14] 王冬艳.社会变革中研究生的心理压力与调适[J]. 中国高教研究，2002(11):64-65.

[15] 陈卉.全日制专业学位硕士研究生就业压力研究[J].中国青年研究，2013(4):101-104.

[16] 赵媛媛. 公费政策下研究生的经济压力及完善策略[J]. 青年与社会，2013(10):32-33.

[17] 吴小健，贺浪冲，邓立娜. 某高校医学博士研究生学业与生活压力现状分析[J]. 西北医学教育，2008,16(2):261-263.

[18] 王世伟,陈蔚琳. 上海高校女研究生情感状况调查[J]. 中国研究生，2004(6):6-9.

[19] 李辰媚. 研究生人际交往挫折原因及对策[J]. 河南科技学院学报,2014(7):73-75.

[20] 盘点大学生杀人事件[OE/OL]. http://360doc. com/content/13/0418/14/925586_279211585. shtml

[21] 王海林,卢小慧. 高校导师与研究生导学关系调查研究[J].扬州大学学报(高教研究版),2015(4):60-64.

[22] 多半女大学生被性骚扰拒绝导师怕不让毕业[OE/OL]. http://news. cpd. com. cn/n3583/c26123981/content. html

[23] 中国政法大学弑师学生一审被判死缓[OE/OL]. http://news. qq. com/a/20091021/000169. htm

[24] 王锋,李永鑫. 坚韧性人格研究综述[J]. 心理科学,2004,27(2):715-717.

[25] (美)伯尼,(美)格莱诺. 焦虑的 10 种简明应对方式[M]. 上海:华东师范大学出版社,2007.

[26] Anna. O. [OE/OL]https://en. wikirRedia. org/wi/ci/Anna_O. # cite_note_15

[27]Jerry M. Burger. 人格心理学(第 7 版)[M]. 北京:中国轻工业出版社. 2010.

[28]魏丽敏,黄德祥. 咨商理论与技术[M]. 台北:五南图书出版公司. 1995.

[29] 误用的内心痛苦[OE/OL]. http://www. docin. com/p—270723568. html

[30]巩亮,张万红,李卿,王智宁,吕向前. 研究生科研能力影响因素实证研究[J]. 学位与研究生教育,2014,12 : 50-57.

[31]季俊杰. 优秀研究生科研能力的影响因素与启示[J]. 研究生教育研究，

2013,14(2):14-18.
[32] 王亚青.当前高校硕士研究生科研活动现状调查[J]. 华北电力大学学报(社会科学版),2009,1:131-137.
[33] 中国科学院.中国科学院关于科学理念的宣言、关于加强科研行为规范建设的意见[M].北京:科学出版社,2007.
[34]赵君,廖建桥,张永军.科研不端行为的维度与测量[J].科学学研究,2012,30(8):1143-1148.
[35]赵书松,赵君.博士研究生科研不端行为影响因素研究[J]. 研究与发展管理,2013,25(3):96-105.
[36]安宁.研究生科研压力的疏导和诚信作风的培养[J].医学教育探索,2008,7(2):180-181.
[37]张婷婷,门陆.完美主义人格特质研究综述[J].社会心理科学,2013(7):38-41.
[38]霍礼强,方晓青,毛丽萍. 论研究生职业生涯规划教育的意义和策略[J].中国电力教育,2011(16):42-44.
[39]李春根,廖毅敏,李建华. 从就业指导到职业生涯规划教育——我国研究生就业促进之路新探索[J].学位与研究生教育,2008(12):28-32.
[40]李雷,杨怀珍.三阶段硕士研究生职业生涯规划教育探索[J].科技资讯,2010(18):202.
[41]陈晓梅.角色期待与呼应:新情况下研究生导师的角色变化[J].研究生教育研究,2016(1):71-74.
[42]刘敏,徐俊祥,王国红.研究生职业发展教育中导师角色与作用的转变[J].北京工业大学学报(社会科学版),2009,9(1):77-80.
[43]林伟连,吴克象.研究生教育中师生关系建设要突出“导学关系”[J]. 学位与研究生教育,2003(5):26-28.
[44]符新伟.新时期研究生与导师新型关系构建研究[J].西安电子科技大学学报(社会科学版),2014,24(2):103-107.
[45]王慧玲.我国导师与研究生关系研究综述[J].黑龙江教育(高教研究与评估),2014(4):90-92.
[46]楼成礼,郑庆岚,林玲. 以人为本,重构研究生教育的“导学关系”[J]. 教育发展研究,2004(6):28-29.
[47]许迈进,郑英蓓.三重反思:重构研究生培养中的师生导学关系[J]. 教育发展研究,2007(4):77-80.

[48] 马健.导师与研究生的科研关系研究[J].自然辩证法研究,2007,23(8):60-63.

[49] 袭雪.学术资本主义视域下的师生关系研究[D].武汉:湖北大学.2012.

[50] 谭莎.知识共享视角下导师与研究生关系研究[D].长沙:湖南师范大学.2011.

[51]牟晖,武立勋,徐淑贤.和谐视域下研究生导学关系构建浅析[J].思想教育研究,2014,236(5):72-74.

[52]Gatfield,T. An investigation into phd supervisory management styles: Development of a dynamic conceptual model and its managerial implications[J]. Journal of Higher Education Policy and Management,2005,27(3):311-325.

[53]蔡超华.领导方式与不同成熟度知识型员工的匹配研究[J]. 经济研究导刊, 2014(30):171-173.

[54]李春根.陈文美.导师与研究生命运共同体:理念与路径构建[J]. 学位与研究生教育,2016(4),55-59.

[55]何作井,李林,周震.论研究生教育中师生关系的异化与重构[J].外国教育研究,2007,34(6):40-43.

[56] 布雷姆,米勒.爱情心理学[M].北京:人民邮电出版社,2010.

[57] 约翰·戈特曼,娜恩·西尔弗.幸福的婚姻[M].杭州:浙江人民出版社,2014.

[58]马歇尔·卢森堡.非暴力沟通[M].北京:华夏出版社,2016.

[59]艾·弗洛姆.爱的艺术[M].上海:上海译文出版社,2008.

[60]邹泓.同伴关系的发展功能及影响因素[J].心理发展与教育,1998,2,39-44.

[61]李晓侠.师范学院大学生心理地位对其师生关系和同伴关系的影响[D].北京:首都师范大学.2009.

[62]周明. 大学生沟通姿态、自尊以及人际关系之关系研究[D].重庆:西南大学.2013.

[63]福柯. 疯癫与文明[M]. 北京:生活.读书.新知三联书店,2007.

[64] David H. BarlowV. &Mark D. 异常心理学[M]. 北京:中国轻工业出版社,2006.

[65] James Morrison. 精神科临床诊断[M]. 李欢欢,石川译.北京:中国轻工业出版社,2009.

[66] 王铭. 精神分裂症康复期以及社会功能的恢复[OE/OL]. http://www.haodf.com/zhuanjiaguandian/whwangming_149466.htm
[67] 中华人民共和国精神卫生法[OE/OL]. http://www.gov.cn/jrzg/2012—10/26/content_2252122.htm
[68] 高士元等.精神分裂症病人及家属受歧视状况[J]. 中国心理卫生杂志，2005,19(2):82-85.
[69] 马喜亭. 大学生心理危机预防与干预中的转介策略研究[J]. 教育文化论坛,2010,3：43-47.
[70]Arnold,M.D. 支持性心理治疗导论[M]. 北京:人民卫生出版社,2010.
[71]科尔曼. 抑郁症一写给患者及家人的指导书[M]. 重庆:重庆大学出版社,2013.
[72]Diagnostic and Statistical Manual of Mental Disorders: DSM－V[M]. 美国:美国精神病学会,2013.
[73]莱希. 抑郁和焦虑障碍的治疗计划和干预方法(第二版)[M]. 北京:中国轻工业出版社,2014.
[74]我国抑郁症患者 9000 万人[OE/OL]. http://news.163.com/14/0509/05/9RPHL5AG00014AED.html
[75] 世界卫生组织.《实况报道》第 398 号[OE/OL]. http://www.who.int/mediacentre/factsheets/fs398/zh/
[76] 世界卫生组织. 预防自杀:一项全球要务[OE/OL]. http://www.who.int/mental_health/suicide－prevention/world_report_2014/zh/
[77](以色列)欧巴克. 不想活下去的孩子——自杀孩子心理分析及治疗[M]. 太原:希望出版社,2008.
[78]朱天,叶璐璐."维特效应"与主流媒体自杀事件报道的责任及内容要素[J]. 西南民族大学学报(人文社会科学版),2011,12: 178-181.
[79] 蔺雯雯,崔丽霞. 图式治疗理论与实践[J]. 心理科学进展,2008,16(4):576-581.
[80] Jonathon D. Brown. 自我[M]. 北京:人民邮电出版社,2004.
[81] 路遥. 平凡的世界[M]. 北京:北京十月文艺出版社,2013.
[82]侯悍超,侯志瑾,杨菲菲. 叙事生涯咨询——生涯咨询的新模式[J]. 中国临床心理学杂志. 2014(3),555-556.
[83]朱凌云. 生涯适应力:青少年生涯教育与辅导的新视角[J]. 全球教育展望. 2014(9),92.

[84]卡尔·罗杰斯. 个人形成论[M]. 北京:中国人民大学出版社,2004.
[85]人格面具定义[OE/OL]. http://baike. baidu. comview1666896. htm
[86]姜乾金. 医学心理学:理论、方法与临床[M]. 北京:人民卫生出版社. 2012.
[87]克里斯托弗·彼得森,史蒂文· 迈尔,马丁·赛里格曼. 习得性无助[M]. 北京:机械工业出版社,1970.
[88]情绪 ABC 理论[OE/OL]. https://baike. baidu. com/item/%E6%83%85%E7%BB%AAABC%E7%90%86%E8%AE%BA/2316861? fr=aladdin
[89](美)威廉. 心理治疗中的依恋——从养育到治愈,从理论到实践[M]. 北京:中国轻工业出版社,2014.
[90]吉尔·萨夫,(美)大卫·萨夫. 客体关系入门——当代精神分析理论[M]. 北京:世界图书出版公司,2010.
[91] 阿尔弗雷德·阿德勒. 自卑与超越[M]. 沈阳:沈阳出版社,2012.
[92] 亨利·马西,内森·塞恩伯格. 情感依附[M]. 北京:世界图书出版公司,2013.
[93] GeorgeW. Burns. 积极心理治疗案例——幸福、治愈与提升[M]. 北京:中国轻工业出版社,2012.
[94] 杰罗德·克雷斯曼哈尔·斯特劳斯. 边缘型人格障碍[M]. 北京:群言出版社,2012.
[95] 抑郁症检测神经递质的说法[OE/OL]. http://tieba. baidu. com/p/1223081284
[96]对抑郁症的重要措施:社会支持[OE/OL]. http://www. jianke. com-news81067. html
[97] Glen O. Gabbard. 动力取向精神医学[M]. 台北:心灵工坊,2007.
[98] Richard O'Connor. 走出抑郁——让药物和心理治疗更有效(第二版)[M]. 北京:中国轻工业出版社. 2014.
[99]Nancy McWilliams. Psychoanalytic Diagnosis: Understanding Personality Structure in the Clinical Process[M]. America: Guilford Publications (2nd Revised edition), 2011.
[100] 有什么话可以对抑郁症患者说?[OE/OL]. https://www. zhihu. com/question/31344722.
[101] IrvinD. Yalom. 直视骄阳[M]. 北京:中国轻工业出版社,2009.

小贴士索引

学术名词索引

致 谢

阅读着这终于完稿的两百多页文字,内心会有一种莫名的感动和感恩!

我最想感谢的当然是我们的来访者!因为你们的信任,让我们会对人性有更丰富的理解,会积累更多的经验,变得更有能力去帮助别人。同时也相信你们的故事,一定会带给读者很多的启发和帮助。在此谨让我代表作者和读者谢谢你们!感谢你们的信任,感谢你们的慷慨分享,更感谢你们允许我们把你们的故事写进这本书里!

我也想借此机会感谢我的合作者吕森华老师。您作为研究生管理工作的主要领导,一直以来对心理中心的工作给予了极大的支持和帮助。您那既充满人性关怀又不失智慧的工作方式是我学习的榜样。在本书成型的过程中,感谢您的创意,更感谢您为此付出的各种努力!

我还想感谢接受我们采访的导师们。感谢你们在百忙之中抽出时间接受我们的访谈,你们的看法丰富了我们的视角,也带给我们很多的学习和启发!

当然,我必须要感谢我的同事们!感谢你们在完成饱满的工作量的同时,还总是能带着美好的愿望和巨大的热情为中心未来更好的发展做着各种努力!用心撰写本书就是一个最好的证明。感恩有缘成为团队,感恩对这份工作意义的共同认同和共同的追求把我们紧紧地连在一起!

最后,要对所有有助于本书面世的各位,奉上我心底最真挚的谢意!相信我们的工作一定会让世界变得更加的美好!

朱婉儿

2018 年夏　于杭州